만나요약설교 5

만나요약설교 5

김명규 지음

예루살렘

머 리 말

한 자루의 초는 타게 될 때에 나름대로 빛을 발하게 되고, 소금은 녹아지게 될 때에 맛을 내게 된다는 것은 이미 성경에서 말씀하신 진리이다.

세상에 초가 많이 있고 소금이 많이 있는데 세상이 캄캄함을 느끼게 되고, 음식이 맛이 없는 상태라면 분명히 문제가 아닐 수 없다. 또 한편의 설교집을 만들어 내면서 두렵고 떨리는 마음으로(빌 2:12) 소리없이 기도한다.

주님! 이 설교를 통해서 사람들에게 영육간에 어떤 영향을 끼치게 되었나요? 세상적인 사람과 사람 사이에서도 한 번 한 말에 대해서는 책임을 져야 하는 것이 도리이거늘 하물며 영생에 관한 설교이랴!

옛날 헬라의 아데네 거리에 대낮인데도 등불을 켜들고 소경처럼 지팡이를 짚고서 두리번거리며 '세상이 왜 이리 어두운가? 누가 나를 빛 가운데로 이끌 자가 없는가?' 라고 했던 철학자 '디오게네스' 가 지금 세상을 본다면 과연 무엇이라고 하겠는가? 그 디오게네스가 한 번은 공원 벤치에 앉아서 석양을 바라보고 있는데 공원지기가 와서 공원의 문을 닫아야겠으니 그만 나가라고 하면서 던진 말이 '당신은 어디로 와서 어디로 가는 누구요?' 할 때에 무심코 던진 말이지만 철학자가 고민하고 있던 문제였는데 '그것을 내가 알면 내가 왜 여기에 앉아 고민하겠소? 라고 하였다고 한다.

지금도 많은 인생들은 자기가 어디에서 와서 어디로 가는지 모른 채 한 세상 죄악 중에 살다가 죄악으로 인하여 지옥에 간다는 사실조차 모른 채 성공 실패를 꿈꾸면서 달려가는 현대인들 앞에 이제는 더욱 마지막 힘을 다해서 영혼들을 향해서 천국 복음을 외쳐야 할 때라고 믿는다.

뭇 영혼들을 향하여 외치는 자의 발걸음이 제일 아름다운 발걸음이 될 것이기 때문이다(롬 10:15). 여기에 파수꾼의 사명이 있지 않은가?(겔 33:1-6, 딤후 4:15) 부족하지만 오늘도 설교를 준비하면서 기도한다. 하나님의 나라는 말에 있지 아니하고 능력에 있으며(고전 2:1) 생명을 살리는 것은 살아계신 말씀이다(겔 37:1, 요 5:25). 그래서 예수님은 승천하시면서 부탁하신 말씀에 성령이 임할 때까지 기다리라고 하시고 성령이 임하시면 증인이 되라고 하셨지 않은가(행 1:4, 8).

작금에 와서 강단마다 소위 신세대의 목회현장에는 염려스러운 부분들이 많이 보이는 것이 사실이다.

이것 역시 구세대와 신세대의 차이요 지나친 염려라고 할지 모르나 말씀이 약화된 것과 기도와 능력의 역사는 도외시한 채 현대문물의 이기인 각종 기계에 의해서 시선이 집중되고 요식행위에 치우치는 점들이 나 혼자만의 공연한 기우일까? 아니면 나만이 보는 지나친 염려일까?

기도하고 능력 받아 성령의 역사로만 설교가 나가게 되고 목회가 이루어지며 영혼을 대하여야 하는 것이 아닌가?

기우에 지나지 않을지 모르나 그래도 한편으로 세태에 대해서 걱정이 되는 것을 어찌하랴!

시대가 악할 수록 더욱 기도와 말씀의 능력만이 영혼을 올바르게 인도할 것이다. 선후배 목사님을 만날 때마다 책이 언제 나옵니까? 참고가 많이 됩니다 라고 할때마다 쑥스럽고 부끄러움을 느끼게 된다.

왜냐하면 부족한 나의 모습을 보기 때문이다. 그러나 나는 부족해도 하나님의 말씀은 완벽하기에 오늘도 이 복음을 전하며 또 한 권의 책을 엮어본다.

한 편의 설교라도 독자들에게 보탬이 된다면 영광으로 생각하며 하나님께 감사할 것이다.

부족한 사람에게 더욱 용기를 주시는 의미로 선뜻 추천서를 보내주신 어른들께 감사를 표시한다.

원고정리에 힘쓴 사무실의 교역자들에게 마음을 표하고 언제나 뒤에서 아멘 하며 설교의 뒤편에서 후원하는 아내 유미자 사모와 함께 기쁨을 나누고자 한다.

93세의 장모님이신 이월식 권사님을 30년간 모셔왔는데 더욱 건강하시고, 83세의 부모님 김형창 집사님과 김복춘 권사님과 함께 나누고 싶다.

모든 성도들에게 축복이 함께 하시기를 바라며 이 책을 출판해 주신 예루살렘 출판사 직원들께 감사를 표한다.

모든 영광을 하나님께!

2007년 8월
고기가 풍성해서 백로가 올 정도로
날로 깨끗해지는 안양 천변
소석 김명규 목사

추천사

저자는 안양 은평교회를 험하고 낙후된 지역에 개척하고 30년을 뜨거운 열정으로 사랑이 넘치는 말씀 중심의 목회를 통해 놀랄만한 교회 성장을 이루었고 한국교회를 향해 선교의 시급성을 외치고 말씀을 통한 치유 은사를 베풀고 교회와 가정에 영적 질서를 회복시키는 사역을 감당하셨습니다.

김명규 목사님은 연구자의 마음으로 신학생들과 신학연구자들을 위해 '신약개론'을 쓰셨고 이번에 만나와 같은 말씀의 은혜를 더 나누기 위해 4권의 '만나요약설교'에 이어 다섯 번째 책을 발간하시게 됨을 기쁘게 생각하며 축하와 더불어 추천의 말씀을 드립니다.

보잘것없는 다섯 개의 떡과 두 마리의 물고기를 예수님께 내놓았던 소년의 심정으로 우리 주님의 손을 통해 서로 나누면 놀라운 기적이 일어날 수 있다는 믿음으로 써 내려간 본 서는 누구나 심지어 믿지 않는 자라도 한 번 읽으면 쉽사리 손에서 눈을 뗄 수 없을 것입니다.

성령의 사람 김 목사님의 고백을 통해 하나님의 생명의 말씀이 깊은 샘에서 맑은 생수가 펑펑 솟아나듯 넘쳐흘러 우리의 삶에 흘러와 우리의 심령을 정결케 하고 목마름을 해갈해주는 체험을 하게 될 것입니다.

김 목사님은 외국대학원에서 연구하고 학위를 받으셨지만 그 신학은 전형적인 한국의 정통신학의 울타리를 넘지 않는 보수적인 신학을 강의하시고 계시며 하나님께서는 자신이 원하시는 곳에 쓰시기 위해 김 목사님을 치밀하고 놀랍게 다듬으셔서 강한 설득력을 가지고 본 서를 집필토록 축복하셨습니다.

'만나요약설교'가 주는 메세지는 땀과 눈물로 사역하는 동역자들에게 진한 감동의 힘을 줄 것이며 한국의 성도들에게는 삶의 전환점이 되는 아름다운 회복의 체험을 하게 될 것을 믿으며 추천의 말씀을 드립니다.

2007년 여름 오산수청교회 목양실에서
구문회 목사 (대한예수교장로회 총회장)

설교가 우후죽순처럼 범람하는 시대에 진정한 복음의 사명을 다하고자 분투하시는 담임목사님의 설교를 들을 때면 감사가 저절로 나옵니다. 목사님은 해박한 성경지식과 영적인 통찰력으로 하나님의 말씀을 전하시는 목사님의 설교는 갈급한 심령들에게 '추수 때에 얼음냉수와 같이 시원케' 하십니다. 목사님의 말씀은 힘이 있고, 능력이 있고, 치료가 있습니다. 한번 들어보시고 읽어보십시오. 그리고 체험 하십시오 놀라운 일들을 경험하게 될 것입니다.

오늘도 그 말씀을 사모하며 고백합니다.

주여! 사명 감당케 하옵소서. 충성하게 하옵소서.

김승규 장로

하나님의 '진리' 라는 것이 있습니다. 어떤 사람들은 이 진리를 체험할 수 있고, 깨달을 수 있고, 다른 사람과 함께 하나님의 진리를 나눌 수 있습니다. 저는 목사님의 설교를 통하여 은혜 받고, 청년 때부터 지금까지 은평교회를 섬기고 있습니다. 때론 부드러우면서 때론 강렬한 말씀들이 저의 마음을 요동하며, 이 말씀들을 통해 저희 '신앙관'과 '인생관'이 바로설 수 있었습니다. 만나요약5권 설교집은 목사님께서 하나님의 진리를 단순 명료 하면서도, 명확하게제시하여 주는 말씀이라고 생각합니다. 저는 감히 성도들의 영의 양식으로는 물론, 많은 목사님들이 설교의 길라잡이로 삼을 수 있는 설교집이라 생각하여 추천합니다.

최원경 안수집사

목사님의 말씀은 기도가 초석이 되어 성령의 도우심으로 전하시는 말씀으로 항상 성경의 토대로 성경을 해석하심으로 말씀을 듣는 가운데 잘 정리된 책을 읽어주시는 것 같습니다. 그래서 때때로 은혜와 도전의 말씀 또는 채찍처럼 강곽한 심령을 쪼개는 말씀을 전해주십니다. 저의 교회는 목사님 말씀을 들으며 항상 감사하는 삶을 살고 있습니다. 목사님이 제5집 만나요약설교집을 낸 것을 부족하지만 감사하는 마음으로 축하드립니다.

전민자 권사

목 차

- 머리말   4
- 추천사   6

축 복

- 주의 은혜로 영원히 복을 받는 집(삼하 7:27-29)   16
- 처음 복을 회복한 사람(욥 42:10-17)   20
- 승패가 축복으로 결정 난 사람(삼상 26:21-25)   23
- 영적 시온주의 신앙(시 84:1-7)   26
- 은혜를 잊지 않는 신앙(시 103:1-5)   30
- 하나님께서 주신 축복의 수에 든 자(계 7:9)   33
- 신령적으로 부요한 자(사 61:10-11)   37

감 사

- 감사하는 신앙의 복(삼상 7:12)   40

시험 고난

· 바람과 파도를 잔잔케 하시는 분(마 8:23-27)	43
· 성도의 고난을 기뻐하라!(마 5:10-12)	46
· 시험 당할 때의 자세(약 1:2-4)	49
· 주님을 위하여 고난을 받을 수 있겠습니까?(골 1:24-29)	52
· 신앙의 파선 원인(딤전 1:18-20)	56
· 이제는 안심하라(행 27:20-26)	59
· 광야에 우뚝 서있는 로뎀나무의 교훈(왕상 19:1-8)	63
· 인정받는 신앙이 되라!(약 1:12)	67

가 정

· 기독교의 자녀교육(신 6:4-9)	70
· 부모에게 순종하며 효도하는 자녀들(엡 6:1-4)	74
· 예수님을 만난 아이들(막 10:13-16)	77
· 잊지 말아야 할 부모님 은혜(막 7:24-30)	81

교 회

· 눈을 들어 세계를 보는 교회(창 13:14-17)	84
· 부르심을 받은 사람들과 교회의 자세(마 4:18-22)	87
· 중단 없는 초대교회처럼(행 5:33-42)	90
· 뒤쳐진 사람에 대한 배려(삼상 30:17-30)	93

- 하나님은 그 중심을 보신다(약 2:1-4)   97
- 하나가 되게 하옵소서(엡 4:1-6)   100
- 베데스다 연못에 나타난 복음(요 5:1-9)   103
- 하나님이 높이시는 사람(빌 2:9-11)   107

믿음

- 하나님과 친하라(수 23 : 6-9)   110
- 아론의 싹 난 지팡이가 보여주는 뜻(민 17:1-7)   113
- 주께서 선포하신 평강과 건강(막 5:25-34)   116
- 건강한 신앙을 가진 성도의 모습(엡 3:14-19)   119
- 세상과 상관없이 믿음으로 사는 사람(합 2:1-4)   123
- 행함으로 믿음을 보이라(약 2:14-17)   127
- 모리아 산으로 가는 발걸음(창 22:1-19)   130
- 의되신 예수님께 빌려 드린 사람들(마 25:44-46)   134
- 다윗의 처음 길로 행하라(대하 17:1-6)   138
- 과거는 잊고 푯대를 향하여(빌 3:12-16)   142
- 바울아 네가 미쳤도다(행 26:24-29)   145
- 요단강을 건너라(수 3: 5-17)   149
- 믿음이 큰사람 가나안 여인(마 15:21-28)   152

예수님

- 그리스도가 받으신 고난(벧전 2:19-25)   155
- 살아나셨느니라(마 28:1-10)   158
- 부활의 신앙을 가진 사람들(마 28:1-10)   161
- 예수 그리스도의 탄생을 전하라!(마 1:8-25)   165
- 큰 기쁨의 좋은 소식(눅 2:1-14)   169
- 포도나무 비유와 성도(요 15:1-8)   173

구 원

- 거듭났습니까?(요3:1-16)   176
- 죄와 허물로 죽었던 인생을 살리셨도다(엡 2:1-9)   179
- 구원받은 성도의 옛 주소와 새 주소(엡 2:1-9)   182

전도 선교

- 참, 잘 오셨습니다!(눅 15:1-7)   185
- 주님이 명하신 냉수 한 그릇의 가치(마 10:40-42)   188
- 복음 전도자의 참예자(동승자)(고전 9:16-23)   191
- 전도와 선교의 미래를 보라(행 16:6-10)   194

국가

- 우리를 부르셨습니다(고전 1:1-9) ... 197
- 위기 때에 이사야가 발견한 것(사 6:1-13) ... 200
- 하나님의 백성된 시온의 딸아(습 3:14-17) ... 204
- 일어나라 빛을 발하라(사 60:1-5) ... 208
- 우리가 간직해야 할 자유(갈 5:1) ... 211

성령

- 보혜사 성령을 받으라(요 14:16-18) ... 214
- 주님이 택한 그릇의 모습(행 9:15) ... 217
- 꿈을 통해 역사하시는 하나님(창 37:3-11) ... 220
- 지켜야 할 사람의 본분(전 12:9-14) ... 223
- 놀랍고 장엄하신 하나님의 은혜(롬 5:12-21) ... 226

성도의 삶

- 인생을 깨닫는 지혜로움(시 90:1-12) ... 229
- 심지가 견고한 결단의 신앙(사 26:1-7) ... 232
- 하나님을 바라보아야 합니다(호 12:1-6) ... 235
- 어떤 냄새인가?(고후 2:14-17) ... 238
- 하나님께 칭찬 받는 사람의 모습(고전 4:1-5) ... 241

- 성도의 3대 기초 신앙(살전 5:16-18)   244
- 내게 예물을 가져 오라(성도의 영적 투자)(출 25:1-2)   248
- 여호와의 말씀이기 때문에(사 54:1-3)   252
- 지나간 시간을 돌아보는 신앙(눅 19:22-27)   256
- 부정적 요소를 생활에서 제거하라!(고전 10:1-12)   259
- 네 발에서 신을 벗으라!(출 3:1-5, 수 5:13-15)   263
- 어두움을 비추는 등불(벧후 1:19-21)   266
- 거듭났으면 성장하라(벧전 2:1-10)   269
- 생명의 길과 사망의 길(암 5:4-15)   273
- 오벧에돔과 미갈, 나는 누구인가?(삼하 6:11-23)   277
- 회개하는 자에게 약속하신 축복(호 14:1-9)   281
- 성도의 경건 생활(약 1:26-27)   285
- 빛과 소금처럼 귀한 존재(마 5:13-16)   289
- 주 안에서 기뻐해야 할 이유(빌 4:4-7)   293
- 오직 의인이 세상을 살아가는 방식은(롬 1:13-17)   297
- 영에 속한 사람과 육에 속한 사람(약 4:13-17)   301
- 어리석은 현대인들의 실상(눅 12:13-21)   305
- 성도가 가져야 할 최우선적인 관심(마 6:31-34)   308
- 왜 성도는 인내해야 합니까?(약 1:1-4, 12, 5:7-11)   312
- 옛사람 사울과 새사람 바울(행 9:15-22)   315

만나요약설교 V

축복 주의 은혜로 영원히 복을 받는 집
(사무엘하 7:27-29)

인류의 역사는 흥망성쇠가 반복되어 왔습니다. 그래서 영원한 부자나 영원히 가난한 자도, 또한 영원한 약자도 없습니다. 어제의 강자나 부유한 자가 오늘에 와서는 약자와 가난한 자로 전락하는 일들도 세상에는 많이 있습니다.

사람들은 복이란 말을 많이 사용하고 좋아합니다. 동양은 물론이고 서양 사람들도 복 받으세요(God bless to you)하면 좋아합니다. 신약에 와서도 바울 사도 역시 복이란 말을 많이 사용하였고 구약에서도 복이란 말이 많이 사용되었는데 대표적으로 아브라함의 예에서 읽게 됩니다(창 12:1-3, 갈 3:9).

본문에서 믿음의 사람 다윗이 성전을 짓고 싶어하였으나 하나님께서 허락지 아니하시므로 성전은 건축하지 못하였으나 그로 인해서 하나님께서 다윗에게 확실하게 복을 약속하시는데 영원한 복을 약속하시는 장면을 읽게 됩니다. 베들레헴 시골 출신이었으나 하나님은 다윗에게 셀 수 없는 복을 약속해 주셨습니다(16, 29절).

다윗의 자손으로 오신 예수 그리스도 안에 있는 성도들이 예수 그리스도 안에서 약속된 복 역시 여기에 속합니다.

1. 다윗은 하나님을 주인으로, 자기 자신은 종으로써 살았습니다.

여호와의 종으로 살았는데 다윗이 지나가는 자국마다 그런 흔적이 많이 있습니다. (18절)주 여호와여, (19절)주 여호와여 주께서, (20절)주 여호와는 주께, (21절)주의 말씀을, 주의 뜻대로, 주의 종, (23절)주는 광대하신 이, 주와 같은 이, 주 외에는, (23절)주의 백성 이스라엘, 주의 백성을, 주의 땅 등. 그래서 29절까지 모두 26회나 '주' 라고 하였고 자기 자신은 종이라는 표현이 11차례나 기록되었습니다.

1) 40년 간 나라를 통치했지만 다윗은 하나님 앞에서 종으로 살았습니다.

헤브론에서 약 7년과 예루살렘에서 약 33년의 왕위에 있었습니다.

① 우리는 이 세대에 주님의 종으로 살아야 합니다.

직업과 위치가 어떠하든지 간에 주님의 종으로 살아야 합니다. 하나님의 목전에서 나는 양이요, 하나님은 목자라고도 하였습니다(시편 23).
겸손과 순종의 현장입니다. 이것이 다윗이 복을 받게 된 이유입니다.

② 복을 받을 사람은 언제나 겸손하고 긍정적인 사람입니다.
부정적이고 교만한 사람은 하나님께서 사용하시지도 않으시고 복이 없습니다. 사울 왕은 겸손할 때에는 쓰임 받았지만 교만할 때에는 버림받았습니다(삼상 15:17).

2) 하나님을 주인으로 모신 사람은 언제나 언행이 바르게 서있어야 합니다.
① 말과 행동이 축복 받을만한 사람이 되도록 해야 합니다.
부정적이거나 교만하거나 남을 죽이는 말은 피해야 합니다. 특히 교회생활에서 이것은 중요합니다.

② 다윗은 종이지만 하나님을 왕으로 고백하였고 종으로 살았습니다.
(시 145:1) "왕이신 나의 하나님이여 내가 주를 영원히 높이고 영원히 주의 이름을 송축하리이다" 하였습니다. 세상에서 내 직위나 현장의 생활에 관계없이 언제나 이 자세가 중요합니다. 교회에서도 섬기는 자세라야지 지휘권을 행사하려면 곤란합니다.
미국대통령들 중에는 이런 자세로써 임기가 끝난 후에 더 빛나는 사람들이 많이 있음을 보게 됩니다. 금년에도 더욱 주를 높이고 겸손한 종의 자세로 살 때에 계속적으로 축복이 있게 됩니다.

2. 진정한 종은 주인이 베푸는 은혜 속에 살아가게 됩니다.

다윗은 하나님을 주인으로 고백하면서 그 분의 은혜 속에 산다고 하였습니다. (27절) '주의 종이 이 기도로 구할 마음이 생겼나이다' 하였고, (28절) '이제 청컨대 종의 집에 복을 주사 주 앞에서 영원히 있게 하옵소서 주의 은혜로 종의 집이 영원히 복을 받게 하옵소서' 하였습니다.

1) 복의 근원이 하나님이시라는 사실을 고백하였습니다.
말로만 주, 종이란 것이 아니라 실제생활 속에서 주님을 주인으로 생활하고 종으로 생활함이 중요합니다. 말로는 주인이라 하면서 실제생활에서 내가 주인이 되면 곤란합니다.

① 내게 능력이 있으니 내 마음대로 살아가는 형식이 아닙니다.
자기 능력이나 사회적인 지위를 대면서 자기가 왕이 되려는 생활은 주님과는 관계가 없는 사람입니다.
② 우리는 하나님 안에서만 복 받고 살아가게 됩니다.
또한 하나님께서 그의 인생들에게 복을 약속하셨습니다. 그래서 하나님께서 주시는 복을 받으며 살아가야 합니다. 비평하는 사람들은 비평하기를 '기복신앙'이란 단어로써 그럴싸하게 하나님의 복을 비판하지만 분별하여 속지 말아야 합니다.

2) 하나님을 주로 모시는 사람은 하나님의 복을 구해야 합니다

① 다윗 역시 복을 달라고 기도하였습니다.
영원히 복을 받고 살게 해달라고 기도하였습니다.
(대상 29:28) "저가 나이 많아 늙도록 부하고 존귀하다가 죽으니" 하였습니다. 그리고 그 뒤에 솔로몬이 이어서 복을 받았습니다. 이런 복이 있게 되길 원합니다.
② 다윗이 받은 복이 역사에 남는 축복이 되었습니다.
(29절)선견자 사무엘의 글과 선지자 나단의 글과 선지자 갓의 글에 다 기록되었고 역대기에 모두 기록으로 남게 되었습니다.
역사에서 말하는 축복을 받은 바 다윗의 체험적인 축복이 되었습니다.

3. 모든 종의 생사여탈권이 주인에게 있습니다.

다윗은 철저하게 생사의 여탈권이 하나님께 있음을 고백하였습니다.
신약시대에 와서 역시 모든 믿는 자의 주인은 주님이 되십니다.
그래서 예수 그리스도 안에서 영원한 생명을 얻은 종입니다.

1) 죄의 종, 죄의 노예가 아니라 그리스도의 영생과 기업을 이어받게 되는 종입니다.

① 바울 사도 역시 종이라고 당당히 고백하였습니다.
(롬 1:1) "예수 그리스도의 종 사도 바울은…"이라고 하였는데 사도로써 보내심을 받은 심부름꾼이요, 종입니다.

(롬 6:12-13) "이제는 불의의 병기가 아니라 의의 병기"라고 하였습니다. 주권자가 주님이심을 말합니다.

② 다윗은 여기에서 복을 받고 성공자가 되었습니다.
약한 자였으나 골리앗을 이기게 되었고(삼상 16:11-13), 그때부터 다윗이 가는 곳마다 승리와 번영이 오게 되었습니다(40년간).

2) 성경 시대뿐 아니라 역사와 현실에도 이런 사실은 분명합니다.

① 인위적이고 인본주의적인 입장에서 살면 복이 될 수 없습니다.
루이 14세는 키가 162㎝ 밖에 안 되어서 머리를 15㎝ 높이고, 구두 굽을 11㎝ 높였지만 결국 그 허세로 망하였습니다.

② 절대주권자이신 하나님께서 붙들어 주시는 생애가 되어야 합니다.
여기에 영원한 성공과 축복이 보장됩니다.

올해에 우리 성도들이 다윗의 신앙으로 승리케 되시기를 축원합니다.

결 론 - 우리는 예수 그리스도 안에서 영원히 복을 받은 사람들입니다.

> 축복

처음 복을 회복한 사람
(욥기 42:10-17)

하나님께서 인간을 복되게 창조하셨습니다. 지금 사람들이 겪는 가난과 질병과 고난은 하나님의 본심이 아니라(애 3:33) 타락의 결과입니다(창 3:17). 처음에는 복된 인간이었습니다(창 1:26).

본문에서 욥은 동방에서 의인이었고, 큰 자였습니다. 부요하게 살던 사람이었고 10명의 자녀와 많은 종들을 거느리고 살던 행복한 자였습니다. 그러나 하루아침에 영문도 모른 채 그 모든 것이 날개 달린 듯 날아가게 되었고(잠 23:5), 의지할 곳이 없는 자가 되었고(시 115:8), 일종의 피부질환에 속하는 엘레판티씨아스(elephanthisias)라 불리는(욥 2:7) 악창으로 고생하게 되는데 히스기야왕 역시 이 병에 걸린 것으로 전해집니다(왕하 20:7). 욥은 재에 앉아서 깨진 기왓장으로 몸을 긁게 됩니다(욥 2:1). 부인까지도 욕하게 되었고(욥 2:9), 친구들도 욥의 신앙의 동지가 아니라 욥을 조롱하는 자가 되었습니다(욥 2:10).

그러나 그런 극심한 환난에서도 욥은 구약의 3명의 의인으로 노아, 다니엘과 함께 승리케 되었습니다(겔 14:14). 그리고 처음 복을 모두 회복하게 되었고 축복의 사람이 되었습니다. 우리 모두에게 잃은 것을 회복하는 역사가 있게 되시기를 바랍니다.

1. 먼저 신앙적으로 선결되어야 할 문제가 있습니다.

1) 환난 중에 있었던 모든 불신앙적인 것을 회개하였습니다.

환난 전에는 믿음이 꽤 있었던 것으로 생각하였을지 모르나(욥 1:5), 환난이 왔을 때에는 자기도 모르는 사이에 믿음이 약해졌습니다.

우리는 믿음이 있다고 자부해도 문제 앞에서는 믿음이 아니라 불신앙으로 빠지게 됨을 시인해야 합니다.

① 무지한 말을 하게 되었고 말을 함부로 내뱉게 되었던 죄입니다.

이해할 수 없는 말을 함부로 했습니다. 이것을 회개했습니다. 말에는 실수가 많이 있습니다(약 3:2). 말에 대해서 회개해야 합니다.

② 회복되기 위해서는 바른 신앙 고백이 요구됩니다(15절).
"내가 주께 대하여 귀로 듣기만 하였삽더니 이제는 눈으로 주를 뵈옵나이다" 하였습니다. 고난 당하기 전에는 이론적인 신앙이더니, 이제는 실제적으로 하나님을 체험하게 되었습니다.
이론적인 신앙이란 하나님께 관하여라는 신지식(神知識)에 불과하더니 이제는 친히 하나님을 체험한 신앙이 되었습니다. 그래서 고난이 때때로 유익하게 됩니다(시 119:71). 실제적으로 체험하게 되었습니다.

2) 타인에 대해서는 용서의 체험과 실천이 앞서야 합니다.
회개와 바른 신앙이 자기 내면적이라면 용서는 타인에 대한 배려와 이해입니다.

① 친구들을 용서하였습니다. 그리고 기도해주었습니다(42:10).
하나님께서 용서하셨고 갑절의 축복을 회복하게 하셨습니다. 하나님께서도 세 명의 친구들에 대해서 인정하지 아니하셨습니다(42:7). 그러나 욥의 기도로 용서되었습니다.

② 여기에 회복이 있습니다.
회개와 더불어서 용서하게 될 때에 회복이 되었고 축복 받게 되었습니다. 보이는 부분도 회복되었고 보이지 않는 부분도 회복되었습니다.

2. 잃어버리기 전의 소유보다 갑절이 회복되었습니다.

1) 동방의 의인으로 살던 욥이었고, 큰 자였던 욥의 위치와 축복이 바른 신앙고백으로써 승리하게 되었습니다(1:21-22).

① 하나님은 회복하게 하시는 하나님이십니다.
회복하게 하실 때에는 생각지도 않게 크게 회복하게 하십니다. 개인의 회복 뿐 아니라 가정의 회복과 국가나 단체에 이르기까지 놀랍게 회복하게 하십니다.

② 세상의 재물은 모두 하나님의 장중에 있습니다.
주관자가 하나님이시기 때문입니다(학 2:8). 한 번 축복하실 때에는 크게 주시지만, 또한 흩으시면 회복 불능의 지경에도 이르게 하십니다.

2) 이 축복은 누구에게나 다 주시는 것이 아닙니다.
그러므로 축복을 받을만한 사람이 되어야 하겠습니다.

① 하나님의 약속은 말씀 속에 있습니다.
사랑하시는 자에게 주신다고 하셨습니다(잠 8:17-21, 전 2:26). 먼저 하나님이 기뻐하시는 사람이 되어야 합니다.

② 욥은 갑절의 축복만 받았지만 성경의 약속은 천 배입니다.
모세를 통해서 천 배의 축복이 약속되었습니다(신 1:11). 천대까지와(출 20:5-6) 신약의 축복을 보시기 바랍니다(고후 8:9, 갈 3:9).

3. 욥의 생애는 짧게 끝난 것이 아니고 천수를 다하였습니다.
천수를 다하는 나이로 회복되었습니다. 히스기야는 15년 회복이었습니다.

1) 10남매를 보았으며 손자, 손녀 4대를 보며 140년을 살았습니다.
일찍부터 약속된 축복이 회복되었습니다.

① 하나님께서 건강하게 하시면 건강으로 천수를 다 살게 됩니다.
모세는 120세 때 죽게 되는데 건강해서 눈이 흐리지 않고 기력이 쇠하지 아니하였습니다(신 34:7). 예고된 축복입니다(시 128:1-6).

② 주의 율례로 사는 사람에게 약속된 축복입니다.
그리하면 축복이 약속되었습니다(출 20:12, 엡 6:3).

2) 축복을 회복하시는 한해가 되시기 바랍니다.
① 회복의 약속은 언제나 유효합니다.
기회가 있을 때에 축복의 증인들이 되시고 승리하시기를 바랍니다.

② 말씀으로 돌아가서 말씀에 귀를 기울이고 말씀 따라 살기 바랍니다.
말씀 속에서 언제나 역사 하심을 믿고 회복되시기를 축원합니다.

결 론 : 욥의 회복이 곧 성도의 회복이 되게 하시기 바랍니다.

| 축 복 | ## 승패가 축복으로 결정 난 사람
(사무엘상 26:21-25)

　세상 역사는 전쟁사라고 말하곤 합니다. 그래서 이 세상 역사는 곧 전쟁으로 얼룩진 역사라고 말합니다. 구약성경에는 많은 전쟁에 관한 이야기가 기록되었는데 여기에는 신약 시대의 교회들에게 영적 교훈을 크게 제시하여 주시고 있습니다.
　본문은 다윗의 전쟁사 중에 하나인데 사울에게 본의 아니게 추격 당하게 되고 언제 죽을지도 모르는 일촉즉발의 위기에서도 결과적으로 사울은 패하였어도 도망 다니던 다윗은 이기게 되었던 역전의 드라마와도 같은 사건입니다. 결국 일찍이 골리앗과의 일전에서 다윗이 고백한 내용과 같이 전쟁은 여호와께 속한 것임을 보여준 내용입니다(삼상 17:47). 그리고 다윗은 어디를 가든지 여호와께서 이기게 하셨습니다(대상 18:6,13). 본문에서 보듯이 다윗을 죽이려고 군사를 이끌고 추격해왔던 사울도 다윗을 이기지는 못하였고 오히려 다윗에게 축복을 빌고 떠나가게 되었으며, 이미 승패가 결판난 싸움이 되었으니 본문에서 몇 가지 은혜를 나누어 봅니다.

1. 다윗을 죽이려고 왔던 사울이 오히려 다윗을 위하여 복을 빌게 됩니다.

　다윗을 죽이려고 군사를 이끌고 왔던 사울이었습니다.

1) 복을 빌게 된 내용을 보시기 바랍니다.
　사울이 다윗을 위하여 복을 빌게 되는데 그 내용이 중요합니다.
① '네게 복이 있을찌로다' 입니다.
　성경에는 상대방에게 복이 임하기 위해서 비는 내용이 있습니다. 부모가 자식에게 비는 복도 있습니다(창 27:12-14, 49:28, 27:12-41, 49:28 등). 지도자가 백성을 위해서 비는 복도 있습니다(신 33:1-).
　하나님께서 그의 백성들에게 복을 약속하신 말씀은 수없이 많이 있습니다(출 32:29, 레 25:21, 신 11:26-28, 23:6, 28:2-6. 30:1-19, 수 8:34, 7:29. 시 3:9, 21:4, 133:3, 사 44:3, 겔 34:26-28, 44:30, 욜 2:14, 말 3:10 등). 선

한 사람이 상대방을 위해서 비는 복도 있습니다(시 109:17, 잠 10:6, 창 14:19, 47:11, 47:7, 민 6:27 등).
② 신약에 와서도 복에 관한 기사가 많이 있습니다(마 14:19, 막 6:41, 8:9, 막 14:20, 막 10:16, 눅 24:50-51, 갈 3:9 등).

2) 지금 다윗에게 축복을 비는 사람은 다윗을 죽이려고 온 사람이기에 놀라운 축복입니다.
상황이 전혀 바뀌게 되었습니다.
① 성도는 축복을 받을 수밖에 없습니다.
그래서 성도가 축복을 받게 되는 것은 우연이 아니고 필연입니다. 왜냐하면 하나님께서 축복을 주시게 하기 때문입니다. 원수로 왔던 사울이 변화된 마음으로 다윗에게 축사하게 되었습니다.
사울은 일찍부터 다윗을 죽이려고 여러 가지 악한 술책과 음모를 세울지라도 결국은 다윗에게 축복이 되었습니다(양피 일백 개의 사건 18:20-30). '네게 복이 있을찌로다'
② 복을 받을 만한 사람이 되어야 하겠습니다.
복을 받는 사람은 복을 받을만한 자리에 있는 사람입니다. 믿음이 있는 사람은 아브라함과 함께 복을 받게 됩니다(갈 3:9, 창 13:14).

2. 사울은 다윗이 큰일을 행할 사람임을 예고하였습니다.

1) 복 받고 승리할 사람이라는 사실입니다.
복 받을 사람은 복 받을만한 일을 하게 됩니다.
영어에 직업이라는 말은 두 가지인데 하나는 Job이라고 하는데 이는 직업상 어쩔 수 없이 하는 일이고, 또 하나는 Vocation인데 이는 사명감을 갖고 기쁨으로 하는 일입니다. 우리가 기쁨으로 일할 때에 복이 옵니다.
① 사울은 다윗이 큰일을 할 사람이라고 미리 예고했습니다.
그의 하는 일이 그것을 미리 증명해 보이게 되었던 것입니다. 우리는 일을 하면서 그 일이 무엇이든지간에 복을 받게 해야 하겠습니다.
② 다윗은 어떤 일이든 성실하게 끝까지 해내는 인물이었습니다.

골리앗을 쓰러뜨리는 일을 비롯해서(삼상 17장), 양피 일백 개 사건에서도 보여 주었습니다(삼상 18:20-30).

2) 믿음으로 말미암아 큰일을 행하는 자가 되시기 바랍니다(요 14:12).
① 결단성이 중요합니다.
결단할 때에 승리가 찾아오기 때문입니다(에 4:9-). 백마디 말보다 한마디 결심과 행동이 중요합니다.
② 승리가 보장된 싸움의 성도에게는 때때로 결단이 중요하게 됩니다.
다윗 역시 신앙적 결단과 남다른 각오로 싸운 사람입니다. 하나님께서는 이와 같은 다윗에게 축복과 승리를 주셨습니다.

3. 사울은 다윗이 반드시 승리를 얻을 사람으로 축사하였습니다.

1) 다윗의 생애가 이미 승리로 예정된 싸움이 되었습니다.
다윗과 같은 믿음이 있으면 승리가 옵니다.
① 성경에는 승리의 현장과 승리의 용어들이 많이 있습니다.
(출 17:15) '여호와 닛시'가 그것입니다. 십자가로 승리하신 예수님의 모습에서 봅니다.
② 다윗을 보시기 바랍니다.
죽을뻔한 위기와 위험한 고비가 많았습니다(삼상 19:9-10). 그러나 어떤 시련에서도 승리가 오게 되었습니다(삼상 24장).

2) 사울과 다윗의 싸움은 다윗이 이겨놓고 하는 싸움이었습니다.
① 원수라도 원수로 여기지 아니하였습니다.
이것이 성경의 명령입니다.(롬12:17-21, 벧전3:9)성도는 언제나 이기는 싸움에 서있어야 합니다.
② 예고된 성공과 예고된 승리, 예고된 복을 받을 사람이 되시기 바랍니다.

이 축복을 받게 되시기를 주의 이름으로 축원합니다.

결 론: 참 성도는 다윗과 같이 예고된 승리자입니다.

[축복]

영적 시온주의 신앙
(시편 84:1-7)

어떤 주의(主義)를 말할 때에 대개가 하는 말이 무슨 무슨 주의라고 합니다. 영어에서 보면 어떤 단어 끝에 -ism을 붙이게 되면 무슨 이즘(ism)이라고 발음하게 되는데, 예를 들면 헬라주의라고 할 때에 Hellenism(헬레니즘)이라고 말하게 됩니다. 여기에는 모든 사상이나 그 뜻이 모두 함축된 말이 됩니다. 성경에서 '시온'(zion)이라는 단어는 구약에서부터 이스라엘의 상징이 되어 왔는데, 본래 '시온'이라는 말의 뜻은 반석(Rock), 강(River), 요새(Strong Hold), 건조한 땅(Dry Place), 흐르는 물(Running Water)등 다양한 뜻을 가지고 있습니다.

시온이라는 말의 처음 사용은 다윗이 시작하였는데(삼하 5:7, 왕하8:1), 예루살렘 동남쪽에 위치한 옛 성터를 점령한 때에 이 이름이 붙여지고 다윗성이라고 명명하게 되는데, 이사야 1:8에는 시온 딸들이라고 사용되었습니다. 그러나 이 성은 주전(B C), 586년 바벨론에 의해서 파괴되고, 70년만에 회복되었지만 헬라에 의하여 또 무너지고 1세기도 못되어 다시 로마에 의해서 점령되었으며, 예수님 당시에는 헤롯이 유대인의 마음을 사고자 성진을 짓고 있었는데 46년째 건축되어왔고, 그 미석(美石)이 화려했으나(마24:1), 그것은 주후 70년에 로마의 디도(Titus) 장군에 의해서 산산조각이 나게 되고, 예루살렘이라는 이름은 역사 속에 감춰지게 되고 이스라엘민족은 2000년간 없어지게 되었습니다.

그리고 2차 대전 때에는 히틀러에 의해서 유대인들이 600만 명 이상이 살상되었습니다. 이제는 없어진 민족일 수밖에 없었습니다. 그러나 1882년 데오도르 헤르젤(Deodor Herzel)에 의해 시온주의 운동(Zion Movement)이 재활되었고 우여곡절 끝에 1948년 5월 13일 시온이 다시 이스라엘 공화국으로 탄생됩니다. 따라서 시온주의(Zionism)라고 할 때에 구약에서부터 시작해서 유대인들이 한번 돌아가고 싶은 곳이요 고향과도 같은 곳입니다.

이것이 신약 시대에 와서도 매우 큰 의미를 지니고 있습니다. 단순히 유대인들이 아니라 예수 그리스도 안에서 모든 그리스도인들이 미래에 영원히 돌아가야 하는 신천신지 새 예루살렘을 뜻하게 됩니다.

본문에서 유대인들이 예루살렘 시온을 얼마나 사모하고 그리워하며 노래했듯이 성도들은 영원한 천국을 그리워하며 사모하는 신앙이 시온주의 신앙이라고 보고 영적인 뜻을 몇 가지 생각합니다.

1. 시온에는 하나님의 장막이 있고 궁정이 있는 곳이기 때문입니다.

본래 이 성전은 아브라함이 독자 이삭을 바친 곳이요(창 22장), 이 모리아산에다가 솔로몬이 성전을 짓게 되었고, 그 전에 다윗이 인구조사 때문에 내리게 되었던 하나님의 진노를 그치게 하려 단을 쌓으려고 아라우나 타작마당으로 사용하던 이 곳을 매입했던 곳이기도 합니다(삼하 24:24-25).

1) 이곳은 역사적으로 많은 이름으로 부르게 되는데, 주의 장막(1-2절), 여호와의 성전 등 '어찌 그리 사랑스러운지요' 라고 했습니다.

그곳에 성전이 있고, 하나님이 임재하시는 장소라는 믿음과 선포 때문입니다.

① 예루살렘 성전은 언제나 하나님께서 임재하신 곳입니다.

물론 무소부재(無所不在)의 하나님이시지만(왕상 8장), 유대인들은 언제나 이 성전을 사모했습니다(단 6:10).

② 예루살렘 성전은 언제나 예배하는 곳입니다.

불이 꺼지지 않는 곳이요(레 6:9-13) 하나님과의 교제와 교통이 있던 곳입니다. 그래서 그들은 이방 땅에서 성지를 바라보고 울었고 또 울었습니다(시 137:1-).

③ 시온은 유다 백성들의 모든 인생의 중심지였습니다.

성도의 생활이 예수님 중심, 교회 중심이 되어야 할 것을 예표로 보여주고 있습니다.

2) 예루살렘 성전 있는 곳을 시온이라고 불렀습니다.

신약에 와서 주님의 교회가 곧 시온이요 성전이기 때문입니다. 따라서 유대인들이 시온을 사모하듯이 신약의 성도들 역시 교회가 영적인 시온임을 알고 사모해야 합니다(시 42:1-3).

① 시온성인 교회를 사명적으로 사모하시기 바랍니다.
  교회는 곧 하나님께서 임재하신 곳이기 때문입니다(합 2:20). 지금도 지구촌에는 예배의 자유가 없어서 순교적 신앙으로 예배하는 곳이 많습니다. 우리는 예배의 자유가 얼마나 소중하고 귀한 가를 바로 인식해야 합니다.
② 시온성인 교회는 신약교회 성도들의 모든 중심이 되어야 합니다.
  그래서 모든 생활이 교회를 중심으로 이루어 질 때에 이곳이 시온이요, 예루살렘과 같은 성격을 띠게 됩니다.

2. 시온 백성은 시온에 살 때 복이 있습니다.

'주의 집에 거하는 자가 복이 있나이다 저희가 항상 주를 찬송하리이다(셀라)' 하였습니다(4절). 시편기자는 제비 집을 바라보면서 자기 집이 있는 제비를 보고 성전을 그리워하며 성전 생활의 축복을 노래하고 있습니다.

1) 시온 백성이 사는 곳은 주님의 집입니다.
  그래서 주의 집에 거하는 자가 복이 있다고 노래하고 있습니다.
① 새끼 둘 보금자리를 얻은 제비와 비교하고 있습니다.
  이곳은 제비들의 행복과 같이 주의 품에서 찬송이 있고 노래가 있는 곳이었습니다.
② 주의 성도는 세상에 살면서 어디에 둥지를 틀고 살겠습니까?
  호화로운 세상 집이 아니라 주님의 전이어야 합니다. 홍수 후에 까마귀는 돌아오지 아니하였으나 비둘기는 접촉할 곳이 없기에 방주로 다시 돌아온 것과 비교가 됩니다(창 8:7-9).

2) 시온 백성이 시온을 떠나서 밖으로 나가면, 좋을 것이 없었습니다.
① 예루살렘을 떠나면 곤란합니다(눅10:30)
② 특히 자녀들을 성전에서 자라게 하십시오. 세상의 방식대로 살게 하지 말고, 성전에서 성장케 해야 합니다.

3. 시온의 대로로 가는 사람은 복이 있습니다(5절).

1) 성도가 시온의 대로로 갈 때에 눈물 골짜기도 샘의 곳이 됩니다.

① 골짜기가 오히려 사는 곳이요, 축복의 곳으로 바뀌게 됩니다.
　아골 골짜기(겔 37:1), 사망의 음침한 골짜기도(시 20:4) 변화 됩니다.

② 눈물 골짜기가 아니라 시온의 고속도로가 될 것입니다(6-7절)
　그러므로 낙심치 말고 이 길을 가야 합니다(시 126:5-6, 갈6:9).

2) 시온을 향한 사람들은 잊지 말아야 할 것이 있습니다.

① 목적지는 시온입니다. 에서와 같이 되지 말아야 합니다(창 25:34).

② 목적지를 위해서는 주유소에서 기름을 공급 받듯이 하나님께 늘 새힘을 얻어야 합니다.

③ 최후 목적지요 시온성은 천국입니다. 영원히 망하지 않는 나라입니다(계 21:10, 요 14:1-6).

영원한 시온주의 신앙인들이 되시기를 주님의 이름으로 축원합니다.

결 론 - 우리는 영적 시온주의자들입니다.

| 축 복 | # 은혜를 잊지 않는 신앙
(시편 103:1-5)

옛말에 '은혜는 흐르는 물에 새기고, 원수는 돌비에 새긴다.'는 말이 있듯이 사람들은 자기에게 은혜를 끼친 일은 쉽게 잊어버리지만 조금이라도 서운한 일이 있을 때에는 잊지 않고 길게 기억합니다. 그만큼 은혜를 저버리고 사는 인생들의 모습을 보여주는 단면입니다.

옛날에 어떤 선비가 함정에 빠진 호랑이를 건져 주었는데, 그 호랑이가 말하기를 "내가 지금 배가 고프니 네가 내 밥이 되어야 하겠다."고 해서 옥신각신 말이 오갈 때에 토끼가 지나가다가 그 이야기를 듣고 꾀를 부려 호랑이를 다시 함정 속에 빠지게 하는 재연 끝에 하는 말이 "너 같이 은혜를 모르는 놈은 그 함정 속에서 죽어야 한다." 하면서 가버리더라는 이야기가 있습니다.

본문에서 다윗은 은혜를 잊지 말라고 확실히 전하여 주고 있습니다. 사람은 머리에 두 가지 기능이 있는데 하나는 기억이고 또 하나는 망각중이라고 합니다. 그러나 성도는 언제나 하나님의 은혜를 기억하고 생각하는 영적인 모습이 있어야 하겠습니다.

1. 하나님께서 우리의 모든 죄를 사하시고 구속하신 은혜로써 그 은혜를 잊지 말라고 하신 것입니다.

"네 생명을 파멸에서 구속하시고"(4절)라고 하셨습니다. 이 은혜를 잊지 말아야 합니다.

1) 성도라면 누구나가 기억해야 할 일로써 구원받은 은혜입니다.

죄에서 구원받아 하나님의 백성이 되었습니다.

① 모든 죄를 사하시는 은혜입니다.

우리에게는 원죄와 자범죄가 있습니다. 그 죄가 없는 사람은 없고(롬 3:10, 23) 죄값은 영원한 사망입니다(롬 6:23). 그래서 본질상 진노의 자식이었습니다(엡 2:3,11). 그 죄에서 구원받게 되었습니다.

② 이스라엘 백성은 하나님의 은혜를 망각하였고 잊어버리고 살았습니다.

애굽에 있을 때에 이스라엘 백성들은 비참한 노예였습니다(출 3:7-9). 주님은 그들을 구원하시고 축복의 백성으로 삼으시려고 입을 넓게 열라고 하셨지만 순종치 아니하였고(시 81:10-11), 오히려 완전히 배은망덕하여 하나님의 진노를 사게 되었습니다(렘 2:28, 11:13, 15:1-2, 왕하 23:26-27). 은혜를 잊어버린 결과입니다. 구원받은 백성들이 유념해야 하는 사실입니다.

2) 성도가 받은 은혜는 파멸에서부터의 살리심을 받은 은혜요 축복입니다.
영원한 파멸에서부터의 자유요 축복의 은혜입니다(8-11절).

① 하나님의 은혜로 영원한 파멸에서 영생을 얻게 되었습니다.
이 은혜와 사랑은 세상 어떤 것으로도 비교할 수 없는 축복입니다.

② 이제는 예수 그리스도 안에서 심판이 없습니다.
신학적으로 행위 계약 아래 있지 아니하고 은혜 계약 아래에 있기 때문입니다. 이제는 구원입니다(히 9:27, 요 5:24, 롬 8:1-2). 예수님은 현장범도 용서하셨습니다(요 8:11). 이 은혜를 망각하지 말고 감사하는 신앙 가운데 견고해야 합니다.

2. 하나님께서 우리의 모든 병을 고쳐 주시는 은혜를 주셨습니다.

"네 모든 병을 고치시며"(3절) 했습니다. 각양각색의 질병이 치료되는 신유의 역사들이 나타나고 있습니다.

1) 치료하시는 하나님의 은혜입니다.
"나는 너를 치료하는 여호와니라"(출 16:26) 하였습니다.

① 우리의 체질을 아시는 하나님이십니다.
병원에 가면 우리의 몸을 진단하면서 치료하는데 하나님은 우리의 체질을 아시며 우리가 진토임을 기억하십니다(14절). 우리를 지으셨습니다(시 104:24).

② 하나님께서 창조자이시기 때문에 우리를 아십니다.
모태에서 조성하셨고(시 139:13) 내 형질을 이루기 전에 조직하셨으며(시 139:16) 태에서 나오기 전에 구별하셨습니다(렘 1:4). 치료의 하나님이십니다.

2) 치료의 광선을 발하시어 치료하십니다(말 4:2).

① 말씀을 보내사 치료해 주십니다(시 104:20).

② 믿음으로 치료합니다.

치료의 현장에는 언제나 믿음이 동반되었습니다(마 15:28, 17:20, 막 2:5, 5:34, 10:52). 믿음의 기도는 병든 자를 구원하시는데 주께서 일으키십니다(약 5:15).

③ 현재에도 많은 병자들이 실제 일어납니다.

그 은혜를 기억하며 감사해야 하겠습니다.

3. 하나님께서 우리에게 좋은 것으로 만족케 하십니다.

"좋은 것으로 네 소원을 만족케 하사 네 청춘으로 독수리 같이 새롭게 하시는 도다"(5절) 하였습니다.

1) 하나님의 은혜의 순서를 보시기 바랍니다.

처음에는 죄를 다루고 다음은 질병이요 다음은 소망이요 축복입니다.

① 하나님은 그의 자녀들에게 온갖 좋은 것을 약속하셨습니다.

필요에 따라서 좋은 것을 약속하셨습니다(마 7:7-11, 눅 11:11-12, 마 6:32,33).

② 제일 중요한 일이 성령의 역사입니다.

성령을 주시지 아니 하시겠느냐(눅 11:13, 요 14:16, 26, 행 1:8) 하셨습니다.

2) 성도의 생활은 은혜 속에 감사가 되어야 합니다.

"내 영혼아 그 은혜를 잊지 말지어다 그 은혜를 송축할지어다" 했습니다.

① 아무나 이런 은혜가 있는 것이 아닙니다. 특별한 은혜입니다.

② 우리의 신앙은 언제나 은혜 속에서 기쁨과 감사가 넘쳐야 합니다.

결 론 - 은혜를 잊지 맙시다.

축복 하나님께서 주신 축복의 수에 든 자
(요한계시록 7:9)

이 땅의 모든 일은 숫자에서부터 시작이 됩니다. 창세기 첫 장에서부터 숫자가 시작되었고, 민수기는 물론이요, 요한계시록에 까지 모두가 숫자에 관한 기록이 가득합니다. 성경에는 천국 숫자가 있는가 하면 지옥 숫자가 있으며(계13:17-18), 축복 받는 숫자가 있는가 하면 저주받은 숫자도 있습니다. 삼위일체 하나님은 아브라함에게 동서남북으로 행하여 보라고 하셨습니다(창 13:14).

본문에서 이스라엘 12지파와 12 사도를 곱한 것에 1000을 곱한 144,000의 유대인 구원에 대한 상징적인 숫자가 기록되었고 이후에 아무라도 능히 셀 수 없는 큰 무리가 등장합니다. 분명히 신약시대에 성도들이 속한 수요, 받아야 할 축복의 수요, 무한대의 축복의 숫자이며, 영적이고 신령한 숫자입니다. 성도들 모두 이 신령한 수에 속해서 영혼이 잘되고 범사에 축복받는 역사가 있기를 원합니다.

1. 아무라도 능히 셀 수 없는 숫자에 속한 사람은 어떤 사람이겠습니까?

물론 기본적으로 물과 성령으로 거듭난 사람인데, 여기에 속한 사람은 다음 숫자에 익숙하여서 실행에 옮기는 사람입니다.

1) 하나님의 계명에 대한 숫자입니다(출 20:8).

하나님의 계명에 대한 이 숫자는 천국 백성의 기본적인 숫자로써 구약에는 안식일이요 신약에는 주일성수의 숫자에서 출발합니다.

① 하나님 백성이라면 누구나가 다 기본적 숫자입니다.

주일 개념은 창세기에서(창 2:1-3), 십계명에서 (출 20:8), 이사야서에서 선지자를 통하여(사 58:13-14), 에스겔을 통하여 하나님 백성의 표징이라 하셨고, 신약에서는 주일(Lord's day)로 용어가 바뀌었습니다. 주께서 부활하신 날이기 때문입니다(마 28:1, 히9:10, 11:13-16). 이 숫자는 1/7 숫자입니다. 영원히 천국에서 안식하는 구원의 숫자입니다.

② 십일조는 영적 숫자입니다.
믿음으로 지켜 나가는 사람들이 받는 축복의 숫자요, 1/10 숫자입니다. 아브라함이 시작하였고(창 14:20), 모세를 통해서 율법에 명하였고(출 27:30-32), 말라기서를 통하여 재차 강조하였으며 신약에 와서 예수님이 칭찬하신 숫자가 십일조요 축복입니다(마 23:23).

③ 영혼을 살리는 구원의 숫자입니다(눅 15:7).
"각 나라와 족속과 백성과 방언에서 아무라도 능히 셀 수 없는 큰 무리가…" 이 땅에서 교회의 사명은 영혼 구원에 있습니다. 죄인 하나가 돌아올 때에 하나님은 그렇게 기뻐하신다고 하였습니다. 한 사람의 구원의 가치를 잘 나타내 보여주신 축복입니다.
이제 주변에서부터 시작해서 세계를 향해서 전해야 합니다. 이것은 교회의 특권이요 축복입니다(마 28:18-20, 단 12:3).

④ 성전을 가까이 하는 축복의 숫자입니다(시 84:10).
다른 곳에서의 한날보다 하나님의 성전의 문지기로 있기를 원한 시편기자의 신앙에서 엿보는 축복의 숫자는 1/1000 신앙입니다. 이 땅에 육만여 교회들이 있지만 내가 속한 교회는 한 교회입니다. 내가 몸 바쳐 일하는 교회 생활이 매우 중요합니다. 여기에는 나그네 신앙이 아니라 교회를 중시 여기는 주인의식적인 신앙이 교훈되어 있습니다.

2) 이 숫자 속에 생활해 나가게 될 때에 하나님은 축복을 약속하였습니다.
신앙 중심적 숫자에 서게 되면 축복은 따라 옵니다.

① 이 숫자는 성도이기 때문에 마땅히 지켜 나가는 숫자입니다.
아브라함에게도 숫자를 보여주셨습니다(창 13:15). 신약시대에도 아브라함의 믿음이 있을 때에 복이 옵니다(갈 3:9).

② 이사야 선지자를 통해서 주신 말씀을 기억해야 합니다(사 60:21-22).
"그 작은 자가 천을 이루겠고 그 약한 자가 강국을 이룰 것이라 때가 되면 나 여호와가 속히 이루리라" 하셨습니다.
예수님은 마 13:31에서 겨자씨 비유를 통해서 작은 씨가 큰 나무가 된다고 하셨습니다. 아무라도 능히 세거나 헤아릴 수 없는 구원의 숫자와 기적적인 축복들이 나타나는 한 해가 되기를 바랍니다.

2. 모든 성도들은 하나님의 신령한 숫자에 들어 있어야 합니다.

이 세상에 현존하는 인구가 65억이 넘었는데, 내가 그 가운데서 하나님께 속한 수가 되어야 합니다.

1) 성령으로 거듭난 사람이라야 이 수에 포함이 됩니다.

성령으로 나지 않은 사람은 이일에 상관이 없게 됩니다.

① 하나님의 성령께서 그 속에 역사 하시기 때문입니다.

성령의 사람이라야 주일성수, 십일조, 전도, 선교, 봉사 축복을 받는 사람이 됩니다. 교회 생활을 하게 됩니다. 그래서 예수님은 승천하시기 전에 약속하신 성령을 받기를 강조하셨습니다(행 1:4).

② 성도의 신앙생활은 이론이 아니라 실제 생활입니다.

여기에 성령께서 속에 역사 하실 때만 가능합니다. 그리고 천국 확장에 쓰임 받게 됩니다.

2) 하나님은 행한 대로 갚으시겠다고 하셨습니다.

성경은 분명히 하나님의 축복이 행한 대로 갚으시는 보상 법칙입니다.

① 성경의 약속을 보시기 바랍니다(계 22:12, 20:12-13, 마 16:27, 고전 15:58).

내가 부족해도 하나님은 셀 수 없게 열매를 채우십니다.

② 예수님의 달란트 비유를 보시기 바랍니다(마 25:14-30).

내가 행한 것은 적은 것이나 많은 것으로 갚으시며 그 축복 받은 수를 셀 수가 없습니다.

3. 천국에 속한 이 신령한 숫자에는 세상에서의 축복과 천국의 상급이 약속되어 있습니다.

산수공부 잘하는 학생이 공부를 잘하듯이, 하나님께 대한 숫자가 밝은 사람이 신앙생활을 잘하는 사람입니다.

1) 이 땅에 살 동안 성도들이 받는 축복입니다.

이미 축복은 약속되었습니다(창 1:28).

① 주일성수 십일조, 전도, 선교 등 모두가 축복을 약속한 일입니다.
야곱의 업이요(사 58:13-14) 창고가 넘치는 복입니다(말 3:10).

② 천국에 상급이 크다 하였습니다.
누구도 셀 수 없는 큰 무리가 있기까지 수고하고 일한 사람들의 상급은 물론이고, 그 일을 하도록 축복을 주신다고 약속한 것은 성경에 많이 기록되었습니다.

2) 최고 최대의 축복은 내가 하는 일을 통해 천국백성이 많아지는 것입니다.

① 천국 확장 사업에 모두가 동참해야 합니다.
예수님이 이 땅에 오셔서 피 흘려 속죄하심이 여기에 있습니다. 그 은혜로 구원받았으니 하나님의 축복 속에 이제는 내가 그 곳에 참여해야 합니다.

② 능히 아무라도 셀 수 없는 큰 무리가 우리 교회를 통해서 더욱 많아지게 되기를 원합니다.
이것은 하나님의 소원이요(눅 15:20-24), 하나님의 기쁨입니다.

우리 성도들이 모두 이 축복 속에서 숫자에 참여하게 되시기를 축원합니다.

결 론 - 우리 성도들이 다 축복의 숫자에 거하게 되기를 바랍니다.

축복

신령적으로 부요한 자
(이사야 61:10-11)

동서고금을 막론하고 지구상에 살아가는 사람들의 공통된 심리 가운데 하나가 부유하게 살기를 원하는 것입니다. 성경은 분명히 말하기를 성도들이 가난하고 병 가운데 사는 존재가 아니라고 말합니다. 하나님은 그의 백성들에게 축복을 약속해 주셨기 때문입니다. 하나님 백성의 고난은 하나님의 본심이 아니라고 하셨습니다(애 3:33). 십자가의 대속적 죽음으로 믿는 자에게 부유함이 되셨습니다(고후 8:9). 문제는 육적으로도 부유해야 하겠지만 영적으로 부요해야한다는 것입니다(계 3:17).

본문은 유다백성이 바벨론에 포로 되었다가 70년만에 귀환해서 고국에서 무너진 성전과 성벽을 복구할 것을 믿음으로 바라보면서 그 일이 미래의 일이지만 극복해나가는 점에서 신약 시대 성도들에게 크게 교훈이 되고 있습니다.

우리의 신앙생활을 뒤돌아보면서 육신적 부요도 중요하지만 영적이고 신령한 면에서의 부요함도 믿음으로 회복되는 시간이 되기 바랍니다.

영적이고 신령한 부자는 어떤 사람이어야 합니까?

1. 영적인 부자는 하나님을 기뻐하는 생활을 하는 사람입니다(10절).

"내가 여호와로 인하여 크게 기뻐하며 내 영혼이 나의 하나님으로 인하여 즐거워하리니…" 하였습니다.

1) 영적인 부자는 구원해 주신 은혜를 감사하며 기뻐하는 사람입니다.

유대인들은 바벨론 70년간 포로 생활에서 해방한 사실에 대해서 고난을 뒤돌아보며 하나님의 은총을 감사했습니다. 이사야가 보았을 때에 이 사건은 미래의 일이지만 소망 가운데 기뻐합니다.

① 우리는 구원받은 은혜에 감사하며 기뻐해야 합니다.
이미 죄와 허물로 죽었던 우리를 살리셨기 때문입니다(엡 2:18). 신앙생활은 언제나 이 감격이 식지 말아야 합니다. 유대인들은 그때의 일을 꿈꾸는 자 같이 기뻐했습니다(시 126:1).

② 이 기쁨과 감사는 세상에서 얻어지는 것과 비교가 될 수 없습니다.
현대인들의 영적인 질병은 이 기쁨과 감사가 상실된 데 있습니다. 성경은 그리스도인들이 기뻐하라고 하였고, 바울은 최악의 악조건에서도 기뻐하였습니다(살전 5:16, 빌 4:4, 잠 17:22, 롬 14:17-19). "항상 기뻐하라" 하였는데, 이것이 영적인 부요함입니다.

2) 세상의 것은 잠시 후면 없어질 것이기 때문에 궁극적인 기쁨의 대상이 될 수가 없습니다.
예수님께서 주시는 평안 역시 세상이 주는 것과 다르다고 하였습니다.
① 세상 사람들이 기뻐하고 즐거워하는 것은 세상적인 것 때문이요, 유물론적인 것이기 때문입니다.
성도는 다른 차원에서 기뻐하고 즐거워해야 합니다. 하박국 선지자를 통해서 너무나 잘 나타내 보여주셨습니다(합 3:17).
② 진정으로 여호와를 기뻐하는 사람에게 하나님은 축복도 약속해 주셨습니다(시 37:4, 마 6:33, 시 37:11).
(시 37:4) "또 여호와를 기뻐하라 저가 네 마음의 소원을 이루어 주시리로다" 하였습니다. 성도가 추구하는 신앙적인 것은 유물론적인 것보다 더 중요한 것이고 신령한 것입니다. 이것이 또한 영적인 부요함입니다.

2. 영적인 부자는 구원의 옷을 입고 살아가는 사람입니다.

사람들의 옷차림에서 그 사람의 상태를 짐작할 수 있습니다.

1) 어떤 옷을 입고 있느냐에 따라 그 사람의 영적인 모습이 나타나게 됩니다.
① 어떤 옷을 입고 있느냐에 따라서 신분이 달라 보이게 됩니다.
품위가 있는 옷인가 아니면 아무렇게나 옷을 입고 있는가 하는 문제입니다. 군복을 입으면 군인이요, 경찰제복을 입으면 경찰입니다.
② 성도는 영적으로 신령한 옷을 입고 있어야 합니다.
영적인 부자는 영적으로 옷을 입고 있을 때에 부요합니다. 라오디게아 교회에 나타나신 주님은 이런 사실을 분명하게 보여 주셨습니다(계 3:18). 라오디게아 교회는 분명히 육적 옷은 화려했지만 영적인 옷은 가난했고 헐벗었습니다.

2) 영적이고 신령한 면에서 입어야 할 옷이 있습니다.
어떤 옷을 입어야 하겠습니까?

① 옷에는 각종 기능이 있습니다.
방한, 방수, 방연, 방화 방탄 방핵 등의 옷이 필요하듯 이 성도 역시 특수한 옷이 필요합니다.

② 성도는 매일 같이 입는 옷이 있습니다.
하나님의 전신갑주입니다(엡 6:10-17). 하나님이 입혀 주신 옷입니다(롬 13:12, 슥 3:4, 눅 15:22, 마 22:12). 영적으로 부요한 사람은 예수 안에서 옷을 입고 있는 사람입니다.

3. 영적인 부자는 열방을 향해서 의의 찬송을 부르며 전해야 합니다.
바벨론에 70년간 포로 되었다가 돌아와서 부르는 찬송입니다.

1) 영적인 부자인 자유의 백성이기 때문에 찬송이 나오게 됩니다(사 61:3).
① 우리가 예수로 말미암아 의롭게 되었기 때문에 부르는 노래요 전해야 되는 복음입니다. 이런 사람이 영적인 부요한 사람입니다.

② 하나님은 찬송을 받으십니다.
찬송은 성도가 맺어야 할 입술의 열매입니다(히 13:15). 바울과 실라는 옥에서도 찬송했습니다(행 16:25).

2) 구원받은 성도는 찬송이 풍성해야 합니다.
① 찬송은 영적 현상입니다. 열방 앞에 불러야 합니다(시 126:1-6).
찬송은 성도가 마땅히 해야 할 일이요 부요의 측정기입니다.

② 영적인 부요한 사람은 기쁨의 노래가 있습니다.
내 생활 속에 언제나 예수님 모시고 찬송이 살아 있는가 확인하시기 바랍니다. 그런 부요한 축복이 있게 되시기를 축원합니다.

결론 - 유대인들을 통해서 신약시대에 영적 부요를 조명해 주십니다.

감 사	**감사하는 신앙의 복**

(사무엘상 7:12)

　세상을 어떤 눈으로 보느냐에 따라서 세상의 색상이 달라지고 의미가 바뀌게 됩니다. 오늘은 맥추감사절입니다. 감사의 안경을 끼게 되면 현재 당면한 문제가 제 아무리 큰 것이라도 능히 좋게 되고 아름다운 모습으로 바뀔 줄 믿고 감사해야 하겠습니다.
　감사 생활은 그 사람의 신앙의 수준을 가늠하기 때문에 중요합니다. 그래서 성경은 감사를 강조하였습니다(빌 4:6, 시 50:23). 본문에서 사무엘은 전쟁의 위기를 넘기고 큰 돌비를 세워 에벤에셀이라고 하였는데, 에벤에셀(Ebenezer)은 여호와께서 우리를 여기까지 도우셨다는 뜻이었습니다. 왜 우리는 현재 환경이나 상황에 관계없이 감사해야 합니까? 에벤에셀의 하나님께서 과거, 현재, 미래를 뛰어 넘어서 도와주시기 때문입니다.
　본문을 중심으로 몇 가지 은혜의 시간이 되시기 바랍니다.

1. 에벤에셀의 하나님께서 함께 하시기 때문에 감사해야 합니다.

　감사의 조건이 많이 있지만 오늘 우리에게는 에벤에셀의 하나님이 함께 계십니다.

1) 블레셋에게서 건지시고 승리하게 하셨습니다.
　이스라엘이 미스바에 모였다 함을 듣고 블레셋이 쳐들어 왔습니다. 이 전쟁에서 하나님이 함께 하시므로 승리를 거두게 되었습니다.

① 이스라엘 온 족속이 여호와를 사모하였습니다(2절).
　사모하는 영혼을 만족케 하시며 온갖 좋은 것으로 채워주시는 하나님이십니다(시 107:9 34:10 42:1 마 5:6 행 2:1). 하나님을 사모합시다.

② 이방신을 버리고 여호와께 전심으로 돌아왔습니다(3-4절).
　이스라엘의 위기는 언제나 하나님을 떠나서 우상주의로 나가기 때문인데 이들이 우상을 버리고 돌아오게 될 때에 기적이 나타나게 되었습니다. 에벤에셀의 역사는 하나님의 은혜 아래에서만 이루어집니다.

2) 이스라엘은 미스바에 모였습니다.

소위 말해서 미스바의 대 부흥의 사건이요 역사였습니다. 말세 때에 에벤에셀은 성도들이 모이는데 있습니다(히 10:24). 감사하며 영적 일에 힘써 모일 때에 능력이 나타나게 됩니다.

① 모여서 금식하며 기도했습니다(16절).
자기들의 죄와 조상들의 쌓인 죄까지 자복하고 회개하며 모였는데, 이때에 하나님의 마음이 자기 백성을 향해서 뜨거우시다고 하였습니다(욜 2:18). 이런 때에 하나님은 응답하시겠다고 약속하셨습니다(렘 33:1-3, 마 7:7-8).

② 온전한 번제와 함께 여호와의 도우심을 요청하게 되었습니다(8절).
하나님을 구하는 자에게 가까이 하시며 응답해 주십니다. "여호와의 눈은 온 땅을 두루 감찰하사 전심으로 자기에게 향하는 자를 위하여 능력을 베푸시나니"(대하 16:9) 하였습니다. 온전한 예배가 진행되면서 벌써 이스라엘이 이기게 되었습니다. 여기에서 에벤에셀이 나오게 된 배경이요 동기였습니다.

2. 에벤에셀의 역사는 여호와 이레이기 때문에 감사해야 합니다.

여호와 이레는(창 22:14) 여호와께서 미리 준비하심의 축복입니다.

1) 미래를 알 수 없지만 하나님께서 함께 하실 때에 미래가 보장되기 때문에 또한 감사해야 합니다.

① 아브라함이 이삭을 바치게 될 때에 이곳에서 나타난 용어입니다.
하나님께서 시험(Test) 하실 때에 아브라함은 그 산에서 여호와 이레의 축복이 되었습니다. 믿음과 감사는 결국 축복으로 연결되게 합니다.

② 믿음이 있는 사람은 믿음의 조상 아브라함의 복이 따라오게 됩니다
(갈 3:9) 그러므로 아브라함과 같은 동질적인 믿음이 중요합니다. 그래서 찰스 웨슬레(C. Wesley)는 23장 찬송을 부르게 되었고 오늘에 이르게 됨을 보게 됩니다.

2) 현재 답답한 문제 앞에 있습니까?

여호와 이레에 대한 하나님의 은혜에 감사하시기 바랍니다.

① 이스라엘 백성들에게도 약속하시며 말씀하셨습니다.
그 하나님은 지금도 유효합니다(사 43:1-2). 하나님의 백성은 심지어 하나님의 손바닥에 새겼고 함께 하심을 보이셨습니다(사 49:15).

② 하나님의 함께 하시고 도우시는 손은 지금도 짧아지지 아니하시고 도우시기 때문에 감사해야 합니다(민 11:23).
그러므로 낙심치 말고 여호와 이레의 하나님께 감사해야 합니다.

3. 에벤에셀의 역사는 임마누엘 역사로 함께 하시기에 감사해야 합니다.

1) 어렵고 힘들 때에 홀로 두지 아니하시고 함께 하시는데 이를 임마누엘이라고 합니다(사 7:14).

① 유다 백성이 곤경에 빠져 있을 때에 약속하신 용어입니다.
이를 예수님께서 오셔서 입증하셨습니다(마 1:21). 또한 예수님은 재차 약속해 주셨습니다(마 28:20).

② 그 약속은 모든 시대와 환경을 뛰어 넘어서 유효하기 때문에 믿는 성도는 감사할 수밖에 없습니다.
새 한 마리, 풀 한 포기까지 보호하시는 하나님께서 지금도 함께 하십니다. 감사할 뿐이 아니겠습니까? 모든 것이 약속되었습니다(마 6:33).

2) 하나님은 지금도 성도에게 질문하십니다.
극단적인 환난 가운데 있었던 욥이었지만 이 사실을 믿고 승리하였고 감사하였습니다(욥 38:41).

① 욥에게 질문하셨듯이 나에게 질문하십니다.
감사로 대답하시기 바랍니다. 에벤에셀의 하나님이십니다.

② 신약시대의 성도들은 더욱 감사와 찬송으로 대답해야 합니다.
성령으로 도우시기 때문입니다. 성령으로 에벤에셀의 하나님께 감사하게 되시기를 축원합니다.

결론 - 우리는 언제나 에벤에셀의 하나님께 감사만 있을 뿐입니다.

시험·고난 바람과 파도를 잔잔케 하시는 분
(마태복음 8:23-27)

성도의 신앙 가운데 파도와 신앙은 성장에 있어서 밀접한 관계가 있는데 파도를 통해서 고난이 오게 되고 그 고난을 통해서 영적으로 유익하며 성장을 하게 되기 때문에 고난이 유익하다고 하였습니다(시 119:71).

욥은 인생 파도를 통해서 승리한 사람입니다(욥 23:9-10). 하나님께서는 이스라엘 백성들을 고난과 파도를 통해서 훈련시키셨다고 하셨습니다(신 32:9-11, 시 107:23-30).

본문은 예수님께서 타고 가시던 배에 일어났던 파도와 그 사건으로 인해서 주시는 교훈을 우리에게 주시고 있습니다. 예수님께서 타고 가시던 배에 파도가 일어나서 괴로움을 주었듯이 성도가 살아가는 환경 가운데 일어나는 모든 파도와 고난은 오히려 또 한 번의 기적을 체험하는 기회로 삼고 승리해야 합니다.

1. 성도가 살아가는 세상에는 바람과 파도와 고난이 있습니다.

바람과 파도는 사람들에게 고난을 당하게 합니다. 매년 여름마다 찾아오는 크고 작은 태풍들이 피해를 주고, 몇년 전 미국 대륙과 멕시코만에 불어 닥친 '카트리나' 해일은 미국 올리언스 주 전체가 물바다가 되게 하였습니다.

1) 이 세상은 언제나 크고 작은 파도들이 있습니다.

① 마 14:23-33의 사건을 보시기 바랍니다.

제자들이 타고 가던 배에 닥친 바람과 파도가 무서웠습니다. 예수님께서 함께 계신 곳에도 파도가 왔는데 예수님이 계시지 않은 인생들이 만나는 풍파는 더욱 괴롭습니다. 바울이 타고 가던 배에도 유라굴로가(행 27장) 불게 되었고, 요나가 타고 가던 때에도 풍랑이 임하게 되었습니다(욘 1장).

② 본문인 마 14장과 같은 사건인 막 3:3-5 사건에서 비교가 되는 부분이 있습니다.

예수님께서 계시기에 능히 풍랑을 이기게 되고 잔잔케 되었다는 사실입니다. 예수님이 계시지 않는 인생들에게는 그 고난의 농도가 더욱 강하게 임하게 됩니다.

2) 파도가 일고 바람이 불면 배에 탄 모든 사람들에게 동반적인 고통이 임하게 됩니다.

사도 바울은 자기의 뜻과는 전혀 관계없이 같이 고난을 겪게 되었습니다(행 27장). 요나 때문에 모든 배 안에 사람들이 고난을 겪게 되었습니다(욘 1장). 정신적, 물질적 손해가 왔습니다.

① 풍랑 때문에 동반적 고난이 왔습니다.

사도 바울에게나 요나가 탄 배 안의 모든 승객들이 고난당했습니다. 아합과 이세벨의 우상정책 때문에 온 이스라엘 백성이 고난을 겪게 되었고(왕상 17-18장), 인구조사 때문에 온 유다가 곤욕을 치르게 되었습니다(삼하 24장). 여기에서 지도자나 책임자의 위치가 얼마나 중요한지를 깨닫게 해 주시는 대목이기도 합니다.

② 우리는 국가와 지도자를 위해서 기도해야 합니다.

교회는 또한 사회적 책임이 있기 때문에 깨어서 기도해야 합니다.

2. 풍랑 중에 고통이 가중이 되는 것은 믿음이 없기 때문입니다.

1) 풍랑이 온 자체보다도 믿음 없음을 지적하셨고 꾸짖으셨습니다.

어려운 때일수록 기도와 말씀 안에서 바로 서야 합니다.

① 풍파가 많은 세상에서 믿음이 있어야 하겠습니다.

믿음이 세상을 이기게 됩니다(요일 5:4-)

② 믿음의 선진들은 모두가 믿음으로 세상을 이겼습니다.

승리의 기사가 히브리서 11장입니다(히 11:33-40). 이만한 믿음이 요구되는 시대입니다.

2) 풍파 중에서 믿음은 세상을 이기지만, 믿음이 없거나 약할 때에는 승리할 수 없기에 책망을 받게 됩니다.

① 수제자 베드로의 모습을 보시기 바랍니다.

물에 빠져 들어가게 되는데 바람과 파도를 보고 빠져들어 가게 되었고 책망을 받았습니다(마 14:30-31). 예수님이 오셔서 구원하셨지만 책망의 대상이 되었습니다.

② 성도가 살아가는 환경이 제 아무리 강하게 문제를 일으켜도 바른 믿음만 있으면 승리하게 됩니다.

3. 바람과 파도 앞에서 언제나 예수 이름을 불러야 합니다.

세상이 험악하고 어려운 문제 앞에서도 예수님 이름을 부르시기 바랍니다. (25절) "주여 구원하소서 우리가 죽겠나이다" 했습니다.

1) 예수의 이름을 부르시기 바랍니다.

예수의 이름을 부르는 것에 구원이 있습니다. 기도하시고 예수님을 의지하시기 바랍니다. 여기에 구원과 기적이 일어나게 됩니다.

① 예수님 이름을 부를 때에 문제가 해결되고 치유되었습니다(마 17:15, 눅 17:13, 막 10:48).

② 예수님의 해결은 완벽하게 하신 해결입니다.

그래서 수고하고 무거운 인생의 문제 앞에서 예수님께 오라고 하셨습니다(마 11:28-29).

2) 왜 이런 일이 능력으로 나타납니까?

배안에 사람들이 던진 의문문이었습니다(27절). "저가 뉘시기에 이런 일이 일어나느냐?"고 질문했습니다.

① 예수님은 창조주 하나님이시기 때문입니다.

예수님은 곧 창조주이십니다(요 1:3, 빌 2:6). 그래서 예수 이름 부를 때에 문제가 해결됩니다.

② 그 예수님은 지금도 살아 계셔서 역사하십니다.

지금도 우리 위해서 기도하고 계시며(롬 8:26, 34) 세상 끝날까지 항상 함께 하시겠다고 약속하셨습니다(마 28:20). 세상 파도와 바람 앞에서 승리하는 성도들이 되시기를 주의 이름으로 축원합니다.

결론 - 파도 앞에서 기도하시고 믿음으로 승리하시기 바랍니다.

| 시험·고난 | # 성도의 고난을 기뻐하라!
(마태복음 5:10-12)

현대와 같은 자유분방한 세대에서 고난이라는 단어를 좋아하고 기뻐할 사람은 많지 아니할 것입니다. 어떻게 해서든지 자유롭고 편안하게 살아가려고 하는 것이 현대인의 공통된 심리일 것이기 때문입니다. 옛날에는 직장에 들어가는 것 만해도 감사하였고, 직장에서 웬만한 공동적인 고통은 분담해서 지내곤 했던 때가 있습니다. 그러나 세대가 변해서 이제는 고통을 겪지 않고 편리주의가 판을 치는 시대입니다. 그래서 실업자는 늘어 가는데 3D 업종은 일할 사람이 없어서 외국인이 와서 일하는 실정입니다.

이런 추세가 교회 안에까지 들어오게 되고 주님을 위한 고난도 외면하려는 세태가 되었습니다. 기독교는 고행주의는 아니지만 십자가의 고난은 지고 가야 하는 신앙입니다(마 16:24). 예수님은 십자가의 고통을 지셨습니다(빌 2:6). 그리고 고난을 지고 가라고 하셨습니다(딤후 1:8). 이것은 또한 좁은 문이며(마 7:13), 인내로써 경주해야 할 길입니다. 예수님은 본문에서 분명히 가르쳐 주셨습니다. 예수 믿는 이유 때문에 고난이 왔다면 이기고 승리해야 합니다. 왜냐하면 믿음의 선진들이 이 길을 걸어갔고 승리하였기 때문입니다(골 2:15, 히 11장).

1. 그리스도인들은 죄악 세상에서 예수 믿는 의로움 때문에 고난을 받게 된다고 하셨습니다.

타락된 세상에 함께 합세하거나 합류하지 않고, 세상과의 동질이 아니라 이질적이기 때문에 핍박이 옵니다.

1) 타락되어서 본질상 하나님과 단절된 세상이요 소속이 다르기 때문에 핍박이 오게 됩니다.

① 예수님도 내 나라는 이 세상이 아니라고 하셨습니다.
  예수님께서 이 세상에서는 고난을 겪으신 이유가 됩니다(요 18:36, 요 6:15). 그래서 바리새인들이 예수님을 핍박하였고, 죽이려 했던 흔적들이 성경에 많이 기록되었습니다.

② 사도들 역시 복음 때문에 고난이 왔습니다.

바울은 이고니온에서 돌에 맞아 죽임 당할 뻔 하였고(행 14:22), 복음과 함께 고난 받는 것을 당연하게 여겼습니다(딤후 1:8).

2) 주님의 성도이기 때문에 고난과 핍박이 오는 것은 당연합니다.

예수님 자신이 그 길을 가셨고 따라 오라고 하셨기 때문입니다.

① 고난과 핍박이 오는 것은 내가 빛 가운데 있다는 증거 중에 하나이기 때문에 오히려 기뻐해야 합니다.

"악을 행하는 자마다 빛을 미워하여 빛으로 오지 아니하나니 이는 그 행위가 드러날까 함이요"(요 3:20) 했습니다. 성도가 믿음 때문에 시련이 온다면 이미 복을 받았습니다.

② 예수님을 미워하고 핍박하기 때문에 그분에게 속한 성도요 교회를 핍박하게 되고 미워하게 됩니다.

요한복음 15장의 포도나무 비유에서 예수님은 말씀하셨습니다. "세상이 너희를 미워하면 세상이 너희보다 먼저 나를 미워한 줄을 알라(요 15:18)" 하셨습니다. 그래서 예수님은 고난의 본이 되셨습니다(벧전 2:21). 바울 역시 사방으로 우겨쌈을 당하였습니다(고후 11:23-28). 이런 사람은 세상이 감당치 못할 사람입니다(히 11:38).

2. 그리스도인이기 때문에 죄악이 많은 세상에서 오는 고난이 있지만 오히려 기쁘게 살아야 합니다.

1) "기뻐하고 즐거워하라" 하셨습니다.

왜 기뻐하고 즐거워해야 합니까?

① 영원한 영생에서 행복과 상급에 대한 지분이기 때문입니다.

생명의 면류관을 비롯한 천국에서 누릴 상급이 약속되어 있기 때문입니다. 영원한 안식과 더불어서 성도에게 주시는 축복이 약속되었고 보장되었습니다.

② 교회는 시작부터 재림 때까지 모든 시대에 핍박 속에 존재합니다.

복음이 가는 곳마다 핍박과 환난이 없던 때는 없습니다. 따라서 성도에게 오는 시험과 핍박 속에서 기뻐합니다.

2) 세상에 대해서 대꾸할 필요도 없고 묵묵히 기뻐하며 나가야 합니다.
예수님 역시 털 깎는 자 앞에서 잠잠한 양같이 겪으셨습니다(사 53:7).
① 예수님이 가신 길입니다(사 53:7, 벧전 2:22-24).
따라서 오히려 기뻐하라고 전했습니다(행 16:25, 빌 4:4). 이것이 신앙이요 승리입니다.
② 이 세대의 믿음의 성도들 역시 지혜롭게 잘 이겨야 합니다.
지혜가 필요합니다. 지혜가 없으면 더욱 고난이 옵니다. 그래서 지혜를 주시겠다고 하셨습니다(약 1:5-6, 마 10:16).

3. 그리스도인이기 때문에 받는 고난은 상급이 준비 되었습니다.
1) 그리스도인의 고난은 고난으로 끝이 아닙니다.
고난 끝에 상급이 있습니다. 축복이 있습니다.
① 예수님은 십자가 후에 영광이 돌아왔습니다.
부활 승천하셨고, 모든 무릎이 예수께 꿇게 되었습니다(빌 2:10-11).
② 바울이나 베드로 뿐 아니라 사도들에게 약속하신 상급을 성도들에게 동일하게 약속하셨습니다(고전 15:58, 고전 9:25).
2) 천국 상급은 믿음을 굳게 지킨 자들에게 약속하신 것입니다.
① 변치 않는 성경의 약속을 보시기 바랍니다(행 5:40, 롬 8:17).
현재의 고난은 장차 나타날 영광과 비교할 수 없습니다. 그래서 주 안에서 죽는 자가 복이 있는데, 행한 일이 따르기 때문입니다(계 14:13-).
② 성도이기 때문에 오는 고난은 천국 백성의 표징인 줄 알고 승리하시기 바랍니다.
바울은 오히려 내 육체에 그의 남은 고난을 채운다고 했습니다(골 1:24). 그리고 몸에 그리스도의 흔적을 가지고 살았습니다(갈 6:17).

성도들이여 끝까지 고난 가운데서 믿음 지키기를 축원합니다.

결 론 - 믿음의 길에는 고난이 따릅니다.

| 시험·고난 | # 시험 당할 때의 자세
(야고보서 1:2-4)

성경은 우리에게 바울을 통해서 이렇게 전했습니다. 고전 10:13에서 "사람이 감당할 시험 밖에는 너희에게 당한 것이 없나니 오직 하나님은 미쁘사 너희가 감당치 못할 시험 당함을 허락지 아니하시고 시험 당할 즈음에 또한 피할 길을 내사 너희로 능히 감당하게 하시느니라" 하였습니다. 온도계는 겨울에는 수축되고 여름에는 늘어나게 됩니다. 시험이란 단어는 온도계와 관련이 있습니다. 현재의 고난은 장차 나타날 영광과 족히 비교할 수 없다고 하였습니다 (롬 8:18-28).

야고보 선생을 통해서 우리에게 주시는 말씀을 통해서 은혜 받습니다.

1. 시험이 올 때에 바른 자세가 필요합니다.

세상 모든 일들은 자세가 중요한데 신앙생활에서의 시험관계는 그 자세가 중요합니다. "내 형제들아 너희가 여러 가지 시험을 만나거든 온전히 기쁘게 여기라"(2절) 하였습니다.

1) 왜 기쁘게 여기라고 하였을까요?

비유컨대 온실 속에 식물은 약하지만 비바람을 견딘 식물은 강합니다.

① 이 시험이 나를 강하게 만듭니다.

나약하고 힘이 없는 존재가 아니라 태풍도 뚫고 나가게 되는 독수리의 날개를 가지게 되기 위해서, 이스라엘 백성을 광야에서 훈련 시켰듯이 하나님 백성 역시 강하게 되는 것이 시험의 유익입니다(신 32:10-11).

② 그런데 시험은 여러 가지가 있습니다.

한두 가지가 아니라 여러 가지라고 하였습니다.

자신의 실수로도, 타인에 의해서 올 수도 있습니다. 시험의 종류 역시 수로 헤아리기 힘들만큼 많이 있습니다. 종류와 관계없이 온전히 기쁘게 여기라고 하였습니다.

2) 온전히 기쁘게 여기는 자세가 시험을 이기는 자세입니다.
바울은 옥중에서도 기쁨을 강조하였습니다(빌 4:4).

① 시험 앞에서 긍정적인 자세로 임하게 될 때에 승리가 주어지게 됩니다.
부정적인 것은 부정을 낳기 때문에 시험에서 이길 수 없게 됩니다. 파도타기 하는 사람들은 작은 파도보다 큰 파도에서 타는 맛이 납니다. 욥은 대단히 큰 시험에서 이긴 대표자로 봅니다(욥 23:10).

② 히브리서 11장의 믿음의 선진들은 큰 파도에서 이긴 승리자들입니다.
그래서 이런 사람들은 세상이 감당치 못할 자라고 하게 됩니다(히 11:33-38). 예수님께서 이기셨기에 이기라고 하셨습니다(요 16:33). 예수님이 이기셨고 믿음의 선진들이 이기셨습니다.

2. 시험은 영적 생활에 유익을 가져다주게 됩니다.

1) 시험 때문에 두려워 떨지 말아야 할 것은 유익하기 때문입니다.
"이는 너희 믿음의 시련이 인내를 만들어 내는 줄 너희가 앎이라"(3절) 하였습니다.

① 시험은 성도에게 큰 변화와 유익을 주게 되고 열매를 맺게 하고 지나가게 됩니다.
바람과 파도는 생태계를 유익하게 해서 바다 밑에까지 산소를 공급해 주게 되고 공기의 흐름을 좋게 해서 자연적인 유익을 주고 지나가듯이 시험 역시 유익을 주게 됩니다.

② 시험이 없다면 신앙생활 역시 온전하게 성장할 수가 없게 됩니다.
바울은 마케도니아 선교 사역에서 이런 사실을 체험하게 되었고 드디어 시험 끝에 빌립보교회가 새로워지는 큰 역사를 체험했습니다(행 16장). 요셉은 시험을 통해서 꿈을 이루는 현장을 체험했습니다. 창세기 37-50장까지에서 증명이 된 사실입니다.

2) 시험이 올 때에는 잘 견디고 이기어야 합니다.

① 시험을 잘 극복하게 될 때에 이기게 됩니다.
군인이 훈련을 통해서 훌륭한 용사가 되듯이 시험을 이기게 될 때에 좋은 성도요 그리스도의 용병이 됩니다.

② 시험이 올 때에는 낙심하거나 실망치 말고 적극적인 자세로 대처해야 합니다.
　　피하거나 도망치는 것이 아니라 적극적인 대처로 이기게 됩니다. 예수님도 이기셨습니다(마 4장). 이것이 하나님의 뜻입니다(히 10:36).

3. 시험이 오는 목적은 성도를 위한 것입니다.

"인내를 온전히 이루라 이는 너희로 온전하고 구비하여 조금도 부족함이 없게 하려 함이니라"(4절) 하였습니다.

1) 시험이 없이는 온전하게 될 수가 없습니다.
　욥도 고백했습니다(욥 23:10).
① 시험이 올 때에 순금과 같은 영적 모습이 태어납니다.
　그래서 기뻐해야 합니다. 내 영적 모습은 어떻습니까?
② 믿음의 선진들에게서 그 유래를 찾게 됩니다.
　시험 없이 지낸 선진들은 없습니다. 모두가 시험을 이긴 거장들의 발자국입니다(창 12:1, 21:14, 22:1).

2) 시험이 올 때에 이기는 방법이 있습니다.
　문제가 있으면 답이 있기 마련입니다.
① 이런 용어를 사용하세요.
　기도, 찬송, 감사, 성경읽기, 말씀듣기와 같은 용어가 이기게 합니다.
② 시험이 올 때에 인내해야 합니다.
　인내는 내 신앙 성장의 밑거름과 같습니다(약 5:10-11).

결국 시험에서 이기게 되시기를 축원합니다.

결 론 - 시험 끝에는 큰 축복과 상급이 있습니다.

[시험·고난] 주님을 위하여 고난을 받을 수 있겠습니까?
(골로새서 1:24-29)

현대인들은 편리주의에 완전히 푸욱 빠져서 살아갑니다. 모든 일상생활이 기계문명의 발명과 더불어서 편리하게 되어있기 때문입니다. 그런데 문제는 신앙생활까지도 쉽고 편리하게 하려고 한다는 점입니다. 십자가 지고 가는 길은 편리주의와는 거리가 멀다는 사실입니다. 그래서 현대인들의 신앙이 병들어가고 성경과 먼 신앙이 되어가고 있습니다.

바울은 본문에서 "그리스도의 남은 고난을 그의 몸 된 교회를 위하여 내 육체에 채우노라"고 고백하였습니다. 십자가 지고 가는 길은 천국의 보배가 담긴 길이기 때문에 죽을 각오하고 십자가를 지고 가는 신앙이 되어야 합니다. 보화의 비밀을 간직한 사람은 그 길을 가게 됩니다.

미국의 주 가운데 하나인 알라스카 주는 미국에서 제일 큰 주이고, 텍사스 주보다 두 배나 크고, 한반도보다도 11배나 큰 주인데, 1867년 러시아로부터 750만 불에 매입했습니다. 의회에서도 신문사에서도 매일 대통령 존슨과 국무장관 슈라도 소환해서 그 쓸모없는 얼음 땅을 왜 샀느냐고 질책하게 되었습니다. 나중에 의회에서 군조사단을 파견하게 되었고, 파견단이 다녀와서 상황이 바뀌었습니다. 백금, 금, 은, 니켈, 구리, 석유 등이 헤아릴 수 없이 풍부하며, 자연 풍경이 본토의 것과 비교가 되지 않는 보고였고, 얼음 창고가 아니라 보물창고였습니다. 이 사실을 깨달은 국회는 그제야 왜 알리지 않고 비밀리에 했느냐고 질문할 때에 비밀이기 때문이라고 대답했습니다. 성경에도 유사한 이야기가 비유되었습니다(마 13:44).

모세는 이 비밀을 알기 때문에 잠시 동안의 애굽의 편한 생활보다 광야의 길을 택하게 되었다고 했습니다(히 11:24). 현대인은 신앙생활을 한다고 해도 고난을 싫어합니다. 십자가를 피하려 합니다. 비밀을 모르기 때문입니다. "그리스도의 남은 고난을 그의 몸 된 교회를 위하여 내 육체에 채우노라."고 말씀하신 신앙고백에서 얼음 창고가 아니라 보배창고를 발견합니다.

1. 기독교는 그리스도의 남은 고난을 내 육체에 채우는 사람들이 모인 공동체입니다.

진정한 교회는 주님의 몸으로써 십자가를 서로 지고 고통을 나누며 가는 교회입니다.

1) 십자가를 지고 따라오라고 하셨습니다(마 16:24).

십자가 부인하면 교회가 아니며 기독교인이 아닙니다. 기독교는 고행주의는 아니지만 십자가가 있을 때에는 지고 가는 실천이 따라야 합니다.

① 이것이 예수 믿는 길입니다.

예수님께서 가신 길이 십자가의 길이기 때문입니다. 세상적으로 따라가는 것이 아니요, 세상과 반하기 때문에 십자가가 있고, 어려움이 있습니다. 기독교는 넓은 길이 아니라 좁은 길이기 때문에 가는 자가 많지 않습니다(마 7:13-14).

② 사도들을 비롯한 믿음의 선진들이 세상과 합하여 살지 않고 차라리 고난의 길을 걷게 된 길이 기독교입니다.

세상과 동질이 아니라 예수님과 동질의 길을 걸어가야 합니다. 예수님은 이 세상에 속한 길이 아니었습니다(요 18:36, 마 26:52).

2) 십자가는 승리와 축복과 상급이 있는 보화요 비밀입니다.

일반적으로 볼 때에는 고통과 고난일 뿐 아무 유익이 없어 보이겠지만 십자가의 길은 얼음 창고가 아니라 보물창고입니다.

① 그래서 십자가를 지고 가면서도 기뻐하였습니다.

옥중에서도 기뻐하라고 외치고 외쳤습니다(빌 4:4). 상급이 크기 때문이라고 하였습니다(마 5:10-12). 영적인 눈이 떠지게 되시기를 바랍니다.

② 바울은 그의 남은 고난을 그의 몸 된 교회를 위하여 육체에 채웠습니다.

그래서 모든 것을 버리고 복음을 위해서 선교하는 길이었습니다. 지금도 세계 도처에는 수많은 사람들이 이 길을 걷고 있습니다. 스데반 집사님은 돌에 맞아 순교하였습니다(행 7:55-60).

2. 십자가를 지고 고난을 받는 것은 사랑하기 때문입니다.

바울이 왜 십자가를 지고 갔습니까? 주님을 사랑하기 때문입니다. 교회를 사랑하기 때문에 십자가를 지고 가게 됩니다.

1) 사랑하게 되면 십자가도 지게 됩니다.
그래서 세상에는 수고가 따르게 됩니다(살전 1:3).

① 사랑하시기 때문에 십자가를 지시고 희생하셨습니다(요 3:16).
우리가 아직 죄인 되었을 때입니다(롬 5:8). "사랑의 수고와"(살전 1:3)라고 하였습니다.

② 주님을 사랑하십니까?(요 21:15)
주님의 몸 된 교회 위해서 십자가도 지고 가야 합니다. 사랑에는 많은 수고가 따라야 합니다.

2) 예수님은 베드로에게 세 번씩이나 질문하셨습니다(요 21:15-).

① "요한의 아들 시몬아 네가 이 사람들보다 나를 더 사랑하느냐?" 하셨습니다.
베드로는 사랑한다고 고백하였고 그 길을 가게 되었습니다.

② 사랑에는 수고가 따르기에 결국 순교의 제물이 되었습니다.
알라스카가 쓸모없는 얼음산이 아니라 보배의 산이듯 십자가의 길 역시 보화의 길입니다. 부활 후 첫 주일에 다시 한 번 생각하는 말씀입니다.

3. 현재의 십자가는 미래의 면류관으로 준비되게 됩니다.

현재의 고난은 장차 나타날 영광과 족히 비교할 수 없습니다(롬 8:18).

1) 현재의 십자가와 고난은 장차 영광의 면류관과 바꾸게 됩니다.
이 길이 믿음의 선진들이 걸어가게 되었던 길입니다.

① 비교가 안 되는 영광이 기다리고 있습니다.
변치 않는 말씀에 약속하셨습니다. 모든 그리스도인들이 이 사실을 반드시 알아야 하겠습니다.

② 바울도 의의 면류관을 사랑하였습니다(딤후 4:6-8).

누가 면류관의 주인공이겠습니까? 성경들을 보시기 바랍니다(마 16:27, 계 22:12, 계 2:10, 벧전 5:14-, 고전 9:25, 살전 2:19).

2) 교회를 위해서 십자가 지고 가는 사람에게 상급과 축복이 있습니다.
약속하신 상급을 기억하시기 바랍니다.

① 희생과 고난 없이는 영광도 없습니다.
자연 진주도 자기 살의 아픔을 이기고 진주를 만들어 냅니다. 더욱 주의 일에 힘쓰시기 바랍니다.

② 현재 주의 일에 힘쓰고 있습니까?
더욱 힘쓰시기 바랍니다. 바울은 평생 동안 이 믿음으로 온 몸을 복음을 위해서 불태우며 살았습니다. 이 신앙으로 우리 교회가 크게 역사되시기를 축원합니다.

결론 - 이 세상에 살 동안에는 십자가 지고 가는 신앙입니다.

[시험·고난] 신앙의 파선 원인
(디모데전서 1:18-20)

항구에서 출발한 배나, 공항을 이륙한 비행기는 목적지 항구나 활주로에 무사히 도착하는 것이 바램이요, 꿈입니다. 비행기가 추락해서 큰 무리가 죽게 되고, 배가 난파해서 수많은 사람의 인명피해는 물론 바다에 기름까지 유출되어 생태계의 오염까지 심각한 예들이 있습니다. 이유가 있겠지만 파도를 만난다든지 테러에 의해서든지 간에 지금 세상은 어려움이 언제나 도사리고 있는 시대입니다. 과거 역사 가운데 인격이 파선 된 때에 1,2차 세계대전과 일본 제국주의자들의 만행 때문에 세계는 피해가 매우 컸었습니다. 사도 바울은 본문에서 중대한 영적인 교훈을 깨우쳐 주었습니다. '아들 디모데야 내가 네게 이 교훈으로써 명하노니' 라고 했습니다. 그러면서 두 사람을 예로 들었는데 후메내오와 알렉산더였습니다. 이들은 믿음이 파선됐다고 했습니다. '파선되었다' 라는 말은 헬라어로 '나우아게오' 인데 암초에 부닥친 것을 뜻합니다. 그래서 저들은 파선하게 되었습니다. 추락치 않고 파선되지 않기 위해서는 본문에서 몇 가지 교훈을 얻게 됩니다.

1. 지시하신 하나님 말씀을 따르지 않으면 파선의 원인이 됩니다.
왜 추락되고 파선되는지 성경은 밝히 우리에게 경고했습니다.

1) 영적인 믿음이 파선되는 데는 원인이 있습니다.
성도는 기록된 말씀을 벗어나지 말아야 합니다(고전 4:6).

① 성경에 이르신 경계를 바르게 따라야 합니다.
인생길은 위험한 항로와 같고 뱃길과 비교되기 때문입니다. 그래서 성경은 수차 우리에게 경고했습니다(수 1:7, 신 5:32). 이스라엘 백성들은 이 경고를 무시하고 살다가 결국 역사에서 파선된 과거 상을 남기게 되었습니다(신 30:18).

② 심판이나 멸망이 올 때에 하루 아침에 갑작스럽게 오지 않습니다.
긴 세월동안 유예기간을 주게 되고 경고도 하게 됩니다. 둑이 무너질 때

에도 갑작스럽게 무너지는 것이 아니라 작은 쥐구멍을 통해서 서서히 무너집니다. 그러므로 우리는 언제나 작은 것에서부터 조심해야 합니다.

2) 파선된 믿음이라면 멸망할 수밖에 없습니다.

예수 그리스도 안에서 우리는 믿음이 파선되지 않도록 언제나 조심하고 힘써야 합니다. 펑크 난 자동차를 그냥 탈 수 없고 파선된 배를 그냥 사용할 수 없는 일과 같습니다.

① 하나님 말씀을 벗어나게 되면 믿음이 파선되는 원인이 됩니다.

그래서 성도는 언제나 하나님 말씀 안에서 살아야 합니다(하와, 아간, 게하시).

② 하나님보다 물질을 더 좋아하게 되면 파선됩니다.

그래서 세상과 짝하게 되면 하나님과 원수가 됩니다(약 4:4). 물질 때문에 파선된 사람들이 많이 있습니다(하와, 아간, 게하시, 가룟유다). 그래서 이것을 떠나서 믿음을 지켜야 합니다(딤전 5:10).

③ 세상 쾌락이나 유흥적인 것에 빠지면 망하게 됩니다.

가룟유다가 망하였고, 소돔성이나 노아의 시대가 그랬습니다. 말세가 곧 이때입니다(마 24:37). 그러므로 성도는 세상에 대하여 방수를 잘 해야 합니다.

④ 진리를 떠나서 교회를 어지럽히게 되면 파선됩니다.

후메내오와 알렉산더의 좋은 예를 볼 수 있습니다. 얀네와 얌브레가 있습니다(딤후 3:8). 교회를 혼란하게 하고 목회에 지장을 초래하는 사람들입니다. 이들은 파선됩니다.

2. 본래 주신 선한 양심과 믿음을 따라서 살지 않으면 파선의 원인이 됩니다.

"믿음과 착한 양심을 가지라"(19절) 고 했습니다.

1) 본래 주신 신앙 양심을 저버리지 않아야 합니다.

언제나 처음 주신 양심이 중요합니다.

① 양심이 마비되지 않게 해야 합니다.

감각이 무디어지면 나환자처럼 감각이 없어집니다. 에베소교회는 처음 사랑을 잃고도 몰랐습니다(계 2:4).
② 성도는 영적 감각을 언제나 잃지 말아야 합니다.
주일 성수문제를 비롯해서 성경적 신앙이 중요합니다. 우리의 신앙이 무디어지는 시대에 살고 있습니다.

2) 믿음을 간직해야 합니다.
'믿음을 가지라' 고 했습니다.
① 믿음이 있을 때만이 소망이 있습니다(벧전 1:9, 히 11:6).
천국에 갈 때까지 세상에서 중요한 요소가 믿음입니다.
② 지금은 말세의 현상이 곳곳에 나타나는 때입니다.
사랑이 식어지고(마 24:12), 믿음이 약해지고(눅 19:8), 우리에게 필요한 것은 믿음입니다(벧후 1:1, 엡 2:8). 놋방패가 금방패를 대신 할 수 없습니다(대하 12:9-11). 오직 믿음의 금방패가 필요합니다(엡 6:16).

3. 파선된 사람은 버림받을 수밖에 없습니다.

1) 파선 되었기에 버리게 됩니다.
착한 양심, 깨끗한 양심(딤전 3:9), 선한 양심(벧전 3:16), 청결한 양심(딤후 1:3)을 디모데는 로이스와 유니게에게서 물려받았습니다.
① 자녀들에게 이 믿음의 유산으로 물려주시기 바랍니다.
② 버리운 사람은 영원히 멸망입니다.
성경을 분명히 보시기 바랍니다(딤전 1:20, 고전 5:5, 마 26:41, 마 7:23).

2) 우리는 믿음의 양심을 영원히 간직한 사람들이 되어야 합니다.
① 예수님 안에 있을 때만이 가능합니다.
② 천국 입성할 때까지 믿음을 지키시기 바랍니다.
바울은 그 좋은 예의 사람입니다(딤후 6:7-8). 우리 모두 이렇게 승리자가 되시기를 축원합니다.

결론 : 믿음은 끝까지 잘 간직할 중요한 일입니다.

| 시험·고난 | ## 이제는 안심하라
(사도행전 27:20-26)

　이 세상은 광야와 같아서 험악하고 바다와 같아서 풍파가 많이 일어나는 곳입니다. 그래서 쉽게 되는 일이 없고 매사에 힘들고 어렵습니다. 사람이 살면 70-80인데 그 년 수의 자랑은 수고와 슬픔이니 신속히 날아갑니다.
　본문은 사도 바울이 로마를 향해서 복음을 들고 가는데 죄수 아닌 죄수로 가는 도중에 일어났던 사건입니다. 미항(Fair Havens)이라는 곳에서 금식일도 지나고 해서 출발하려 할 때에 바울이 백부장에게 말합니다. 이번 항해는 배와 화물에만 아니라 우리의 생명도 큰 피해가 있으니 며칠만 더 있다가 가는 것이 좋겠다고 할 때에 백부장이 선장과 선주의 말을 바울의 말보다 더 믿게 되었고 출발하게 될 때에 남풍이 순하게 불게 되어 저희가 득의한 줄 알고 있을 때에 갑자기 유라굴로(a wind of hurricane force) 풍랑이 대작하여 14일간 죽을 고비를 겪은 끝에 바울이 일어서서 저들에게 설교한 내용이 기록되어 있습니다. 276명이나 탄 배에 모든 물건을 바다에 던지고 살 소망까지 상실한 저들에게 다시 소망의 말씀을 전하는 모습에서 우리는 몇 가지 교훈을 얻게 됩니다. 각종 테러가 판치고, 경제적 위기, 정치적 위기, 사회적 위기가 난무하여 사람들이 살 소망을 상실해가는 세상입니다.

1. 세상은 풍랑이 잠잠하지 않는 환난의 곳입니다.
　그래서 한시라도 조용할 날이 없고 인생 70-80세의 세월이 수고와 슬픔으로 가득한 세상입니다(시 90:9-10).

1) 창조 때 직후부터 타락한 이래 세상의 형편입니다.
　　타락한 세상의 결과입니다(창 1:2, 3:18). 세상은 어디 하나 편한 곳이 없고 바람 잘 날이 없습니다.
　① 하나님 말씀에 불순종했기 때문입니다.
　　아담과 하와가 대표적으로 불순종하였습니다(창 3:1). 하나님 말씀에 불순종하였던 선지자 요나의 예에서 봅니다(욘 1:3-4). 하나님 말씀에 불순종하게 되면 인생은 이렇게 풍랑이 옵니다.
② '선장과 선주의 말을 바울의 말보다 더 믿더라'고 했습니다.
바울의 말을 들었더라면 이런 불상사를 미리 막을 수 있었을텐데 당하지 않아도 되는 화를 당했던 현장입니다. 때때로 세상은 하나님 말씀을 믿기보다 세상적 지식이나 기술을 의지해 오히려 망하는 경우들이 많습니다. 더욱이 지금은 과학이 발달한 시대입니다(단 12:4). 그러나 주의 백성들은 주의 말씀에 귀를 기울여야 합니다(마 13:9).

2) 개인도 국가도 하나님의 말씀에 귀를 기울일 때에 복되고 잘됩니다.
성경에서 이점을 분명히 명시하여 주셨습니다.
① 다음 성경에서 분명한 예를 보겠습니다.
'여호와를 경외하며 그의 길을 걷는 자마다 복이 있도다'(시 128:1) 하였습니다(신 28:1). '여호와의 눈은 온 땅을 두루 감찰하사 전심으로 자기에게 향하는 자들을 위하여 능력을 베푸시나니'(대하 16:9) 했습니다. 역대하 15장에서 구스왕이 100만 군대로 유다를 침략해 올 때에 여호사밧왕은 하나님께 구하므로 대승리를 거두게 되었습니다. 그 사건 이후에 여호사밧왕은 깨달아서 이런 말씀을 외치게 됩니다(대하 20:20).
② 본문에서 바울은 분명히 대사건을 예고하였지만 믿지 않고 진행하다가 이런 환난을 겪게 되었습니다.
처음에는 자기들이 득의한 줄로 알았습니다(행 27:13). 그러나 결과는 유라굴로 풍랑을 만나게 되었습니다. 이 시대 사람들에게 주시는 교훈이 매우 크다고 할 것입니다.

2. 풍랑 때문에 큰 고통과 손해를 보게 되었고 생명까지 위협을 받게 되었습니다.
276명이나 되는 사람들이 죽을 고비를 당하게 되었습니다.

1) 정신적인 고통을 받게 되었습니다.
몇 시간도 아닌 14일간이나 고통 중에서 살 소망까지 잃게 되었습니다.
① 14일 동안 해와 달이 보이지 않는, 구원의 여망이 없어지는 고통이었습니다.

② 이제는 정신을 놓고 자포자기하다 되는 상태였습니다.
세상에는 이와 같은 상태 가운데서 심지어 스스로 죽는 사람들도 생겨나곤 합니다. 그래서 세상에는 진정한 평안이 없습니다. 그리스도 안에서만 진정한 평안이 있습니다(요 14:27).

2) 재정적 손해와 시간적 손해가 크게 왔습니다.
① 276명의 모든 짐을 바다에 던지게 되었고 심지어 배의 기구들까지 버리게 되었습니다(27:18-19).
본인들의 손으로 내어버리게 되었습니다.
② 시간적 손해가 왔습니다.
14일간 표류해야 했으니 큰 손해가 된 것입니다. 지금 우리는 국제적으로 무역전쟁과 국가경쟁력 속에 있지만 시간이 중요한데 대한민국은 국조(國調)와 국기(國基)까지 흔드는 상황에서 이제는 교회 밖에는 이 나라의 소망이 없기에 교회들은 더욱 자각하고 회개하며 기도해야 할 때입니다.

3. '이제는 안심하라'는 영적인 제시가 필요한 때입니다.

모두 소망을 잃고 있을 때에 '이제는 안심하라' 이 시대에 교회가 세상을 향하여 외쳐야 할 소식입니다.

1) 다행히 하나님의 사람 사도 바울이 이 배에 타고 있었습니다.
주님이 이 배에 동승하고 계셨던 것입니다. 바울의 주님이십니다.
① 바울은 같은 배에서 같이 고난을 겪었지만 그들에게 소망을 던지게 되었듯이 같은 세상에서 같은 환난 중에 있지만 성도는 세상에 대해서 소망이 되어야 합니다. 이런 자신감 있는 신앙이 요구되는 시대입니다.
② 현재 우리가 사는 이 세상에서 제 2, 3의 바울이 요구되는 때입니다.
이것이 이 시대의 성도들이 가지고 교회가 전해야 하는 소망입니다.

2) 내가 믿는 하나님, '나의 하나님'이라고 분명히 말해야 합니다.
① 평상시에 이런 신앙이 필요합니다.
죽은 신앙이 아니라 살아있는 신앙입니다. 산 신앙(Living Faith)이 요구

되는 시대입니다. 정치적 색깔이 아니라 분명한 믿음의 영적 색깔을 나타내야 할 때입니다.

② 지금 세상은 국제적으로나 국내적으로 소용돌이치는 시대입니다.

정치적 불안, 경제적 추락, 테러의 위험, 실업자의 증가, 낙심된 이웃이 가득합니다. 말세의 현장입니다. 우리는 예수 그리스도 안에서 외쳐야 합니다.

이제는 예수 그리스도 안에 안심하라고 외치는 신앙이 되어야 합니다. 이 신앙으로 승리케 되기를 축원합니다.

결론 : 유라굴로 풍랑은 지금도 계속 됩니다.

시험·고난 광야에 우뚝 서있는 로뎀나무의 교훈
(열왕기상 19:1-8)

하나님이 지으신 세상에는 나무들이 많이 존재합니다. 수목이 울창하게 우거진 숲이 있는가하면 나무들이 자랄 수 없는 광야의 척박한 땅도 있습니다. 성경에는 나무들이 많이 기록되었습니다. 모두가 영적이고 신령한 면에서 모두의 뜻이 배어있는 나무입니다(시 92:12).

여호와의 집에 심겨져 있고(시 92:13) 잘 가꾸어진 밭도 있어서(사 5:1-) 관리자에 의해서 잘 관리가 되는 밭도 있지만, 본문에서 소개하는 로뎀나무가 서있는 곳은 그런 이상적인 밭이 아니요 나무들이 잘 자라기에는 너무나 힘든 광야에 있습니다. 중동지역의 광야는 더운 곳이요, 생명이 살기가 어려운 것이 특징입니다. 아합왕 때에 바알신, 아세라신의 우상주의자와 싸워서 불로 응답받고 850명을 모두 죽인 다음에 이세벨의 칼날을 피하여 광야 호렙산 로뎀나무 밑에 숨어서 죽기를 원했던 엘리야의 이 모습 속에서 로뎀나무와 성도와의 관계가 영적인 교훈으로 우리에게 다가왔습니다. 현실적인 문제들과 비교해 보면서 몇 가지 은혜를 나누어봅니다.

1. 메마른 광야는 성도에게 영적이고 신령한 면에서 뜻이 있습니다.

성경에는 물댄 동산 같은 기름진 곳도 많이 등장하지만 메마른 광야의 기사도 많이 있습니다. 메마른 광야는 성도에게 주시는 뜻이 깊습니다. 엘리야가 지금 서있는 곳은 광야 로뎀나무 밑에서 죽기를 원하고 있었습니다.

1) 광야는 영적으로 훈련장소인데 로뎀나무 한 그루는 지금까지 훈련을 잘 받고 있음을 시사해 줍니다.

이 로뎀나무는 엘리야의 모습이요, 우리들의 모습으로 비교가 됩니다.

① 광야는 영적 훈련을 받는 장소입니다.

성경에서 승리했던 사람들이 모두 광야를 통과했던 사람들입니다. 하갈과 이스마엘(창 21:14-), 미디안 광야에서 40년간 훈련을 받은 모세(출 2:15-), 이스라엘의 위대한 왕 다윗 역시 광야의 사람입니다(삼상 23:13).

사울은 핍박자에서 예수의 사람으로 돌아온 이후에 사마리아 광야에서 3년을 훈련받아 바울이 되었고(갈 1:17-18), 예수님도 광야에서 40일 금식기도를 하시고 공생애가 시작됩니다(마 4:1-2).

② 이스라엘 백성들이 모두가 광야를 통과하게 됩니다.
40년간의 광야생활 끝에 가나안에 입성하게 되었습니다. 하나님께서 독수리를 훈련시키시듯이 훈련을 시키셨다고 했습니다(시 32:10-22). 이 시대의 성도들 역시 광야와 같은 세상에서 훈련 받고 있습니다.

2) 광야에서 외롭게 서있는 로뎀나무는 영적인 뜻이 있습니다.

① 광야가 고통의 장소라면 로뎀나무 역시 고통 중에 서있으며 엘리야 역시 고통 가운데 있습니다.
'광야'라는 말은 히브리어로 '미드빨'이라고 하는데 뜨거운 열풍 때문에 식물이 성장할 수 없는 황폐한 곳입니다.

② 훈련은 곧 고통으로 이어지고 고통에는 반드시 뜻이 있습니다.
욥기에서 욥은 고백했습니다. "내가 가는 길을 그가 아시나니 그가 나를 단련하신 후에는 내가 정금 같이 나오리라"(욥 23:10) 했습니다.

③ 시련과 시험의 용광로에서 이기기 위해서는 영적인 요소가 필요합니다.
인내입니다(endurance, 약 5:1). 믿음입니다(faith, 요일 5:4-5). 하나님께 소망을 두는 오직 소망입니다(hope, 롬 15:13). 여기에 승리와 훈련의 열매가 있습니다.

2. 참된 성도는 반드시 광야를 거친 로뎀나무와 비교됩니다.

검객이 사용하는 쇠붙이도 불과 용광로 속에서 만들어져서 명검이 나오듯이 광야의 로뎀나무가 주는 의미는 깊은 뜻이 있습니다.

1) 기독교 복음은 광야에서 살아남은 로뎀나무와 같습니다.

기독교 복음은 영혼을 살리고 영생을 얻게 하는데 이 복음은 시작부터 시련과 연단 속에서 시작되었습니다.

① 기독교 복음은 십자가 복음입니다.
엘리야 역시 지금 로뎀나무 밑에서 사막의 열풍을 맞고 있습니다. 예수

님도 나시면서부터 피난길에 오르셨습니다(마 2:14). 하나님께 버림받는 고통의 길입니다(마 27:46). 그래서 십자가의 도가 어리석게 보이지만 여기에는 구원이 있습니다(고전 1:17).

② 광야를 걷는 성도는 언제나 보잘 것 없이 삭막하게 보이지만 그래도 로뎀나무 밑에 있습니다.

광야에서의 로뎀나무는 지친 영혼이 쉴 수 있는 유일한 곳입니다. 엘리야도 자기 몸을 이곳에 의탁했습니다. 471장 찬송의 클래페인(E. C. Clephane 1830-1869)도 이런 사실을 찬송을 통해 고백했습니다.

2) 이 로뎀나무 밑은 오직 주의 몸 된 교회와 같은 존재입니다.

주의 교회는 로뎀나무와 같이 삭막한 광야에 서있습니다. 교회만이 모든 인생들의 피난처요, 피할 곳이 됩니다.

① 광야 같은 세상이지만 교회가 있습니다.

요나는 박 넝쿨이 있었지만(욘 4:6), 인생들은 교회에 구원이 있습니다. 이 세상의 교회는 인생들에게 쉼터입니다. 또한 교회가 이런 교회로 성장해 나가야 합니다.

② 로뎀나무는 또한 성도들 자신들로 보아야 합니다.

이 세상에서 어둡고 힘든 인생들에게 빛이 되고 소금이 되어서 저들 영혼에게 살 길을 인도해야 하는 사명이 있습니다(마 5:13-14). 지금 우리는 온 세상 사람들이 아우성치는 곳에 서있습니다. 정치, 경제, 사회, 모든 부분에서 어렵습니다. 이런 때에 유라굴로 풍랑 속에서도 "이제는 안심하라"(행 27:22)고 살 길을 보여주어야 합니다.

3. 성도들을 광야에서 훈련하시는 원인이 있음을 깨달아야 합니다.

성도의 고난은 원인이 있습니다. 바울도 고백했습니다(고후 1:3-10).

1) 로뎀나무는 모진 고통을 겪은 후에 나그네의 쉼터가 되었습니다.

여기에 성도들이 배워야 할 의미가 있습니다.

① 이 로뎀나무는 역시 더운 바람을 이겨낸 나무로서 서있습니다.

광야는 뜨겁지만 그늘만 들어가면 시원합니다. 엘리야는 지금 이곳에서 앉아있는 것입니다.

② 로뎀나무가 이곳에 생존하듯이 개인 신앙 역시 생명력이 있어야 합니다. 중간에 무슨 일로 죽었다면 고목이 되었을 것입니다. 말세 성도는 불가피 인내해야 합니다(계 14:12).

2) 훈련 받고 연단 받은 후에 더욱 크게 사용되었습니다.
① 엘리야의 사명은 아직 끝나지 않았습니다.
위대했던 성경의 사람들은 모두가 훈련을 받았던 사람들입니다. 여기에 큰 교훈이 있습니다.
② 엘리야 역시 다시 일어나서 사명을 완수했습니다(왕상 19:15-21).
아람나라 왕을 세우는 일, 이스라엘 왕을 세우는 일, 엘리야의 후계자 엘리사를 세우는 일들이 매우 크게 남은 사명이었습니다.
③ 개인의 연단에는 더욱 크게 사용하시는 하나님의 뜻이 있습니다.

남은 생애의 사명이 더욱 큼을 직시해서 남은 사명을 잘 감당해 나가게 되기를 축원합니다.

결론 : 우리는 광야에 서 있는 로뎀나무들 입니다.

인정받는 신앙이 되라!

시험·고난

(야고보서 1:12)

심리학적으로 모든 사람들은 인정받기 원하고 인정받기 위해 최선을 다하고 힘을 쓰게 됩니다. 세상 모든 조직사회에서 운동선수는 감독에게, 봉급생활자가 관리자에게, 학생이 선생님에게 인정받기를 원하게 됩니다. 우리가 평생하는 신앙생활 역시 인정받는 것이 중요합니다. 하나님께 인정받고 교회 앞에 인정받는 생활이 우리의 추구하는 신앙입니다. 그런데 인정받기 위해서는 시험의 통로를 통과해야 합니다. 신앙생활의 전체가 시험의 연장선에 있기 때문에 시험 통과는 곧 신앙생활의 인정의 지름길이 됩니다. 시험을 통과하고 인정받는 신앙생활에는 마지막 면류관이 약속되어 있습니다.

1. 시험이 오고 어려울 때마다 바른 자세로 임해야 합니다.

시험이 올 때에 자세가 중요한 것은 시험에 대한 자세에 따라서 결과가 달라지기 때문입니다. "내 형제들아 너희가 시험을 참는 자는 복이 있도다 이것에 옳다 인정함을 받은 후에 주께서 자기를 사랑하는 자들에게 약속하신 생명의 면류관을 얻을 것임이니라." 하였습니다.

1) 시험이 올 때에 인정받는 신앙은 분명한 자세가 있습니다.

① 온전히 기쁘게 여기라는 것입니다.

왜 기뻐해야 하겠습니까? 시험을 통과한 후에는 반드시 상급이 약속되어 있기 때문입니다. 상급이 있고 면류관이 약속되었습니다. 스데반 집사님은 그래서 순교현장에서 천사의 얼굴이었고(행 6-7장), 바울은 옥에서도 찬송과 기도 가운데서 승리했습니다(행 16:25). 그리고 빌립보 교회에 기뻐하라고 강조하였습니다(빌 4:4).

② 오래 참아야 합니다.

성경에서 승리하는 성도의 참 덕목은 인내입니다. 신앙의 열매 가운데 중요한 덕목이 인내입니다. 그래서 성경 시대나 말세 때에나 강조한 것이 인내하라고 강조하였고 인내한 사람들이 승리하였습니다(약 4:7-11,

계 13:10, 14:12).

2) 성도는 시험 중에 언제나 성령을 의지하고 말씀에 서야 합니다.
① 말씀을 기초 토대로 하는 신앙이라야 승리하게 됩니다.
말씀 위에 서 있는 신앙이 아니면 흔들리게 되기 때문입니다.
"내가 주께 범죄치 아니하려 하여 주의 말씀을 내 마음에 두었나이다" (시 119:11) 했습니다. 말씀 위에 서 있는 신앙이 시험에서 견디기 때문입니다(마 7:24-27).

② 성령을 의지해 나가야 합니다.
인간은 누구나 결심이 약해지고 위기 앞에서는 작심삼일이 되기 쉽습니다. 여기에는 직분자도, 중직자도, 사명자에게도 예외는 아닙니다. 마태복음 26장에서 베드로의 경우에 잘 나타나 있습니다. 그러나 오순절 성령강림 이후의 베드로의 모습은 달라졌습니다(행 4:19). 결국 인간적인 생각이나 결심 가지고 위기 때에 시험을 이길 수 없습니다. 성령 충만이 내 결심도 능력이 있게 도와주십니다.

2. 어떤 시험이든지 시험에는 하나님의 뜻이 있습니다.

1) 시험 속에서 하나님의 뜻을 발견해야 합니다.
"이것에 옳다 인정함을 받은 후에 주께서 자기를 사랑하는 자들에게 약속하신 생명의 면류관을 얻을 것임이니라." 하였습니다.

① 하나님께서 시험해 보시는 것입니다.
여기에서의 시험(Test)은 축복이 내포된 뜻입니다. 익은 수박을 가려내기 위해서 '통통' 하고 두드려 보듯이 농부의 심정으로 하나님 백성을 가려내는 작업입니다.

② 하나님께서는 아브라함을 축복하시려고 찔러 보셨습니다.
"하나님께서 아브라함을 부르시는데, 시험하시려고(Test)"라고 기록 되었습니다(창 22:1). 그 결과로 아브라함은 합격하게 되었습니다. 창 22:15-16에서 시험의 결과를 발표하셨습니다. 시험 결과는 축복입니다.

2) 하나님은 우리에게 똑같이 시험하시는데 축복이 약속된 시험입니다.
① "네가 나를 사랑하느냐?" (요 21:15-)고 질문하십니다.

내 믿음이 성장되었다면 성장된 만큼의 강도가 강한 시험이요. 내 신앙이 약하다면 약한 만큼의 시험입니다.

② 베드로에게 하신 질문을 우리에게도 하십니다(요 21:15).
"요한의 아들 시몬아 네가 나를 사랑하느냐?"입니다. 또한 시험에는 피할 길이 있음을 알아야 합니다(고전 10:13). 아브라함도 베드로도 통과되었듯이 믿음의 사람은 통과할 수 있습니다. 또한 시험 받은 때에 주께서 도우신다고 약속해주셨습니다(히 2:18).

3. 인정받은 성도에게는 포상하십니다.

신앙인정(信仰認定)이 중요합니다. "약속하신 생명의 면류관을 얻을 것임이니라"(10절) 하였습니다.

1) 하나님께서 주시는 상급을 바라보고 달려가서 통과해야 합니다.

① 내가 달려갈 길을 모두 마치기까지 달려가야 합니다.
바울에게서 좋은 예를 보게 됩니다(딤후 4:6-7). 의의 면류관이 약속되었습니다.

② 하나님 아버지께서 또한 좋은 것으로 예비해 놓으셨습니다.
사명을 감당해서 시험을 통과한 사랑하는 백성을 위해서 준비된 면류관입니다. 누구든지 면류관의 주인공이 되십시오.

2) 우리는 나그네의 성도로써 아직 종착역에 도달하지 않았습니다.

종착역까지 계속 전진하는 인내가 필요합니다.

① 지금까지 잘해 왔듯이 계속 또 계속해야 합니다.
아프리카 선교사가 배에서 내리면서 국가 고위층의 대단한 환영식을 보고 마음에 시험이 올 때에 주께서 말씀하십니다. "얘야 너는 아직 본국에 도착한 것이 아니지 않느냐"라고 했다는 얘기가 있습니다.

② 시험이기고 승리한 상급은 내 인생의 종착역에서 내가 받을 상급으로 남아 있거니와 이 땅에서도 축복이 있습니다(마 5:10-12).
그러므로 상급의 주인공들이 모두 되시기를 축원합니다.

결 론 : 예수 그리스도 안에서 모든 시험을 이길 수 있습니다

| 가 정 |

기독교의 자녀교육
(신명기 6:4-9)

　미물들도 자기 종의 번식을 위하여 새끼들을 낳아서 애지중지 키우는데 최선을 다합니다. 그리고 모두 성장되어 자립하게 될 때에는 과감히 자연의 한 부분으로 돌려보냅니다. 조류며 동물이며 물고기며 모두가 그렇습니다. 하물며 하나님의 형상대로 지으신 인간이 2세에 대한 교육과 양육과정을 중요시 여기는 것은 당연한 일이 아닐 수 없습니다. 그런데 문제는 자녀 육성을 어떻게 하느냐가 관건입니다.

　성경에서 말하는 자녀 교육의 지침은 언제나 시대를 초월해서 말씀하고 있습니다. 모세오경을 비롯해서 성경 자체가 그렇습니다. 모세오경 중에 마지막 책인 신명기에 다시 한번 요약해서 강조해 주신 말씀인데 신명기 6장은 28장과 더불어서 복된 인생이 어떻게 되는지 그 길을 확연히 보여주셨습니다. 하나님의 말씀을 자녀들에게 부지런히 교육하고 가르쳐서 지키게 하면 틀림없이 축복된 자녀가 될 것이라고 강조하셨는데 본문에서 다시 한번 몇 가지를 보게 됩니다.

1. 자녀들에게 가르치고 교육해야 합니다.

　가르치고 교육하는 일은 신구약 성경에서 공히 강조하신 말씀이요 제목이기도 합니다(마 28:20).

1) 자녀들에게 가르치고 교육해야 합니다.
　　이 일은 성경이 명하는 하나님 말씀이요 명제이기도 합니다.
① 가르치고 교육하는 일은 평생토록 해야 하는 일입니다.
　　몇 번 한다든지 조금 하고서 마는 일이 아닙니다. 평생 동안 해야 하고(2절), 부지런하게 해야 하는 일입니다(7절). 사람은 자기가 배운 대로 가도록 되어 있기 때문입니다. 그래서 성경을 배우게 하고 배운 대로 살아가게 할 때에 복이 됩니다.
② 자녀들에게 성경을 읽게 하고 배우게 해야 하겠습니다.

이것이 성공과 축복의 인생길로 가게 하는 지름길이요 나침반입니다. 사도 바울은 디모데에게 전하면서 이 점을 강조하였습니다(딤후 3:15-16). 성경 말씀 속에 구원이 있고 의와 지혜와 인생의 온전한 길이 있기 때문입니다. 그래서 성경은 살았고 운동력이 있습니다(히 4:12). 아이들이 이 말씀 속에 기초를 세우고 성장하게 해야 하겠습니다.

2) 성경 역사를 통해서 증거 해주십니다.

① 유대인들은 자녀들에게 성경을 가르치고 교육합니다.

그래서 틈만 나면 자녀들에게 율법을 가르치고, 학교 공부하기 전에는 반드시 성경부터 배우고 공부를 시작하는데, 미국 같은 나라에서도 이 유대인의 교육은 정평이 나 있습니다.

식사 전에 성경을 암송케 하고, 학과에 들어가기 전에 먼저 성경 율법을 외우게 합니다. 그런데도 미국 유수의 대학들에는 이들이 언제나 자리 잡고서 우월성을 보이고 있습니다. 이것이 또한 성경의 약속이기도 합니다(신 28:1). 세계 모든 민족 위에 뛰어난 민족이 되게 하십니다.

② 역사적인 인물들을 보시기 바랍니다.

미국 초대 대통령인 조지 워싱턴, 토마스 제퍼슨, 아브라함 링컨 등은 모두가 세계적인 사람들인데 이들 모두 어릴 때부터 성경을 배우고 성경 속에서 자라난 사람들입니다.

백화점 왕이라 불리는 워너메이커는 9세 때에 1불 50센트에 사서 읽은 성경책이 평생의 재산 목록 1호라고 했습니다. 우리나라 아이들이 해외 유학길에 많이 올라 있으나 축복과 성공의 원인을 모른다면 문제가 아닐 수 없습니다. 우리 자녀들이 모두가 성경 속에서 자라나게 되기를 바라고 힘써야 하겠습니다.

2. 하나님 말씀을 몸에 새기라 하셨습니다.

무슨 뜻이겠습니까? 그만큼 말씀을 가까이 하고 생활 속에 새기며 살아야 합니다.

"마음에 새기라"(6절), "네 몸에 매며 기호를 삼으며 네 미간에 붙여 표를 삼고"(8절), "네 집 문설주와 바깥문에 기록하라"(9절) 고 하셨습니다.

1) 마음에 새기는 것은 내 생애에 영원히 소멸치 않습니다.
마음에 새기었기 때문입니다.

① 세상의 그 어느 것도 영원할 수는 없습니다.
돌비에 새긴 것은 풍상에 없어질 수 있습니다. 그래서 사도 바울은 심비에 새기라고 전하였습니다(고후 3:3-). 돌비도 아니고 육의 심비에 새겨야 합니다.

② 이것은 하나님 말씀을 사랑하라는 뜻입니다.
(5절) "너는 마음을 다하고 성품을 다하고 힘을 다하여 네 하나님 여호와를 사랑하라"고 강조하였습니다. 여기에 축복이 있습니다(신 7:12).

2) 신 6:20-25에서 자녀들에게 역사를 교육하라고 하였습니다.

① 자녀들에게는 역사 공부가 반드시 필요합니다.
훗날 잘 살게 될 때에 애굽에서의 일이며, 광야 생활을 잊지 말라는 뜻입니다. 요즈음 우리 아이들에게 가르쳐야 할 과거 역사는 중요합니다. 역사 속에 미래가 있기 때문입니다.

② 성경은 종합적인 축복의 책입니다.
우리 아이들에게 사랑하는 만큼 성경을 읽게 하고 공부하게 해야 합니다. 교회에서만 아니라 가정에서도 성경 속에 살게 해야 합니다.

3. 하나님께서는 지금도 그의 자녀들에게 말씀하시고 계십니다.

여기에 복이 약속되어 있기 때문입니다(신 28:3-).

1) 하나님은 지금도 말씀하십니다.
하나님 말씀이 살아있는 말씀이라는 사실입니다.

① 자녀들은 기록된 말씀을 읽고, 듣고 행하게 될때 복을 받습니다.
성경을 알게 될 때에 자녀들에게 시온의 길이 열리게 됩니다.

② 세상적인 지식과 학문이 중요해도 앞길은 하나님께 있습니다(시 127:1).
자녀들을 예수 그리스도 복음 안에서 바르게 자라게 해야 합니다. 이를 위해서 부모님들의 기도가 필요합니다.

2) 인생 문제 모두가 하나님께 있습니다.

① 일반적인 역사에도 그 주권이 하나님께 있습니다.
  인물관리, 역사적 사건 관리, 미래사가 모두 하나님께 있습니다. 알렉산더 대왕, 아인슈타인, 빌게이츠 모든 역사가 하나님께 있습니다.
② 한 권의 성경책이 아이들의 인생을 좌우하며 국가의 앞날을 좌우합니다.
  자녀 교육은 성경으로 성장케 하기를 주의 이름으로 축원합니다.

결론 : 자녀가 말씀으로 자라게 해야 합니다.

> 가 정

부모에게 순종하며 효도하는 자녀들
(에베소서 6:1-4)

한 쪽 눈이 없이 반쪽의 눈으로 보면 그렇게 보일지 모르지만 그래도 세상에는 희망이 있습니다. 왜냐하면 하나님의 생명의 말씀이 아직도 세상을 향해서 힘차게 비추기 때문입니다. 따라서 자녀를 키울 때에 다른 뾰족한 길이 없습니다. 오직 하나님 말씀 안에서 양육하는 길만이 최선이요 살 길이 됩니다. 성장 과정이 그리스도 안에서 전인적이고 인격적인 사람으로 양육해야 합니다. 아이가 자랄 때에 몸의 성장판에 의해서 성장하는데 영적이고 신령한 성장판이 손상되지 않게 해야 합니다. 그 성장판은 오직 예수 그리스도 안에, 말씀 안에, 믿음 안에 성장하게 하는 일입니다(엡 4:13-16).

게가 옆으로 걸으면서 자식에게는 앞으로 걸으라 한다면 모순이듯이 부모가 자녀에게 효하는 모습부터 보여주며 본이 되어야 합니다. 자녀 교육은 효와 맞물려 있기 때문에 중요합니다. 실력을 물려주고 재산을 물려주는 것보다 믿음과 사랑과 효를 물려주는 것이 더욱 중요한 이 세대의 숙제입니다.

기독교의 효는 살아 계실 때에 부모님에게 잘해드리는 것이 중요한데 본문에서 몇 가지 말씀을 통해서 은혜를 나누어 봅니다.

1. 자녀의 인격은 주 안에서 부모를 공경하며 순종하도록 해야 합니다.

이것이 전인적 인간형입니다.

(1절) "주 안에서 순종하라 이것이 옳으니라" 하셨는데 이 말은 바울 서신에서 대표적 성격을 뜻하는 용어로서 '엔토 크리스토스'인데 매사에 '예수 안에서'가 중요하며 효도 역시 주 안에서 이루어져야 합니다.

1) 순종은 순종인데 '주 안에서'가 중요합니다.

주 안에서, 예수 안에서, 말씀 안에서, 믿음 안에서 이루어져야 할 행위를 뜻합니다.

① 그리스도인의 모든 행동규범은 '예수 안에서' 입니다.

효와 부모공경 역시 그렇습니다. 왜냐하면 부모일지라도 예수 안에서 볼 때에 그릇된 일들은 우리가 배격하고 하나님 말씀에 순종해야 하기 때문입니다. 세상에서 우리는 서로 관계 속에 살아갑니다. 부모, 형제, 친척, 이웃, 친구 모두가 관계인데 이 모든 관계가 주 안에서 이루어져야 합니다.

② 천국은 우리가 영원히 들어가는 영원한 곳인바 예수 그리스도의 이름으로만 입성(入城)하게 됩니다.

따라서 그 곳에는 오직 예수 이름으로만 가기 때문에 우리 생활의 모든 모습들 역시 예수 안에서의 생활로써 효와 공경 역시 이 범주 안에 속하는 문제입니다.

2) 영원한 소망과 함께 경외하고 축복 받는 신앙의 본이 되어야 합니다.

① 자녀가 부모를 공경할 때에 축복 받는 모습의 본이 되어야 합니다.

이 땅에 살아가면서 자녀가 잘 되는 것은 이 범주 안에 속하는바 부모 공경 역시 하나님의 명령입니다(신 28:1).

하나님의 약속이요 언약입니다. 따라서 부모에게 불효하고서 그와 그의 자손이 잘되는 법은 없습니다(잠 30:17).

② 부모님들은 자녀들에게 효하는 모습을 보여주며 축복 받고 형통한 사실을 보여주어야 합니다.

또한 이것이 산 교육이요 축복입니다. 자녀를 귀여워하고 사랑하는 모습만이 아니라 산 교육이 필요합니다.

2. 자녀의 인격은 주 안에서 부모 공경하도록 성장시켜야 합니다.

이것이 전인적 교육의 첩경입니다.

1) 자녀가 인간이 되도록 성장시키는 일은 부모 공경부터입니다.

이 시대에는 많은 사람들이 부모를 외면하는 '인면수심'의 속에서 살아가기 때문입니다.

① 부모 공경의 교육이 중요합니다.

어릴 때부터 이와 같은 교육이 올바르게 성립되어야 하는데 이 부분이 이제는 사라져가는 시대입니다. 순종과 공경은 매우 중요한데 순종이 기계적이라면 공경은 은혜를 생각하며 섬기는 일입니다.

② 성경은 신구약 모두에서 우리에게 명령으로 주셨습니다.
이것은 10계명 중에도 말씀하셨고(창 20:12), 또 명령하신 것입니다.

2) 자녀가 잘되는 것은 주 안에서 명하는 바 부모에게 공경하는 일입니다.

① "내 아들아 나의 법을 잊어버리지 말고 네 마음으로 나의 명령을 지키라 그리하면 이것이 너로 장수하며 많은 해를 누리게 하며 평강을 더하게 하리라"(잠 3:1) 하였습니다.

② 주안에 있는 사람은 부모를 공경하도록 되어있습니다.
왜냐하면 기도하는 사람이기 때문입니다. 그렇지 않다면 그 기도는 가증한 것이요 거짓일 것입니다. 더욱이 효 중에 효는 부모님이 예수 믿고 천국에 입성케 하시는 일이 될 것입니다.

3. 주 안에서 부모에게 효할 때에 축복이 약속되어 있습니다.

성경에서 축복의 약속은 분명합니다. 십일조와 주일 성수 그리고 부모 공경과 주의 복음 전하는 자와 함께 동조할 때에 약속된 복입니다.

1) 축복을 받으시기 바랍니다.

① 부모 공경할 때에 약속된 복입니다.
룻기에서 보듯이 룻은 홀시어머니 나오미를 극진하게 모시더니 축복의 여인이 되었습니다. 이것이 현숙한 여인입니다(룻 3:11, 잠 31:10).

② 무엇보다 마음에나 가정에 예수님 모시고 사는 일인데 예수님을 모신 집에는 언제나 가나 혼인집과 같은 기적이 일어납니다(요 2:11).

2) 가정에서 사랑과 섬김은 반드시 있어야 할 일입니다.

① 부모는 자녀를 사랑하고 자녀는 부모를 섬겨야 합니다.

② 사도 요한은 그 대표적 인물입니다.
마리아를 잘 모시게 되었고(요 19:27), 밧모섬 유배 이후에도 에베소 지역에서 노년까지 요한이 마리아를 공경한 흔적이 지금도 에베소 지역에 가보면 볼 수 있습니다. 요한은 장수했습니다.

결 론 : 효는 축복입니다.

> 가정

예수님을 만난 아이들
(마가복음 10:13-16)

지금 기성세대의 어린 시절과 현대에 태어나서 성장과정에 있는 어린이들과의 성장과정의 차이는 비교할 수 없을 만큼 벌어져 있음을 보게 됩니다. 먹는 음식부터 시작해서 취미생활, 놀이문화며 정신세계에 이르기까지 모두가 천양지차로 다르게 변했습니다.

그러나 현대에 이르면서 외형적인 면들은 보기 좋게 달라졌지만 중요한 내면적, 전인적인 면에서는 오히려 크게 후퇴하고 있습니다. 교회에 와서 예배드리는 모습에서도 볼 때에 신령과 진정으로 드려지는 예배보다는 감각적인 화려함에 중점을 두어 영적이고 진지한 면이 약화된 예배 분위기 속에서 드려지고 있습니다.

이런 때에 다시 한 번 맞이한 어린이 주일에 이 세대의 소망이 유일하게 있다면 어린이들에게 신앙교육이요 영적으로 양육하는 길 밖에 없음을 분명히 하면서 본문에서 교훈을 얻고자 합니다.

어린 아이들이 예수님께 오게 되었을 때에 제자들은 어른들의 개념으로 아이들이 오지 못하게 꾸짖었지만 예수님은 분명히 하셨습니다. "아이들이 내게 오는 것을 용납하고 금하지 말라 하나님 나라가 이런 자의 것이니라" 하시고 그 어린 아이를 안으시고 저희 위에 안수하시고 축복하시니라" 하셨습니다.

이 세대에 우리에게 주신 아이들을 어떻게 양육해야 하는지를 본문에서 모색해 봅시다.

1. 아이들이 죄악 세상에서부터 예수께로 나오게 해야 하겠습니다.

인생을 살아가면서 누구를 만났느냐에 따라서 그 인생이 달라지게 됩니다. 예수님 당시에 수많은 아이들이 있었겠지만 이 아이들이 예수님께 왔습니다.

1) 어느 시대나 아이들은 성장하는 모판과 같기 때문에 중요합니다.
예수님 당시의 사회상은 어려운 때였습니다.
① 로마의 속박 가운데 있어 자유가 없는 분위기였습니다.

따라서 세상이 암울하였고, 세상적으로 소망이 없었습니다. 국가적으로 암울하기 때문에 아이들에게 소망이 없는 것은 당연한 일이였던 때였습니다.

② 종교적으로는 심히 피폐해 있었고 형식화로 전락해 있었습니다.

구약 말라기 이후에 선지자가 일어나지 않았고 어떤 계시나 사람들을 이끌어 주는 핵심이 없었던 차에 세례 요한이 왔지만 헤롯에 의해서 순교당하고 말았습니다.

뼈만 남은 암담한 분위기인 바리새파가 주류를 이루었고 현실주의자로써 내세를 부인하는 사두개파와 이것저것 모두 부인하고 입산수도파인 엣세네파도 한 부류였습니다. 이런 때에 아이들을 데리고 예수님께 온 것은 자명한 일이었을 것입니다. 예수님께 소망을 두고 아이를 데려온 것은 다행스러운 일입니다.

2) 현대에 와서 이 세상은 어떠합니까?

예수께서 이 땅에 재림 하실 때가 가까이 온 때인지라 더욱 세상이 하나님께 오만 불손하고 죄악으로 관영해서 종말을 재촉하는 때입니다. 하박국 선지자의 기도가 절로 나오는 때입니다(합 1:13).

① 죄악이 관영한 시대에 살고 있습니다.

종말을 말씀하실 때마다 언급하신 소돔과 같고 노아시대와 같은 시대가 현대의 세상 풍경이 되었습니다(마 24:37-39). 그들은 동성애로 가득 차 있었고, 바벨론이나 로마가 망한 이유도 이 때문이었는데, 현대에 와서 미국에서는 동성애자가 큰소리치며 교회 직분을 맡는 시대가 되었으니, 때는 더 이상 설명이 불필요한 악한 때입니다.

한국에서도 드라마나 현 생활에서 이 문제가 문제시되고 있습니다. 이런 때에 내 아이들을 어디에 맡기고 사시겠습니까?

② 죄악이 관영한 때에 내 아이를 맡길 곳은 예수님 밖에 없습니다.

그래서 교회 선교원이나 유치부 그리고 교육기관이 중요합니다. 세상 사람들처럼 내 아이가 무조건 공부만 잘 하면 다른 것은 떨어지거나 말거나 상관없는 무책임한 상태를 거부해야 합니다. 한 세대를 이끌었던 사무엘은 어릴 때부터 하나님 앞에서 성장했다고 기록하고 있습니다(삼상 2:26).

본문에서 "예수의 만져주심을 바라고" 했습니다. 우리 아이들에게 예수님께서 만져주시기를 기도해야 합니다.

2. 예수님을 만난 아이들이 세상을 변화시켰습니다.

내려오는 말에 의하면 본문에 나오는 아이가 성장해서 사도 요한의 제자가 되었고, 사도 요한을 이은 에베소 교회의 교부가 되었고, 산채로 화형된 폴리캅(Poly Carp)이라고 전합니다.

1) 어린 때에 우리 아이들이 예수님을 만나게 해야 합니다.

교회 다니는 것과 예수님을 만나는 것은 구별이 있습니다. 교회 다니는 아이가 아니라 예수님을 만난 아이로 양육해야 합니다.

① 예수님을 만나게 될 때에 인생이 바뀌게 됩니다.

당시에 팔레스타인 날씨는 매일같이 40도를 오르내리는 더운 날씨인데도 이 아이를 예수님께 데려 온 부모는 대단한 믿음이 있음을 보게 됩니다. 이런 결심이 기성세대에 필요합니다.

② 예수님을 만난 아이들은 인생이 달라졌습니다.

백화점 왕으로 유명한 와나 메이커(Warna Maker)는 어릴 때에 교회 헌금이 없어서 아버지에게 부탁해서 벽돌 몇 장 얻어서 교회에 헌금했다고 합니다. 이때에 목사님이 그에게 기도해 주셨고, 기도할 때에 최고로 좋았다고 술회했습니다. 나중에 미국 5대 재벌이 되었으며, 상공부장관을 지내고, 그 목사님이 은퇴 후에도 단독으로 모든 일을 책임지고 모셨다고 전해집니다. 새로운 차가 나올 때마다 새 차로 바꾸어 주었다고 전해집니다.

2) 성경에 나오는 인물들을 보시기 바랍니다.

성경에 나오는 인물들을 어찌 다 말하겠습니까마는 몇 사람은 언제나 거론되는 인물들입니다.

① 모세의 배후에는 요게벳이 있었고 이스라엘의 지도자요 신앙의 모델이 되었습니다(히 11:24)

② 디모데의 3대에 걸친 신앙은 유명합니다(딤후 1:3).

디모데, 유니게, 로이스의 신앙이 우리 가정 속에 있어야 합니다.

3. 아이 문제는 예수님께 와서 기도하는 길 밖에 다른 길이 없습니다.

자녀문제는 누구도 확신할 수 없고, 자랑할 수 없습니다. 럭비공과 같아서 언제 어떻게 될지 모르기 때문입니다.

1) 자녀를 위해서 기도할 수밖에 없습니다.
하나님의 사랑 안에 성장하기 위해서 기도해야 합니다.

① 현재 문제 속에 있어도 기도 밖에 없습니다.
397년 칼타고 회의에서 성경 27권이 확정될 때에 주도적 역할을 한 사람이 어거스틴(Augustine)인데, 그도 어릴 때 어머니 모니카의 기도의 산물로서 신학자가 되게 했습니다.

② 자녀 위해서 기도밖에 없습니다.
예수님이 기도를 명하셨습니다(막 9:29, 눅 23:28-29).

2) 부모님이 먼저 신앙이 있어야 합니다.

① 부모 믿음이 아이 믿음을 성장시킬 수 있습니다.
부모가 믿음이 없는데 자녀 믿음 역시 책임지기가 어렵습니다.

② 아이 문제로 예수님께 와서 해결 본 부모가 있습니다(마 17:15).
주여! 내 아이를 불쌍히 여겨 주옵소서. 이 아이는 치료를 받게 되었습니다.

우리 교회 아이들이 모두 예수님 만나서 문제 해결 받기를 축원합니다.

결론 : 내 아이는 예수님을 만났습니까? 확인하시기 바랍니다.

| 가정 | ## 잊지 말아야 할 부모님 은혜
(마가복음 7:24-30)

옛날에는 10년이면 강산이 변한다고 하였지만 요즘엔 하룻밤 사이에도 세상이 모두 바뀌어 버리는 일들이 많이 있습니다. 그런데 빨리 변하고 발전하는 것은 좋으나 변하지 말아야 할 일들이 변하기 때문에 문제가 되고 있습니다.

세상에는 임시적인 진리와 항존적인 진리가 있다고 봅니다. 임시적인 진리는 시대의 흐름 따라서 변하고 항존적인 진리는 불변의 진리입니다. 하나님께 관한 신앙은 항존적이고 영원한 불변의 진리에 속합니다. 이것이 또한 십계명에서 중요하게 가르치신 1계명과 2계명입니다.

또한 이 세상에서 중요하게 세우신 불변의 진리는 자녀가 부모에 대한 효에 관한 진리입니다. 이것 역시 변하지 않는 진리이며 세상에 사는 동안 반드시 지켜야 할 법칙입니다(출 20:12, 엡 6:1-3).

본문은 유명한 수로보니게 여자가(가나안 여자) 자기 딸의 귀신들린 문제를 가지고 와서 예수님께 치료해 주실 것을 간구하는 가운데 일어난 부모의 자식 사랑에 관한 기사의 내용인데, 예수님께서 이 여인을 향해서 시험한 내용들에 대해서 이 여인은 모두 자식 사랑 때문에 합격한 일을 보게 됩니다. 자식이 회복될 수만 있다면, 이방 여인 취급당하고 개 취급당해도 낙심하지 않고 이기게 되었던 모습에서 우리는 다시 한 번 어버이 주일에 즈음해서 은혜를 나누어 봅니다.

1. 부모공경은 하나님 말씀에 대한 순종입니다.

부모는 자식 문제라면 몸을 내어 던지면서까지 사랑하는데 자식은 부모에 대해서 어느 정도의 관심과 사랑입니까?

1) 자식의 부모에 대한 사랑은 천륜이요, 항존적인 진리입니다.

① 부모님이 존재하시기 때문에 내가 이 땅에 태어나게 되었습니다.

본문에서 수로보니게 여인은 자식 때문에 이방여인이요 개 취급당하는 수모도 달게 감수하게 되었습니다. 그래도 자식 때문에 낙심치 않았습니다. 부모님은 자식을 위한 길이라면 당신은 희생의 도구가 됩니다.
② 대체적으로 부모님에 대한 그리움이 약화된 시대에 살아가고 있습니다. 부모는 자식 때문에 온갖 수모와 고통을 다 겪게 되는데 자식은 부모에 대해서 배려나 존경이 약해진 시대입니다. 노인일수록 더욱 존경함이 필요합니다(레 19:32).

2) 성도들은 시대에 따르지 말고 하나님 말씀을 따라야 합니다.
① 효하고 부모에 대한 성경의 지침을 따라야 합니다.
성경의 지침에 따를 때에 복이 있습니다.
예수님이 십자가 밑에서 부탁하신 사도 요한과 마리아의 관계에서 좋은 예가 됩니다(요 19:27). 사도 요한은 마리아를 끝까지 잘 모시게 되었으며 축복의 사도가 되었습니다. 부모 공경은 축복입니다(엡 6:3). "네게 준 땅에서 네가 잘되고 장수하리라" 하셨습니다. 룻의 기사는 더욱 좋은 예가 되겠습니다.
② 불효에 대한 저주도 성경대로 이루어지게 됩니다.
천국에 관한 약속이나 축복에 대한 약속은 이루어지겠지만, 지옥에 관한 것이나 저주에 대한 경고도 이루어지게 됩니다(창 9:25). 노아가 셈과 함과 야벳에 대한 일들이 역사에서 그대로 이루어지게 되었습니다. 백인들의 유럽과 이스라엘을 중심한 동양의 역사와 아프리카의 흑인들의 비참한 역사가 현실입니다.

2. 성도들은 부모님에 대한 효를 천륜으로 삼아야 하겠습니다.

불신 세계에서 기독교에 대해서 잘못 알기를 기독교인들은 제사지내지 않는 불효자라고 말하기 쉬운데, 기독교 신앙은 제사보다 더 나은 세상에 살아계실 때에 효를 강조하여 영원한 천국을 더 축복된 효라고 강조합니다.

1) 기독교는 부모님께 대해서 최선을 다하는 종교임을 알아야 합니다.
① 부모님이 돌아가신 후에는 소용이 없습니다.
더욱 불신자의 제사는 조상에게 하는 것이 아니고 고인을 가장한 악한 마귀, 귀신에게 하기 때문에 멀리 해야 합니다(고전 10:20). 영원한 천국과 지옥 밖에 다른 길은 없습니다(마 25:41).

② 부모님이 소천하신 날 예배드리며 후손들이 모여서 형제애를 나누어 가면서 또한 덕담과 함께 고인의 좋은 일들을 나누어 가야 합니다.
그리고 예수 안에서 살다가 영원한 천국에서 다시 만나는 축복이 약속되어 있습니다.

2) 기독교는 부모님을 하나님 다음으로 사랑하도록 하는 종교입니다.
① 부모님에 대해서는 세상에서 하나님께서 대리자로 세우신 분이시기 때문에 부모님을 공경해야 합니다.
② 성도들은 언제나 효의 앞자리에 서 있게 되시기를 바랍니다.
효에는 하늘의 복과 땅의 복이 모두 약속되었습니다.

3. 성도들은 예수 안에서 올바른 효를 배우고 행하여야 합니다.

1) 영적인 효에 대해서 잘해야 합니다.
① 부모님께 영원한 안식이 주어지기 위해서 예수님을 믿으시게 하는 동기가 됩시다.
"백발은 영화의 면류관이라 의로운 길에서 얻으리라" 하였습니다(잠 16:31).
② 세상은 잠시이지만 영원한 천국이 있기 때문에 영원한 천국의 소망은 가지시도록 해야 합니다.

2) 부모님의 생애의 마침표가 복되시게 기도해야 하겠습니다.
① 노년에 궁색하지 않으시도록 보살펴야 합니다.
요셉이 그랬습니다(창 37-50장).
② 효는 지상에서 제일이요 으뜸이 됩니다.
그리스도인들은 언제나 효에 최선을 다해야 하겠습니다.

우리 성도들이 효에 축복 받게 되시기를 주의 이름으로 축원합니다.

결론 : 수로보니게 여인이 자식을 위해서 헌신했듯이 우리 부모님 역시 그리하셨습니다.

| 교회 | 눈을 들어 세계를 보는 교회
(창세기 13:14-17)

지금 우리가 새해를 맞이하여 예배를 드리는 이 순간에도 우주 질서는 시계바늘이 돌아가듯이 바쁘게 돌아가며 예수님께서 재림하실 징조들이 여기저기에서 나타나는 가운데 쉬지 않고 작동되고 있습니다.

새해에도 북한 핵무기를 비롯해서 중동 전쟁의 끝없는 소용돌이와 자연재해와 함께 난리와 난리의 소문이 퍼지는 가운데 새해가 밝았습니다. 노아 홍수 때에도 홍수가 나서 저희를 다 멸하기까지 집 짓고, 결혼하고 죄 짓고 있으면서 홍수가 나서 모두 멸망하기까지 깨닫지 못하였는데 인자의 임함도 그와 같으리라(마 24:37)고 하였는데, 이때가 그때인지 새해에도 한국 사회의 집 문제, 입시 문제는 해결될 조짐이 보이질 않습니다. 더욱 깨어서 기도하며 복음 중심으로 살아야 하는데 교회들은 사명을 상실하고 현실 안주의 늪에 빠져 있는 듯합니다. 서구 교회들의 몰락이나 옛 초대교회의 몰락들을 거울삼아야 할 때입니다.

본문에서 아브라함에게 하나님은 '갈대아우르에서 떠나라' 하셨는데(창12장) 롯과 헤어진 후에 주신 말씀입니다..

1. 믿음 안에서 동서남북을 바라보아야 합니다.

(14절) "너는 눈을 들어 너 있는 곳에서 동서남북을 바라보라" 하였습니다. 협소하게 내가 선 땅만이 아니고 넓게 볼 수 있어야 합니다.

1) 현재 위치에서 사방을 볼 수 있어야 하겠습니다.

현재 내가 선 곳에서 미래를 향해서 멀리 보아야 합니다.

① 현재의 위치에서 아브라함은 상황이 어려웠습니다.

갈대아우르에서 떠나게 하시더니 발붙일 곳도 주시지 아니하셨습니다(행 7:5). 그런데 두 번째 나타나셔서 하시는 말씀이 멀리 바라보아야 한다고 하신 것입니다. 롯이 떠난 후에 외로운 아브라함에게 하신 말씀입니다. '바라보라' 하나님의 약속은 현재에도 옛날에도 동일하십니다.

② 이것은 믿음입니다.
　　믿음은 미래에 약속이요, 이루어질 확실한 것입니다(히 11:1-1). 그래서 믿고 기도하게 되는 것입니다(대상 4:9-10). 아브라함은 현재 없지만 믿고 순종하며 나아가게 되었고 야베스 역시 없을 때에 기도로 받게 되었습니다.

2) 멀리 바라볼 수 있어야 합니다.
① 한 곳만 바라보지 않고 넓은 시야를 가지고 바라보아야 합니다.
　　전체를 보고서 평가하며 믿어야 합니다. 반드시 하나님이 역사 하시는 섭리(providence)가 있습니다.
　　보수주의 신학자인 찰스 핫지(Charles Hodge) 박사는 말하기를 '참새는 값이 적지만 이것도 하나님의 허락 없이는 땅에 떨어지지 않는다. 하물며 사람을 그것에 비하랴' 했습니다.
② 하나님의 약속은 먼 미래에 이르기까지 모두 이루시며 약속하신 대로 함께 해주십니다.
　　그래서 어디를 가든지 하나님께서 함께 하셨습니다(창 20:1-). 요나단(Jonadan)의 '갈매기의 꿈'에 보면 '높이 나는 새가 멀리 바라본다'고 하였습니다. 멀리 보는 꿈이 우리 성도들에게 있기를 바랍니다.

2. 믿음 안에서 행동하여 보여야 합니다.

인간의 이성으로 도무지 믿기지 않으며 이해가 되지 않는 것 같아도 말씀을 붙들고 행동으로 옮겨 보시기 바랍니다. 이것이 기독교 신앙입니다.

1) 아브라함의 생애는 행동으로 보여준 신앙이었습니다.
　　하나님의 말씀 앞에서 아멘 뿐이었습니다(고후 1:18-19).
① 2007년은 행동으로 옮기는 신앙이 되시기 바랍니다.
　　세계인이 북한 핵문제며 중동 사태 등 현안 문제들로 들끓고 있는 때에 교회는 선교하며 복음 전하는 일에 최선을 다하며 승리해야 합니다. 이것 역시 행동으로 옮길 때만 가능합니다.
② 이론적인 신앙이 아닙니다.
　　행동으로 나서야 할 때입니다. 알고만 있고 행동으로 나타나지 않으면

그것이 수면신앙이요, 죽은 신앙이라고 성경은 분명히 깨우쳐 주십니다. (약 2:26-).

2) 믿음 안에서 말씀이라면 무조건 행동할 때에 역사가 펼쳐지게 됩니다.
① 아브라함은 언제나 행동하는 신앙이었습니다(약 2:21-).
갈대아우르에서 떠날 때에도(창 12:1), 하갈과 이스마엘을 내쫓을 때에도(창 21:14-), 이삭을 드릴 때에도 모두(창 22:1) 행하는 모습입니다.
② 새해에도 더 큰 비전과 꿈이 있다면 멀리 세계를 보면서 행하여 보시기 바랍니다.

3. 믿음으로 행하는 것을 네게 주리라 하셨습니다.
1) 하나님의 약속입니다.
아브라함의 약속은 그의 영적 후손들인 성도들에게 주시는 약속입니다.
① 세월이 가도 약속은 변치 않고 이루어지게 됩니다.
430년만에 출애굽 사건이며, 70년 바벨론에 해방의 사건이며, 주후 1948년 5월 10일 영국의 캠프 데이비드 협정(Camp David)에 의해서 다시 나라가 생긴 일, 이 모두 하나님의 약속에 있습니다.
② 우연이 아니고 하나님의 약속입니다.
그 약속은 믿음 안에서 행동하는 성도들에게 지금도 유효합니다. 멀리 세계를 보는 눈을 가져야 하겠습니다.

2) 하나님의 우주의 섭리가 내게도 이루어진다고 믿으시기 바랍니다.
① 하나님의 약속은 내게도 맞추어져 있습니다.
하나님 말씀을 믿고 세계를 넓게 바라보면서 믿음의 행동을 하게 될 때에 축복해 주십니다.
② 아브라함의 복이 믿는 자에게 유효하게 약속되어 있습니다.(갈3:9)
영적 아브라함의 자손으로써 승리케 되시기를 축원합니다.

결 론 : 믿음의 눈을 크게 뜨고 세계를 보며 행동해야 할 때입니다.

[교회] 부르심을 받은 사람들과 교회의 자세
(마태복음 4:18-22)

사람들이 어떤 일을 할 때에 그 일에 대한 자세는 중요합니다. 왜냐하면 그 자세에 따라서 결과가 나오기 때문입니다. 그래서 군인이 훈련을 받게 되고 학생이 시험에 대한 연습문제를 많이 풀게 됩니다. 주부들이 시장에 갈 때도 꼭 필요한 것을 적어서 그대로 구입하는 지혜자가 있는가 하면 준비 없이 아무렇게나 사는 사람들도 있습니다. 생활의 지혜이기도 한 일입니다. 철학자는 일찍이 말하기를 '나는 생각한다 고로 존재한다'고 하였습니다.

본문에서 40일 금식 이후에 제자들을 부르시는 기사가 기록되었습니다.

베드로, 요한, 야고보, 안드레 등을 부르시는 모습입니다. 유명한 인사이거나 또는 사회적으로 힘이 있는 사람이 아니었습니다. 예수님이 부르실 때에 배와 그물을 버리고 예수를 따르게 되었고 교회의 초석이 되었습니다. 한 번의 결단이 그들의 생애를 영원히 바뀌게 했습니다. 인생은 결단이고 신앙생활은 더욱 결단이 중요합니다. 본문에서 몇 가지 은혜의 시간이 되기 원합니다.

1. 부르심을 입은 사람들의 자세는 결단력입니다.

결단이 앞으로의 일을 좌우하게 만듭니다. (20절) "저희가 곧 그물을 버려두고 예수를 좇으니라" 하였고(22절), "저희가 곧 배와 부친을 버려두고 예수를 좇으니라" 하였습니다.

1) 예수를 믿고 따르는 자세는 결단이 요구됩니다.

예수님은 오늘도 우리에게 결단을 촉구하십니다.

① 신앙의 승리는 결단에 있습니다.

(눅9:62) 예수님께서 어떤 청년에게 너는 나를 따르라고 하실 때에 부친 장사문제를 이유로 내세우는 청년을 향해서 예수님은 "손에 쟁기를 잡고 뒤를 돌아보는 자는 하나님 나라에 합당치 않다"고 경고하셨습니다. 공부도 사업에도 모두가 결단이 중요하듯이 신앙생활의 매사가 결단입니다. 하나님께서는 베드로, 요한, 야고보, 안드레를 사용하셨습니다.

② 결단에도 몇 가지 유형이 있습니다.
　　즉시 실행에 옮기는 유형으로서 본문에서 보듯이 제자들의 모습입니다. 사울이 즉시로 개종하여 변해버린 유형과 같은 모습입니다. (행 9장)결단의 순간에 여러 가지 이유를 대면서 이리 재고 저리 재는 유형도 있습니다(왕상 19:19).
　　엘리야가 부를 때에 엘리사가 그랬습니다. 할 수 없다고 끝까지 고사하다가 결국 결단을 내리는 경우도 있습니다. 모세와 같은 유형입니다(출3장). 늦으면 그만큼 손해가 옵니다.

2) 신앙에는 결단을 빨리 할수록 좋습니다.
　　왜냐하면 결국은 하나님의 주권대로 될 것이기 때문입니다.
① 제자들은 결단에 있어서 빨랐습니다.
　　지혜로운 사람들이 되었고 교회사의 초석이 되었습니다.
　　밭에 감추인 보화의 비유에서나(마 13:44) 진주장사의 모습(마 13:45-46)에서 천국의 사람들은 어떤 일에 결단이 좋은 것을 또한 보여 주셨습니다. 영적이고 의로운 일은 결단이 좋아야 합니다.
② 혹자는 결국 결단을 내리게 될 일을 미루다가 손해를 보고 돌아와서 결단을 내리는 사람들도 있습니다.
　　그래서 신학교에는 연령적인 차이가 많이 있습니다. 신앙생활에 지혜로 빨리 결정해서 아름다운 결과가 있게 해야 합니다.

2. 부르심을 입은 성도들의 믿음은 단순해야 합니다.

　세상적이고 육적인 것이 계산되면 복잡해지고 좋은 일에 결단을 내리기가 어렵게 됩니다.

1) 제자들은 주님이 부르실 때에 단순하게 버리고 따라갔습니다.
　　이것저것 복잡하게 계산치 아니했습니다.
① 버릴 것을 버리고 따라가야 하기 때문입니다.
　　천국은 왜(why), 또는 아니요(no)라는 단어가 통하지 않습니다. 오직 예(yes)만 있을 뿐입니다(고후 1:18).
　　파스칼(Pascal)은 기독교 신앙은 증명하고 믿는 것이 아니라 믿고 들어갈 때에 증명된다고 하였습니다.
② 그래서 주님의 뜻이라면 앞뒤 볼 것 없이 순종해야 합니다.
(마21:1-) 나귀를 드렸던 벳바게 사람과 같이 그것이 무엇이 되었든지 간에 '주가 쓰시겠다' 고 할 때에 결단해야 합니다. 이것이 신앙입니다.

2) 단순한 사람들을 크게 사용하셨습니다.
① 아프리카 선교사로 유명한 리빙스톤(Livingstone)이라든지 많은 일군들의 모습에서 보게 됩니다.
② 단순하다는 말은 머리가 없다는 얘기가 아니라 하나님의 말씀에 믿음으로 즉시 아멘 하는 신앙을 뜻합니다.

3. 하나님께서는 하나님의 일을 위해서 사람을 사용하십니다.
요한 칼빈(John Calvin)은 말하기를 '하나님은 아무런 연장 없이도 하나님의 일을 하시지만 사람 연장(Man Tool)을 사용하신다고 하였습니다.

1) 하나님께서 하시는 과거 역사를 보시기 바랍니다.
① 시대 시대마다 하나님께서 쓰셨던 인물들이 있습니다.
노아, 아브라함, 이삭, 야곱, 요셉, 모세, 이사야, 다니엘…. 어찌 다 셀 수 있겠습니까
② 예수님은 복음을 위해서 12제자를 택하시고 부르셨습니다.

2) 천국 복음을 위해서 준비된 사람들이 되시기 바랍니다.
① 하나님께서 이 시대에 우리 교회 성도들을 사용하시기를 원하십니다.
② 개인도, 가정도, 교회도 이 세대에 세계를 위해서 사용하시려고 찾고 계십니다.

하나님의 위대하신 역사가 우리 교회 안에서 나타나기를 축원합니다.

결 론: 신앙생활은 결단입니다.

| 교회 |

중단 없는 초대교회처럼
(사도행전 5:33-42)

20세기의 유명한 역사학자인 아놀드 토인비(Arnold Toynbee)는 정신문명은 거북이처럼 발전하지만 물질문명은 토끼처럼 뛰고 발전하기 때문에 문제가 있다고 한 바 있습니다. 기독교 역사가 시작한 이래 많은 핍박과 환난이 있었습니다. 로마의 티투스(Titus)장군은 기독교가 50년이 못되어서 망하게 될 것이라고 하였지만 오히려 313년 콘스탄틴 대제(Constantine)에 의해서 기독교는 공인되었고 기독교에 정복당하여 전 세계로 복음이 전파되는 계기가 되었습니다.

초대교회는 핍박과 환난을 함께 받으면서(41절), 신앙을 지켰고 예수 믿는 일 때문에 매도 맞고 옥에 갇히며 심지어는 순교의 제물이 되기도 하였습니다. 이것은 이미 예수님께서 예고하신 바요(마 10:10), 바울 역시 고통을 겪었고 순교하였습니다(고후 11:24). 그러나 예수 그리스도의 사랑을 끊을 자 없고(롬 8:35), 교회사는 세계를 정복해 왔습니다.

영적으로 약해진 이 시대에 우리는 다시 한번 초대교회의 모습을 보면서 더욱 부흥해 가는 개인 신앙과 교회가 되기 바랍니다.

1. 극한적인 핍박 중에도 모이는 일을 쉬지 아니하였습니다.

1) 부흥하는 사례를 보면 모이는 일에 힘썼던 현장이 있습니다.

① 상황에 관계없이 모이게 되었습니다.
(행 2:46)날마다 마음을 같이하여 성전에 모이기를 힘썼습니다. 장작불은 모일수록 거세지듯이 교회 부흥은 모이는데 있습니다. 초대교회가 어려운 상황 가운데에도 성령의 능력으로 모이게 될 때에 부흥의 불길이 거세게 일어나게 되었습니다.

② 성경에서 어려운 때에 모여서 타개한 사건들은 많습니다.
난국을 승리로 이끈 사건들입니다. (삼상 7:1-14)엘리 제사장 시대가 끝이 나고 사무엘이 등극할 때 그들은 미스바에 모이게 되었고 회개 운동과 함께 큰 부흥이 일어났던 사건이 있습니다. 대 승리의 본질적인 문제

는 그들이 미스바에 한 마음으로 모이게 될 때에 일어나게 되었습니다. (느 8:1-9:-)유다백성이 70년 포로에서 돌아오는 때에 그들은 수문 앞 광장에 모여들게 되었고 에스라를 중심한 회개 운동이 말씀 운동으로 다시 크게 부흥의 불을 지피게 되었습니다.

2) 성경은 성도들에게 모이라고 외치고 있습니다.

① 말세 때일수록 모이기를 힘써야 합니다.
이 시대의 사회의 통념은 바쁘다는 핑계입니다. 그러나 영혼 문제에 있어서는 어떤 바쁜 일에도 늦출 수가 없습니다. 그래서 말세일수록 모이기를 힘쓰라고 말씀했습니다.

② 말세 때에 매사에 신앙이 약화되고 식어가기 쉽습니다.
(마 24:12)사랑이 식어가는 때입니다. (눅 18:8)믿음이 약해지고 믿음을 찾기 힘든 때입니다. 그러나 성경은 부지런하여 게으르지 말고 주를 섬기라고 외치고 있습니다(롬 12:11). 우리 성도들은 이 시대의 그릇된 풍조에 밀려가서는 안됩니다.

2. 초대교회는 모이면 가르치는 일과 기도하는 일과 떡을 떼는 일에 힘썼습니다.

가르침(teaching), 기도(prayer), 떡을 떼는 일(breaking of bread)은 초대교회의 부흥의 힘이 되었습니다.

1) 초대교회가 목숨을 걸고 모여서 하던 일을 보시기 바랍니다.

언제 잡혀서 곤욕을 치르게 될지 모르는 상황입니다.

① 기도하며 전도하며 나가게 되었습니다.
그들은 주저하지 않고 예수 그리스도를 전도했습니다. 이 전도는 기도가 뒷받침되어야 합니다. 기도 없이 하는 모든 것은 그릇되기 쉽습니다. 의례적이고 상투적인 일은 하나님이 기뻐하시지도 않습니다. 사무엘 차드 윈드(Samuel Chard wind)는 '악마의 관심사는 그리스도인들이 기도하기를 쉬게 하는 것이고 기도를 못하게 하는 일이다' 라고 하였습니다. 제아무리 좋은 차라도 기름이 없으면 갈 수 없듯이 기도가 없이는 전도도 할 수 없게 됩니다.

② 가르치는 일이었습니다(42절).
　　일반적인 교육 역시 중요하지만 교회 교육은 역시 미래를 좌우하게 됩니다. 이 땅의 자녀들에게 믿음의 미래를 교육으로써 심어야 합니다.
③ 떡을 떼며 사랑으로 하나 되었습니다.
　　초대교회는 모일 때마다 떡을 떼며 모이게 되었고 십자가의 사랑을 확인하게 되었고 교제로 부흥케 되었습니다(행 2:46-47).

2) 우리 교회가 이 세대에 초대교회를 배우고 닮아가기를 원합니다.
① 모이면 기도에 힘써야 합니다.
　　구하면 주시겠다고 약속하셨습니다(마 7:7, 겔 36:37, 렘 33:1).
② 예수 안에서 참된 것을 가르치시며 뜨거운 교제가 이루어져야 합니다.

3. 초대교회 성도들은 핍박 중에도 흩어지면 전도했습니다.

전도와 선교는 지상교회의 최고 최대의 사명입니다.

1) 사도들의 흔적을 보시기 바랍니다.
① (행 4:19)사도들은 누구 앞에서든 담대히 전하였습니다.
② 교회사가 그러합니다.
　　어느 곳에 복음이 전해지든지 간에 곤욕과 핍박은 물론이고 순교자를 속출했기에 교회가 세워지고 부흥케 되었습니다.

2) 말세 때에 교회가 할 일은 영혼 구원입니다.
① 흩어지면 전도해야 합니다(행 8:4, 벧전 1:1).
② 이 세대의 소망은 전도요, 선교 밖에 없습니다.
　　지상교회의 존재목적이기 때문입니다. 교회 부흥은 곧 천국의 부흥입니다. 우리 교회가 이렇게 중단 없는 축복 받기를 축원합니다.

결론 : 초대교회는 이 세대 교회의 모델(Model)입니다.

| 교회 |

뒤처진 사람에 대한 배려
(사무엘상 30:17-30)

흔히들 역사(History)를 기록할 때에 이기고 승리한 자에 의해서 씌여진 것이 역사라고 합니다. 그래서 이기고 승리한 사람이나 사건에만 초점을 맞추게 되고 행여 지거나 뒤처진 사람에 대해서는 관심조차 두지 않습니다.

그러나 성경은 그런 관점에서 기록되지 않습니다. 왜냐하면 성령의 감동 하에 기록되었으며 여기에만이 구원이 있기 때문입니다(딤후 3:15-17). 오히려 세상에서 약하고 미약한 존재이거나 뒤처진 인생에 관해서 더욱 승리의 길로 인도하게 됨을 보게 됩니다(고전 1:28).

본문은 다윗 때의 사건을 통해서 우리 성도들에게 분명한 교훈과 길을 제시해 주시는 말씀입니다. 다윗과 함께 브솔 시내를 건너서 싸우고 승리했던 무리들도 중요하지만 뒤처져서 브솔 시내를 건너지 못한 자들까지도 관심과 배려를 아끼지 않고 전리품들을 나누어 줌으로써 어떤 비류들이 주장하는 그릇된 관습적인 일에 일침을 놓는 다윗의 성군다운 모습을 봅니다. 이것이 대대로 이스라엘의 유례가 되었다고 하였습니다.

이긴 자들만 대우해주는 이기주의 시대에 다시 한번 본문에서 은혜를 받게 됩니다.

1. 다윗의 처사는 은혜를 함께 나누는 일이었습니다.

아말렉에 의해서 시글락이 함락되었고 잠시 다윗이 없는 틈에 식솔들이 모두 잡혀가게 되었지만 하나님의 도우심으로 다시 모두를 회복하게 되었고 오히려 전리품까지 취하게 된 하나님의 분명한 은혜의 사건이었습니다.

1) 잃은 것이 없고 오히려 많은 양떼와 소떼를 탈취하여 몰고 오게 되었습니다(18-20절).

① 잃은 것을 다시 찾았고 많은 전리품까지 얻게 되었습니다.
다윗은 언제나 여호와께 기도하고 물었습니다. 이에 응답으로써 주신 결과입니다(30:8). 그래서 잃었던 것들을 다시 찾게 되었습니다.

② 다윗은 언제나 기도하는 사람이었습니다(30:8).
문제 앞에서 기도하는 사람은 그 문제가 해결되는 결과를 얻게 됩니다. (수 7:6-10)여호수아 역시 기도했습니다.

③ 이 모든 일은 하나님의 은혜요 도우심입니다.
여호와께서 싸워주셨기 때문이요 도우셨기 때문입니다(삼상 7:14). 사무엘 역시 미스바에서 경험하였고 에벤에셀이란 말을 탄생케 했습니다. 하나님의 은혜와 도우심이 얼마나 중요한가를 깨닫게 됩니다.

2) 아말렉에 대해서 생각해 봅니다.
아말렉은 이스라엘이 가는 길을 방해하다 망했습니다(출 17:8-16).

① 에서의 족속 중에 한 파가 아말렉 족속입니다(창 36:12, 대상 1:36).
'에서의 아들 엘리바스의 첩 딤나는 아말렉을 엘리바스에게 낳았으니' 했습니다. 이 아말렉 때문에 사울이 패인(敗因)이 되었습니다. 그래서 왕위가 흔들리는 1차 원인이 되었던 것입니다(삼상15:2-). 그들은 팔레스타인 남부지역에 거하면서 호전적인 족속이 되었습니다.

② 아말렉은 영적인 대적으로써 오늘날에도 선하신 하나님의 백성인 성도들에게 해를 끼치는 대적의 모형입니다.
우리의 싸움은 혈과 육에 대한 것이 아니기에 싸워야 합니다(엡 6:10). 성도의 가는 길에는 언제나 마귀 사탄의 아말렉이 있습니다.

2. 다윗의 앞에는 비류들이 있었습니다.

다윗의 곁에는 충성된 사람만 있는 것이 아니고 비류와 같이 은혜가 없는 사람들도 있었습니다. 그들이 어려움을 주었습니다.

1) 비류들이 되면 곤란합니다.
성경에는 비류들에 대해서 언급하는데 이는 주류가 아닌 '겉치레 떼'들을 의미합니다.

① 교회 안에서 성도는 주류가 될지언정 비주류가 되면 곤란합니다.
출애굽 당시에도 비주류들이 있어서 광야에서 어렵게 되었습니다.(출 12:38, 민 11:4, 레 24:10-11, 느 13:3)

② 교회 안에서는 이와 같은 비주류가 없어야 합니다.
주인이신 하나님만 섬기며 그 말씀 안에서 승리하는 성도가 되어야 합니다. 예수님은 니골라당을 미워하십니다(계 2:6).

2) 비류들은 교회에 방해가 됩니다.
구약교회에서 모세나 다윗 당시에도 그러하지만 신약교회에서도 비류는 참교회에 방해가 됩니다.
① 예수님 당시에도 있었고 사도시대에도 이런 무리를 조심하라고 하셨습니다(딤전 1:19-20, 딤후 3:8, 빌 3:18-).
따라서 참 성도는 비류가 되면 곤란합니다.
② 다윗은 여기에서 예수님의 모형이요, 그림자 격입니다.
교회 안에서 우리는 오직 예수 그리스도만 세우고 따르는 순종자가 되어야 합니다.
비주류는 다윗이 하는 일에 대해서 불만과 불평으로 가득 차 있었지만 다윗은 약한 자를 돕는 일에 다음 시대에도 율례가 되게 했습니다.

3. 교회 안에는 뒤쳐진 사람들에게도 배려가 중요합니다.
600여명 중에 브솔시내만 걸어서 함께 싸운 400명만이 아니라 뒤에 남은 200명도 중요합니다.

1) 교회 안에는 앞서 가는 400 무리도 있지만 뒤쳐진 200여 무리도 있습니다.
버리지 말고 따로 챙겨야 합니다.
① 왜냐하면 은혜이기 때문입니다.
다윗이 이기고 빼앗은 것이 은혜요 하나님의 축복이었습니다. 그래서 죤 뉴톤(J. Newton 1779)은 찬송가 405장을 불렀습니다. 바울도 하나님의 은혜를 찬송했습니다(고전 15:10).
② 400여명으로 그 큰 무리를 이기고 빼앗아 온 것도 하나님의 은혜요 축복이었습니다.
이런 은혜를 감사해야 합니다. 그리고 배려해야 합니다(삿 7:16-22).

2) 교회 안에는 뒤쳐진 사람들도 있습니다.
　약하다고 버리지 말고 이끌어야 할 책임이 건강한 사람들에게 있습니다.
① **나 밖에 모르는 이기주의는 곤란합니다.**
　서로 힘을 같이 해야 합니다. 서로 힘을 합해야 합니다. 그리고 약한 자를 도와야 합니다. 이것이 교회입니다.
② **교회는 세상과 달라야 합니다.**
　다윗은 뒤쳐진 사람들을 이끌고 품어줌으로써 지도자의 모습을 보였듯이 교회는 약하고 뒤쳐진 사람들을 이끌어야 합니다. 이런 교회가 되시기를 주의 이름으로 축원합니다.

결 론 : 주변에 약한 자를 보시기 바랍니다.

| 교 회 | ## 하나님은 그 중심을 보신다
(야고보서 2:1-4)

　이 세상 사람들은 대부분의 모든 사물이나 사람을 판단할 때에 겉모양과 외모를 우선시하게 됩니다. 사람들은 체면을 따지고 겉모양에 신경을 쓰지만 하나님은 외모를 보시지 않습니다. 그 중심을 보십니다(삼상 16:7). 따라서 사람에게 보이는 것도 중요하지만 중심을 보시는 하나님께 바르게 살아가는 것이 더 중요합니다.
　본문에서 야고보 선생은 하나님의 교회가 사람을 대할 때에 외형적인 조건으로 판단하지 말라고 경고하였습니다. 교회 역시 마찬가지입니다. 최신식 건물이 중요하지만 더 중요한 것은 영적인 생명력에 있습니다. 라오디게아 교회나 사데 교회는 외형은 좋았으나 생명력이 상실되었기 때문에 결정적인 책망을 받게 되었습니다. 사람도, 건물이나 시설도, 외형보다 그 속에 내용이 중요합니다.

1. 교회에서는 사람을 외형만 보고 판단해서는 안 됩니다.
1) 예수 그리스도 안에서는 모두가 형제요 자매입니다.
　왜 외형을 보면서 판단하지 말아야 하느냐고 질문한다면 그 대답은 성경에 있습니다. "내 형제들아"라고 애칭으로써 강하게 강조했습니다(1절). 여기에 그 뜻이 있습니다.
① 예수님 안에서는 모두가 형제요 자매입니다.
　교회 안에서는 옷을 잘 입고 잘 입지 않고 하는 격식이나 외형이 잘 생겼는지 못 생겼는지 하는 외형이 판단의 기준이 아닙니다. '예수 그리스도 안에서 회개하고 거듭나서 새롭게 변화 받은 그리스도인인가? 그렇지 않은가?' 에 있습니다. 학력이나, 재산이나, 지위의 외형에 의해서 판단할 일이 아니라는 사실을 분명히 밝혀 주셨습니다. 칼빈(Calvin)은 '자기를 의인시 하는 죄인이 있고, 죄인시 하는 의인이 있다'라고 했습니다. 부자가 오히려 지옥에 가게 되었습니다(눅 16:19-).
② 예수님 자신이 이 땅에 계실 때에 외형적인 면에서는 흠모할만한 분으로

오시지 아니하셨습니다.
이 사실을 이사야 선지자는 예언하였고(사 53:1-), 세상에 계실 때에 세리와 죄인들의 친구라고 비난받았습니다(눅 15:1). 교회에는 고급층이나 중산층도 있지만 저변에 약한 사람들이 더 많이 있습니다.

2) 교회가 고급화 되어가고 주님의 교회가 아니라 마치 세상 집단과 버금가는 기현상이 일어나는데 정상이 아닙니다.
주님은 교회를 그렇게 세우시지 아니하셨습니다.
① 교회는 수고하고 병든 자들이 와서 쉼을 얻게 되고 치료받는 곳입니다.
예수님은 이 사실을 분명히 언급하셨고(마 11:28), 삭개오 사건에서 잃어버린 자를 찾아오셨다고 하셨습니다(눅 19:10). 속담에 '개구리가 올챙이 시절을 모른다.' 는 말과 같이 교회가 앞으로 스스로 고급화 된다면 설 자리를 잃어버리게 될 것입니다.
② 예수님 곁에 있었던 사람들은 모두가 약한 자였습니다.
12제자를 비롯해서(마 4:18, 10:1) 초대 교회의 중심을 이루는 무리 중 거의 대부분의 사람들이 약한 자였다고 바울도 분명히 전하고 있습니다(고전 1:26). 한국 교회가 올바르게 깨달아야 하는 말씀입니다.

2. 하나님의 교회에서는 금가락지를 낀 사람이나 금가락지가 없는 사람과 같은 존재입니다.

죄인 됨도, 회개의 조건도, 구원의 사실도 같습니다(2-3절).

1) 하나님 앞에는 금이나 은이 중요한 것이 아니고 손들고 나와서 회개하여 새 사람이 되는 것이 중요합니다.
① 금가락지나 좋은 옷이 그 사람의 전부가 아닙니다(2-3절).
외형이 문제가 아니라 중심이 문제입니다.
② 교회에서는 성도들이 서로가 섬기는 자세에 있어야 합니다.
성경이 교훈하시는 바를 깨달아야 하겠습니다. 그래서 이와 같은 사실을 깨달은 미국 16대 대통령인 링컨(Abraham Lincoln)은 노예를 해방시켰습니다.

2) 하나님은 교회에서 모두가 서로 우애하고 돕는 것을 원하십니다.

① 약자가 교회에 있으면 내가 먼저 돕는 자리에 있어야 합니다.

옆에 사람이 약하게 보이면 도와주시기 바랍니다. 이것이 교회요 선진국입니다. 류태영 박사는 가난한 농부의 아들로 태어나서 유명한 농학박사가 되었는데, 덴마크와 이스라엘의 도움으로 그렇게 되었습니다. 그가 간증하는 일대기는 모두에게 감동을 주고 있습니다.

② 우리는 예수님의 마음을 닮아야 합니다.

예수님은 오히려 자기를 비워 종의 형체를 가지셨다고 하였습니다(빌 2:6-11). 바울 또한 이 예수님의 심장을 가지고 일하셨습니다(빌 1:8). 이것이 교회요, 성도입니다.

3. 외모가 아니라 영적인 가치 기준에서 판단해야 합니다.

"너희끼리 서로 구별하며 악한 생각으로 판단하는 자가 되는 것이 아니냐"(4절) 했습니다.

1) 주님은 외모로 사람들에게 접근하시지 아니하셨습니다.

오히려 주님 곁에는 병든 자, 약한 자, 세상에서 소외된 자들이 많이 모였습니다. 예수님의 모형인 다윗 역시 그랬습니다(삼상 22:1-2).

① 예수님이 비유하신 양과 염소의 비유를 보시기 바랍니다.

② 주님의 말씀은 지금도 변하지 않고 그대로 적용됩니다.

2) 본문에는 외모로 판단하는 사람들에게 두 가지 오류를 지적하였습니다.

① '너희끼리 서로 구별하며' 라고 지적하였습니다.

하나님의 교회는 사랑과 은혜로 하나 되는 곳입니다.

② '악한 생각으로 판단하는 자가 아니냐' 했습니다.

하나님의 교회는 서로 긍휼히 여기는 곳입니다. 긍휼이 없다면 긍휼 없는 심판이 임하게 됩니다(약 2:13). 중심을 보시는 하나님 앞에 바로 서게 되기를 축원합니다.

결론 - 하나님 앞에는 모두가 같은 존재입니다.

| 교 회 | # 하나가 되게 하옵소서
(에베소서 4:1-6)

미국 남북전쟁 때에 있었던 이야기입니다. 샛강을 사이에 두고 남북의 병사가 서로 대치 상태 가운데 있었습니다. 적막하고 고요한 밤에 어디에서인가 휘파람 소리가 들렸는데 우리나라에도 잘 알려진 노래입니다(Home sweet home). '즐거운 나의 집' 입니다. '즐거운 곳에서는 날 오라 하여도 내 쉴 곳은 작은 집 내 집뿐일세' 이쪽도 저쪽도 총부리를 놓고서 이 노래를 부르게 되었고, 우리가 왜 싸워야 하느냐 하면서 전쟁이 끝이 나는 계기가 되었다는 이야기입니다(요 17:11). 예수님께서 제자들을 향하신 기도 가운데 '나는 세상에 더 있지 아니하오나 그들은 세상에 있사옵고 나는 아버지께로 가옵나니 거룩하신 아버지여 내게 주신 아버지의 이름으로 그들을 보전하사 우리와 같이 그들도 하나가 되게 하옵소서' (요 17:11) 하였습니다.

예수님이 십자가를 지시기 위해서 예루살렘으로 올라가시던 길에서도 서로 누가 크냐고 다투던 제자들이요(마 23:11). 평상시에 제자들의 모습을 아시기에 예수님은 기도하셨습니다. 에베소서는 주로 교회론을 중심한 말씀인 바 교회론에서 우리에게 주시는 말씀은 하나가 되어야 한다는 말씀입니다. '평안의 매는 줄로 성령의 하나 되게 하신 것을 힘써 지키라' 하셨습니다.

교회는 건물이 교회가 아니요 믿는 성도가 교회인데 한 피 받아 한 몸 된 형제, 자매이기에 하나가 되어야 합니다. 교회는 창세전에 세워 놓으신 단체입니다. 그리고 죄악으로 막힌 담을 허셨습니다. 십자가로 하나 되게 하셨습니다.

1. 우리 믿음의 사람들이 왜 하나가 되어야 하는가의 동기를 분명히 말씀하셨습니다.

육신의 부모의 밑에 여러 형제가 있어도 한 부모의 자식이기에 한 형제요, 자매입니다. 영적인 관계도 같은 원리를 가지게 됩니다.

1) 예수 그리스도 안에서 피 흘리신 교회 안에서 한 형제요, 자매입니다.

① 예수 그리스도의 피 흘리심이 우리가 하나님 백성이 된 증거요 교회입니

다(행 20:28, 엡 2:5).
교회는 예수 그리스도의 피 흘리심 위에 세워지게 되었습니다. 또한 믿음 역시 하나님의 선물입니다(엡 2:8-9).

② 구원 받아 하나님 백성된 것이 내 공로가 전혀 없고 전적인 하나님의 은혜로 된 것입니다.

여기에 내 자랑이 있을 수 없습니다. 141장 찬송의 아이작 왓츠(I. Watts 1707)는 '늘 울어도 눈물로써 못 갚을 줄 알아 몸 밖에 드릴 것 없어 이 몸 바칩니다' 라고 고백했습니다.

2) 우리는 예수 안에서 이미 한 몸이 되었습니다.

예수 밖에는 구원이 없고, 교회도 아닙니다. 예수 안에 있다고 하면 이미 하나입니다.

① 이미 예수 안에서 한 가족이 되었습니다.

원하든지 원치 않든지 간에 가족은 가족이요, 누구하나 미운 사람이 있다고 해서 가족이 아닌 것은 아닙니다. 누가 잘났으면 얼마나 잘났고 똑똑하면 얼마나 똑똑하겠습니까? 예수 안에는 하나 밖에 없습니다.

② 예수 안에서 이미 한 몸이 되었습니다.

그래서 교회를 부부로 비유했습니다(엡 5:22-). 따라서 서로 격려와 위로만이 필요합니다. "만일 서로 물고 먹으면 피차 멸망할까 조심하라(갈 5:15)"고 했습니다. 이것이 하나 되어야 하는 동기입니다.

2. 하나가 되기 위해서는 이런 자세가 요구됩니다.

1) 신앙생활의 기본자세가 있습니다.

① 겸손입니다.

'모든 겸손과 온유로 하고 오래 참음으로 사랑 가운데서 서로 용납하고 (2절)' 했습니다. 어거스틴(Augustine)은 신앙의 미덕은 첫째도 둘째도 셋째도 겸손이라고 했습니다.

② 온유입니다.

온유는 헬라어로 '프라오스' 인데 양털을 의미합니다. 양털과 같이 온유해야 합니다. 예수님은 온유하신 분이셨습니다(사 53:7, 마 11:28-29).

③ 오래 참음입니다.
　　인내로써 서로 용납해야 합니다(갈 5:22-).
④ 사랑으로 서로 용납해야 합니다.

2) 서로가 위해 주어야 합니다.
　　내 생각만 고집하는 것을 버리고 남의 생각도 해야 하겠습니다.
① 교회는 나만이 아니라 서로를 생각하는 곳입니다.
② 교회는 나 없이 네가 없고, 너 없이 내가 없습니다.
　　서로 연결되었기에 유기체적 교회라고 합니다(고전 12:15).

3. 교회는 하나의 몸통입니다.

1) 교회가 한 몸통이라면 각자의 성도는 지체가 됩니다.
　　어느 하나 귀하지 않은 곳이 없습니다(맹장이 없이는 우주에 못갑니다).
① 모두가 하나 되어야 하고 그만큼 중요합니다.
　　영광도 즉시 받고 슬픔도 즉시 받게 됩니다. 이것이 몸입니다.
② 모든 약점을 뒤로하고 하나 되어야 합니다.
　　독일이 패전 후에 국가가 분열되고 어려울 때에 칼 바르트(Karl Barth 1886-1968)라는 신학자가 돌아와서 하나를 외쳤고 그래서 라인 강의 기적을 이루어냈습니다. 교회는 하나 되어야 합니다.

2) 우리 교회가 더욱 하나 되어야 합니다.
① 뭉쳐질 때에 큰 힘이 나오게 됩니다(전 4:11-12).
　　선교와 전도를 통한 영혼 구원 위해서 큰 힘이 필요합니다.
② 지상교회는 완전하지 않아도 모범적인 교회가 되어야 합니다.
　　스펄전 목사님은 이 땅에 완전한 교회가 없다고 했습니다.

한 아버지 하나님과 한 예수 그리스도와 한 성령 안에서 하나 되는 교회가 되시기를 축원 합니다.

결 론 : 우리 교회는 하나로써 승리해야 합니다.

| 교회 | # 베데스다 연못에 나타난 복음
(요한복음 5:1-9)

　기회는 언제나 오는 것이 아니기에 정신을 차리고 있다가 그 순간을 잘 잡아야 합니다. 그래서 대 사도 바울은 에베소 교회에 전하는 복음에서 "세월을 아끼라 때가 악하니라"(엡 5:16)고 했는데 여기에서 세월을 아끼라는 말은 기회를 사라는 말씀이 됩니다.
　제아무리 좋은 기회가 왔어도 기회를 놓치고 나면 미궁 속으로 빠지게 되기 때문에 성공할 수가 없습니다(창 25:26). 야곱은 에서에게서 장자의 명분을 사는데 기회를 놓치지 아니하였고 실질적인 장자가 되었습니다(창 27:27). 학생에게는 공부의 기회, 사업가에게는 사업 성공의 기회, 청춘남녀에게는 결혼의 기회들이 있는데 이런 일반적인 기회도 놓치고 나면 기회가 희박하거니와 예수 믿고 구원에 이르는 영적이고 신령한 일 역시 더욱 기회가 중요합니다.
　본문에서 베데스다 연못의 수많은 병자들 가운데 38년 된 병자의 이야기는 신령한 면에서 좋은 교훈을 남기고 있습니다.

1. 베데스다 연못은 교회로 비유하게 됩니다.
　오늘날 베데스다 연못이 어디에 있겠습니까? 그곳은 곧 교회입니다.

1) 베데스다 연못은 많은 병자들이 모이는 곳으로써 교회와 같습니다.
각종 질병 든 자들이 모두 모이는 곳이 되었습니다.
① 교회는 병자들이 모두 모이는 곳이 됩니다.
　우리 모든 인간들은 병자들이요, 죄인들이기 때문입니다. 칼빈(J. Calvin)은 "세상에는 멸망할 죄인이 있고, 용서받은 죄인들이 있는데 신자들은 용서받은 죄인들"이라고 했습니다. 예수님은 병든 자이기 때문에 의원이 쓸데 있다 하였습니다(마 9:12). 교회는 죄인들이 모여서 회개하고 예수님을 만나서 치유 받는 곳입니다.
② 따라서 교회에 나오는 모든 사람들은 완전한 의인이 없습니다.
　신학적으로 성화론(sanctification)에 의하면 완전 성화가 아니고 점진적

성화론이기 때문입니다. 따라서 우리는 남의 말 하는 일에 조심해야 합니다(마 7:1-5). 왜냐하면 우리는 모두가 불완전한 인간이기 때문입니다. 바울은 "죄인 중에 내가 괴수니라"(딤전 1:15)하였고, "나는 날마다 죽노라"(고전 15:31) 하였습니다.

2) 베데스다 연못은 수많은 병자들이 치유 받는 곳입니다.

역사적으로 계속해서 치유 받는 곳이 되었듯이 오늘날 교회가 그러합니다.

① 먼저 자기 자신의 질병을 깨달아야 합니다.

사람들은 자기 자신이 병든 자임을 깨닫지 못합니다. 나면서부터 소경된 사람의 사건에서 유대인들이 말했습니다(요 9:1-). "우리도 맹인인가? 너희가 맹인이 되었더라면 죄가 없으려니와 본다고 하니 너희 죄가 그대로 있느니라"고 예수님은 지적하셨습니다. 죄 없다 하면 거짓말하는 것입니다(요일 1:8).

② 예배당에 와서 언제나 자기 자신이 죄인 된 사실을 깨달아야 합니다.

그래야 치유가 가능하기 때문입니다. 의사 앞에서는 자기 자신의 병든 부분을 알아서 고해야 하는 것과 같습니다. 여기에서 치유가 시작되기 때문입니다.

2. 베데스다 연못에는 모든 병자들이 모였습니다.

어떤 병에 걸렸든지 낫고자 하는 소망 때문입니다.

1) 베데스다 연못에는 많은 병자들이 모였습니다.

그 병자들의 병들을 모두 열거할 수 없지만 몇 가지만 예를 들겠습니다.

① 첫째가 소경이 소개되었습니다(Blind).

모든 병자들 중에 볼 수 없는 소경의 병은 제일 불쌍합니다. 그런데 육적인 소경만이 소경이 아니라 영적으로 볼 수 없는 영적 소경이 많이 있습니다. 라오디게아교회 사람들은 눈이 멀었었습니다(계 13:17). 영적인 소경이 눈을 떠야합니다.

② 절뚝발이가 소개되었습니다.

영적으로 절뚝발이는 한 다리는 세상에, 한 다리는 교회에 걸치고 이중적 생활을 하는 영적인 장애자들을 상징해줍니다. 오늘날 교회에는 이와 같은 사람들이 많이 있습니다.

③ 혈기 마른 자들이 있었습니다.
혈액순환에 장애가 있기에 문제가 됩니다. 신앙생활이 의욕이 없고 전혀 힘이 없습니다. 믿음의 능력도 없습니다. 이것이 문제가 됩니다.

④ 38년 된 병자가 있었습니다.
병이 오래된 고질병입니다. 전혀 움직일 수 없는 자포자기 상태의 사람이었습니다.

2) 어떤 병에 걸렸느냐가 문제가 아니라 낫는 일이 중요합니다.
병은 치유되어야 하기 때문입니다.

① 어떤 병에 걸렸든지 낫게 됩니다(4절).
하나님의 교회는 영적인 병을 치유하는 곳입니다. 예수님을 만나면 치유됩니다. 해결을 받게 됩니다.

② 예수님께서 이르시되 "네가 낫고자 하느냐?"
세상의 온갖 쓰레기 같은 죄인들도 예수님을 만나면 낫게 됩니다. 깡패, 도적, 마약중독자, 술주정뱅이 등이 낫습니다. 쓸모없는 인간이 유익한 인간으로 바뀌어집니다(몬 1:11, 골 4:9). 찬송가 102장의 본인들인 리 밀러(R. F. Miller)나 죠지 베리쉬아(J. B. Shea)를 보면 은혜가 깨달아지게 됩니다.

3. 베데스다 연못에 천사가 내려와 물이 동할 때에 치유됩니다.

1) 오늘도 베데스다 연못이 움직이게 됩니다.

① 성경에서 말씀하는 상징적 의미를 보겠습니다.
물은 곧 말씀입니다(엡 5:26, 계 1:7, 롬 10:17). 물이 동하듯이 말씀이 역사할 때 문제가 해결됩니다. 듣는 자가 살아나게 됩니다(요 5:26, 계 1:7, 롬 10:17).

② 천사는 심부름꾼으로써 교회에서 주의 종과 같습니다.
주의 종이 말씀을 강론하게 될 때에 말씀 안에서 치유됩니다.

2) 효율적으로 자기 자신에게 적용되기 위해서 할 일이 있습니다.
신앙생활의 자발적인 일들입니다.

① 부지런히 신앙생활을 해야 합니다(롬 12: 11, 히 10:24-25).
"먼저 들어가는 자"(4절) 라고 했는데 신앙생활에서 부지런해야 하겠습니다.

② 낫고자 하는 믿음(열망)이 있어야 합니다.
"네가 낫고자 하느냐" 하셨습니다. 사모하는 영혼을 만족케 하십니다(시 107:9). 사모하는 심령에게 은혜를 더해 주시기 때문입니다.

오늘날의 베데스다 연못인 교회가 많은 능력의 곳이 되기를 주의 이름으로 축원합니다.

결 론 : 오늘도 베데스다 연못은 동하고 있습니다.

> 교 회

하나님이 높이시는 사람
(빌립보서 2:9-11)

성경에는 때때로 사람들의 일반적인 생각과는 전혀 거리가 멀고 다른 말씀들이 많이 있습니다. 그래서 내 생각과 너희 생각과는 다르다고 이사야 선지자를 통해서 말씀하신 바가 있습니다(사 55:8).

예수님은 예루살렘에 입성하실 때에 로마 군병들과 같은 말을 타시고 입성하신 것이 아니고 겸손의 상징인 나귀를 타시고 입성하셨습니다(마 21:5-9).

그런데 제자들은 예수님의 심정도 모른 채 뒤에 따라오며 누가 크냐고 다투게 되었고 예수님은 그들에게 낮아질 것을 강조하셨습니다. "인자가 온 것은 섬김을 받으려 함이 아니라 도리어 섬기려 하고 자기 목숨을 많은 사람의 대속물로 주려 함이니라"(마 20:26-28) 하셨습니다. 대개의 사람들은 높아지기 원하고 따라서 거기에는 교만이 따르게 마련입니다.

본문에서 사도 바울은 예수님의 마음이 어떤 것인가를 모든 그리스도인들에게 가르쳐 주셨습니다. 우리는 다시 한 번 예수님이 우리에게 모범으로 보여주신 말씀에 귀를 기울여야 하겠습니다.

1. 하나님께서는 낮아지려는 사람을 높이십니다.

이와 같이 예수님을 하나님께서 지극히 높이게 되었습니다. "이러므로 하나님이 그를 지극히 높여 모든 이름 위에 뛰어난 이름을 주사"(9절) 했습니다.

1) 하나님은 낮추기도 하시고 높이기도 해주십니다.
이와 같은 사실은 성경에서 명백히 보여주셨습니다.

① 한나의 기도 내용에서도 보여주셨습니다.
"여호와는 …낮추기도 하시고 높이기도 하시는도다 가난한 자를 진토에서 일으키시며 빈궁한 자를 거름더미에서 올리사 귀족들과 함께 앉게 하시며 영광의 자리를 차지하게 하시는도다"(삼상 2:6-8).

② 고대 바벨론 제국의 느브갓네살왕은 하늘 높은 줄 모르고 그 권세가 높아지다가 결국 하나님께서 내치실 때에 청초(青草)에 7년간을 짐승처럼

살게 되었습니다(단 4:1-).
그 아들되는 벨사살왕은(단 5장) 이와 같은 사실을 모두 알고도 하나님께 겸비치 않고 예루살렘 성전에서 가져온 기명으로 술을 마시다가 하나님의 저울에 달리게 되었고 그날 밤에 정권이 바뀌게 되었습니다.

2) 하나님께서 높이시는 사람이 되어야 합니다.
하나님께서 높이시는 사람은 어떤 사람일까요?
① 교만치 않고 겸손해야 합니다.
교만은 멸망의 선봉이기 때문에 개인이든 국가든 정권이든 간에 하나님 앞에서 교만하면 망하게 됩니다.
② 예수님은 겸손의 상징으로 나귀를 타셨습니다(마 21:5).
십자가에 죽기까지 하셨을 때에 지극히 높이셨습니다(엡 1:20-21). 첫째는, 죽은 자 가운데서 다시 사시는 영광입니다. 그리고 승천하셨고 지금도 하나님 보좌 우편에 앉아계십니다. 둘째는, 세상 영광이 아니고 천국의 영광이 주어지셨습니다. 영원한 권세자입니다. 셋째는, 모든 이름 위에 뛰어난 이름을 주셨습니다. 그래서 시편 기자는 시 8:9절에서 예언했습니다. "여호와 우리 주여 주의 이름이 온 땅에 어찌 그리 아름다운지요!" 했습니다. 베드로도 외쳤습니다. "너희가 십자가에 못 박은 이 예수를 하나님이 주와 그리스도가 되게 하셨느니라" (행 2:36) 했습니다.

2. 하나님께서 낮은 사람을 높이시는 이유가 있습니다.

1) 교만하거나 높은체 하면 하나님이 싫어하십니다.
① 천사장 루시퍼는 교만하다가 내침을 받고 사탄 마귀가 되었습니다.
이것이 우리가 아는 사탄 마귀의 근원이 됩니다. 따라서 교만은 위험합니다. 예수님 마음은 겸손한 마음입니다(빌 2:5).
② 예수님은 이 땅에 오실 때부터 시종일관 겸손의 모양을 보여주셨습니다.
로마 정권은 교만해서 교회를 핍박하다가 망했습니다. 그리고 기독교화 되었습니다. 예수님은 연한 순같이 겸손하셨습니다(사 53:2).

2) 예수님을 따라가는 성도들은 예수님을 닮아서 겸손해야 합니다.
이것이 예수 그리스도의 길입니다.

① 예수님 안에서는 교만이란 있을 수 없습니다.
자동적으로 겸손 그 자체입니다. 예수 안에 있다고 하면서 교만하다면 그릇된 일입니다.

② 믿는 사람의 주인은 주님이십니다.
주(主)되신 주님 앞에서 겸손한 성도가 우리의 기본이 되어야 합니다. 여기에서 주를 위해서 죽기도 하고 살기도 하게 됩니다(롬 14:8).

3. 하나님께서 높여 주실 때에 지극히 큰 영광이 옵니다.

내가 높아지려하면 계속 추락하겠지만 예수 안에서 겸손하면 하나님께서 높여주십니다. "이러므로 하나님이 그를 지극히 높여"(9절)라고 했습니다.

1) 지극히 높여주셨습니다. 겸손할 때에 주시는 축복입니다.

① 예수님께서 시범적으로 보여주셨습니다(실천적이고 시범적으로).
세례 요한을 평하실 때에 여자가 낳은 자 중에 제일 크다고 하셨는데 세례 요한은 "그는 흥하여야 하겠고 나는 쇠하여야 하리라"(요 3:30)했던 것입니다.

② 내가 높아지는 비결은 하나님 앞에서 자꾸만 낮아지는데 있습니다.
낮아지게 될 때에 높아지는 비결입니다. 이것이 우리의 신앙이 되어야 합니다(약 4:10).

2) 우리 교회에서 낮아지는 연습을 많이 해야 합니다.

① 교회는 주님의 몸이기 때문입니다.
십자가 피의 대가로 사신 성도인데 주님 앞에서 누가 감히 교만하겠습니까? 겸손을 배워야 합니다.

② 교회는 서로가 서로를 섬기고 발을 씻겨주는 곳이 되어야 하겠습니다.
이것이 주님의 교훈입니다(요 13:1-). 예수님은 제자들의 발을 씻겨주셨습니다. 그리고 서로 섬기라고 하셨습니다. 우리 모두 겸손한 신앙에서 섬기는 신앙으로 축복받게 되기를 축원합니다.

결론 : 하나님의 교회는 서로 겸손히 섬기는 곳이 되어야 합니다.

| 믿 음 |

하나님과 친하라
(여호수아 23 : 6-9)

이 세상에 모든 존재들 중에는 그 구조상으로 볼 때에 개체들마다 통하는 것이 있고, 통하지 않는 것이 있으며 친한 것이 있고 친하지 않는 것들로 구성되어 있습니다. 인간 세계에서도 통하는 사람이 있고 통하지 않는 사람도 있거니와, 음식이나 식물이 모두에게 좋은 것이 아니고 사람에게 좋은 것이 있는가 하면 해가 되는 것도 있습니다. 인간은 그 창조 목적이 하나님을 찬양하며 영광 돌리면서 하나님과 친하도록 창조하셨습니다. 그래서 인간은 하나님을 가까이 하고 친하게 살아야 하기에 인간을 향해서 '친구'라는 표현까지 사용하시면서 말씀하셨습니다(사 41:8, 대하 20:7, 약 2:23, 요 11:11, 요 15:13-14).

본문에서 여호수아는 죽기 전에 유언에서 이스라엘 백성들에게 하나님을 가까이 하고 친근히 하라고 강조했습니다. (8절) "오직 너희는 너희 하나님 여호와를 친근히 하기를 오늘날까지 행한 것 같이 하라" 하였습니다. 하나님과 가까이 할 때에 강성하게 되며 축복이 됩니다.

1. 천국백성은 하나님과 친하게 살아야 합니다.

하나님의 백성이기 때문입니다. 이방 백성이 아닙니다.

1) 하나님의 백성이기 때문에 하나님과 친하게 하는 길이 성경입니다.

① "오직 너희 하나님 여호와를 친근히 하라" 하셨습니다.

하나님과 친근히 하는 방법은 그의 말씀에 순종하는 길입니다.

(6절) "그러므로 너희는 크게 힘써 모세의 율법책에 기록된 것을 다 지켜 행하라. 그것을 떠나 좌로나 우로나 치우치지 말라" 하셨습니다. 반대로 하나님과 친하지 않는 길은 율법을 따르지 않고 반대로 사는 길입니다. 요 15:7에서 예수님도 포도나무 비유를 말씀하시면서 '너희가 내 안에 거하고 내 말이 너희 안에 거하면 무엇이든지 원하는대로 구하라 그리하면 이루리라' 하셨습니다. 축복이 따르는 것은 하나님과 친하기 때문입니다. 불순종은 하나님과 불통할 수밖에 없습니다.

② 하나님과 친한 사람은 말씀을 의지하고 따라가는 사람입니다.
어떤 핍박과 위험이 닥쳐도 말씀 따라서 가게 되는데 성경에서 다니엘과 그 세 친구들의 예를 보게 됩니다(단 3:16-18).
그들은 끝내 승리를 거두게 되었습니다(단 6:10).

2) 하나님은 오늘도 그의 백성과 친하기를 원하십니다.
① 하나님의 소원이 있습니다.
하나님의 소원은 하나님의 선을 이루어 드리는 일입니다(미 6:6-8).
② 제아무리 친한 사이라도 가까이 하지 않으면 소용없습니다.
속담에도 멀리 있는 형제보다 가까운 이웃이 낫다고 하였습니다. 성도는 하나님의 자녀이기에 언제나 하나님 말씀을 가까이 해야 합니다. 이것이 하나님과 친한 관계입니다. 요나서의 요나는 불순종해서 문제가 생겼습니다(욘 1장).

2. 하나님과 친하지 아니하면 인생최대의 곤란이 옵니다.
하나님과 친한 백성은 영원한 생명이 주어지지만 하나님과 멀어지게 되면 곤란합니다.

1) 이스라엘 역사를 통해서 보여주었습니다.
이스라엘 역사가 곧 주시는 바 경고요 권면입니다.
① 약속된 민족이요 국가였습니다.
이른바 성민입니다(신 14:21). 그리고 친구라고 하셨습니다. 그러나 그 이스라엘 민족이 하나님을 멀리하게 될 때에 바벨론에 망하고 앗수르에 망하게 되었습니다(렘 7:25-26).
② 참 친구이신 하나님을 등지게 되었기 때문입니다.
망하게 될 때에 슬픔이 있는데 위로 받을 수 없는 슬픔이 오게 되었습니다. (애 1:1)참 친구를 버렸기 때문입니다. 행복한 역사가 불행한 역사로 뒤바뀌게 된 원인입니다.

2) 참된 친구이신 예수님을 떠나면 살 길이 없습니다.
① 예수를 떠나면 아무런 소망이 없습니다.

"너희가 나를 떠나서는 아무것도 할 수 없다"고(요 15:5) 예수님이 직접 말씀하셨습니다.

② 오히려 심판이 기다리고 있습니다.

가지처럼 밖에 버리워 불에 태운다고 하였습니다(요 15:6). 영생의 유무는 생명이신 친구 예수님을 모심에 있습니다(요 3:16, 마 3:36, 요일 5:11-12).

3. 하나님은 그의 자녀들에게 하나님과 친한 방법을 말씀하셨고 계시해 주셨습니다.

1) 하나님 말씀에 좌우로 치우치지 말라고 하셨습니다.

이것이 성경의 대강령이요 말씀입니다(6절, 신 4:2, 계 2:18).

① 개인이든 교회든 간에 말씀에 서있어야 합니다.

개인적인 뿌리도, 교회의 근간도 믿음이 말씀에 서있어야 합니다. 이에서 벗어나게 되면 곤란합니다.

② 친하게 되면 사랑하게 됩니다.

하나님과 친하게 살기 위해서는 그의 말씀을 사랑하고 지켜 나가게 됩니다(11절). 스스로 조심하여 너희 하나님 여호와를 사랑하라 하였습니다. 바알(세상)과 두 사이에서 머뭇거리면 곤란합니다(왕상 18:21).

2) 하나님을 사랑하고 따라가면 번영과 축복도 약속되었습니다(신 28:1-14).

① 이스라엘의 번영과 축복은 언제나 하나님과 친할 때에 오게 되었습니다.

솔로몬과 다윗의 역사를 보시기 바랍니다.

② 그 원리는 지금도 같은 원리입니다.

예수를 믿고 예수님과 친하게 사는 민족이나 나라는 축복을 받게 됩니다. 현재 남북한의 비교와 세계 역사를 보시기 바랍니다.

언제나 하나님과 친한 사이로 살게 되기를 주의 이름으로 축원합니다.

결 론 : 하나님과 친구 관계로 승리하시기 바랍니다.

| 믿음 | 아론의 싹 난 지팡이가 보여주는 뜻
(민수기 17:1-7)

사람은 누구나 세상을 살아가면서 나름대로 의지하는 것들이 있습니다. 재력도, 학력도 권력도 힘이 되고 때로는 친구도 힘이 될 수 있기 때문에 서로를 의지하는 경우가 있습니다.

그러나 이런 것은 한계가 있고 있다가 없어지기 쉬운 것들에 불과합니다. 어릴 때에는 네발로 걷다가 성장해서는 두발로 다니고 늙어서는 지팡이를 의지해서 세발로 걷게 되는 사람의 모습에서 지팡이는 매우 요긴한 힘없는 사람의 도구가 됩니다. 그래서 지팡이는 사람이 의지하는 개념이 강하게 담겨져 있습니다. 따라서 다윗은 고백하기를 사망의 음침한 골짜기에서도 두려워하지 않는데 주의 지팡이와 막대기가 안위하시기 때문이라고 하였고(시 23:4), 지팡이의 교훈은 성경에 많이 있습니다(미 7:14, 출 4:1-2, 14:16, 신 34:10, 고전 10:10). 특히 하나님은 모세를 애굽에 보내시면서 지팡이 하나만 달랑 들려 보내시게 되었고 지팡이를 사용할 때마다 10가지 재앙과 홍해가 갈라지게 되고 반석에서 샘이 터지는 역사가 나타나게 되었습니다(출 4:1-2, 출 14:16, 민 20:10-11).

본문은 불순종하며 원망으로 가득한 백성들에게 12지파의 족장들의 지팡이를 가져오게 하고 아론의 지팡이에서 하룻밤 사이에 싹이 나고 꽃이 피고 열매를 맺게 하시는 하나님의 역사를 보여주신 사건입니다. 말라서 생명이 없던 지팡이에서 생명력이 나타나게 된 이 사건에서 영적인 큰 교훈을 얻게 됩니다.

1. 성경에 나타난 여러 가지 지팡이에 대한 교훈들이 있습니다.

1) 사람이 의지하는 지팡이로써 많은 지팡이가 있습니다.

결코 영구할 수 없는 한정된 지팡이들입니다.

① 이스라엘 백성이 하나님 대신에 의지했던 애굽 지팡이가 있는데 이에 대해서 책망을 받게 됩니다(겔 29:6-7).

아브라함도(창 12:9-20), 이삭도(창 26:2) 그랬습니다. 그런데 그 애굽을 의지하게 되면 망하게 됩니다(사 31:1-). 사람들이 자주 사용하는 세상적인 지팡이의 상징적 사건들입니다.
② 이스라엘백성들은 때때로 하나님 대신에 사람 지팡이를 의지하였습니다. 그래서 책망을 받게 됩니다. 예레미야 선지자를 통해서 책망하셨고(렘 17:1-6), 시편에서도 책망하였습니다(시 146:3-5). 성도는 사람 지팡이가 아니라 하나님만 의지해야 합니다. 그 지팡이만이 영구하며 든든합니다(시 118:6-9). 사람 지팡이는 결국 의지의 대상이 아닙니다.
③ 이스라엘 백성들은 때때로 재물지팡이를 의지하였는데 이를 통해서도 책망이 가해졌습니다.
그래서 재물을 의지하면 패망하게 됨을 교훈해 주셨습니다(잠 11:28, 시 52:5-7, 욥 1:21, 약 4:13-17, 눅 12:13-21). 그 재물은 마침내 날개를 가지고 날아갈 때가 있습니다. 영구히 의지할 대상이 될 수 없는 것입니다.
④ 이스라엘 백성들은 인생의 명철을 의지하였습니다.
머리 좋은 자신을 의지하는 인생들이 하나님을 믿지 아니합니다. 이것도 헛된 것입니다. '네 명철을 의지하지 말라' 고 하였습니다(잠 3:5).
⑤ 무엇보다 현대인들은 과학 문명을 지팡이인양 의지합니다.
그러나 컴퓨터 시대에도 사람들은 더욱 범죄 하게 되고 컴퓨터가 사람의 생명을 좌우할 수 없습니다. '하늘에 계신 자가 웃으심이여' (시 2:4) 하였고 결국 이 세대의 바벨탑을 쌓는 결과만 가져오게 되었습니다. 탕자 문명과 바벨탑은 무너질 날이 옵니다.
⑥ 이스라엘 백성들은 때때로 우상을 의지하였습니다.
일찍부터 십계명(The Ten Commandments)에 명시하면서 우상을 믿지 말라고 하셨거늘 이스라엘은 불순종하여 우상을 믿다가 망하였습니다 (고전 10:7, 합 2:18, 신 8:19, 시 115:4-9).

2) **힘없고 망하는 지팡이를 의지하면 같이 망하게 됩니다.**
① 하나님은 견고한 망대이시며(시 61:3, 잠 18:3) 의지할 견고한 지팡이가 되십니다.
오직 우상을 멀리하고 하나님을 의지하라고 하였습니다(시 115:9).
② 구약의 여호와는 '구원주' 의 뜻으로써 신약에서는 '예수' 란 이름이 구원주이십니다(마 1:21).

예수 그리스도만이 영원한 구원주가 되시며 견고한 지팡이가 되서서 믿는 자는 부끄러움을 당하지 않게 됩니다(롬 10:10-11, 요 14:6, 행 4:12, 요일 5:11-13).

2. 아론의 지팡이에서만 싹이 나고 꽃이 피고 열매를 맺게 되었습니다.

다른 지파의 지팡이는 생명이 없었습니다.

1) **아론은 대제사장입니다.**
   아론은 신약에 예수 그리스도의 대제사장 되심의 표상입니다.
   ① 예수님이 대제사장이 되십니다(히 3:1).
   예수님은 제물이 되셨고 구세주가 되셨습니다(히 9:1-28).
   ② 대제사장 아론의 지팡이에서만 싹이 나고 열매가 맺혔습니다.
   예수 그리스도는 생명이시요 부활이십니다(요 11:25).

2) **우리는 영원토록 대제사장이신 예수 그리스도만 의지해야 합니다.**
   ① 예수 이름으로만 천국 문이 열리게 됩니다(계 3:8).
   ② 예수 그리스도는 영원한 의지의 대상이요, 지팡이가 되십니다.

3. 이 지팡이에서 꽃이 피고 열매가 맺혔습니다.

1) **기독교 신앙은 이론이 아니고 실제 생명의 종교입니다.**
   ① 예수님은 십자가에서 죽으셨고 부활하시어 생명을 보여주시게 되었습니다.
   ② 그 하나님 말씀이 생명입니다(히 4:12, 겔 37:1-11).

2) **살아계신 하나님과 말씀만 의지해야 합니다.**
   ① 이스라엘은 믿지 않다가 망하였습니다(고전 10:1-11, 히 3:16-4:3).
   ② 구약시대의 사건은 우리의 거울이 됩니다(고전 10:6-11).
   말씀의 거울을 통해서 바로 보고 하나님을 의지하는 지팡이를 소유하게 되시기를 주의 이름으로 축원합니다.

결 론 : 하나님은 우리의 의지할 지팡이가 되십니다.

> 믿음

주께서 선포하신 평강과 건강
(마가복음 5:25-34)

사람이 세상을 살아가면서 중요한 일들 중에 제일은 '건강'일 것입니다. 배고픈 서러움도 있겠지만 병들었을 때에는 건강의 중요성이 제일 중요하게 부각됩니다.

예수님은 세상에 계실 때에 질병에 걸린 자들을 많이 고쳐주셨는데, 예수님께 가서 치료받지 못한 사람들은 없을 것입니다. 소경이 눈을 뜨게 되었고(막 10:46-52, 요 9:1-7), 중풍병자가 치료되었으며(막 2:1-12), 귀신들린 자가 자유케 되었고(마 15:21-28, 막 9:17-29, 눅 8:2, 눅 8:26-38), 38년 간 병에 시달려 누워있던 자가 뛰게 되었고(요 5:5), 나환자가 깨끗케 되는 기적과(눅 17:11-19), 한편 손 마른 자가 치유되었습니다.(마 12:10, 막 3:1)심지어 죽은 자가 살아나게 되었습니다(요 11:43-44, 눅 7:14, 막 5:41). 예수님 손이 닿기만 하면 못하심이 없게 됨을 보게 됩니다.

본문은 12년을 혈루중으로 앓던 여인에 관한 기사입니다. 혈루병은 레 12:15-30에서는 유출병으로 기록되었는데 이 병은 창피해서 드러낼 수 없는 병이며, 이혼 당하기도 하는 질병이기도 하였습니다. 그 여인이 예수님께 가서 낫게 되었고, "딸아 네 병에서 놓여 건강할찌니라 평안히 가라"고 말씀을 듣게 되었습니다. 이 시간에 건강과 평안의 축복을 본문에서 받기를 원합니다.

1. 이 여인은 긴 세월 동안 질병에 시달렸습니다.

12년은 결코 짧은 기간이 아니었습니다.

1) 긴 세월동안 시달리게 된 배경이 본문에 명시되어 있습니다.
12라는 숫자는 3 4로서 긴 세월을 뜻합니다. 하나님의 숫자와 인간의 숫자를 곱한 숫자입니다.

① 이 여인의 고달픈 일생을 엿볼 수 있는 부분입니다.
많은 재산을 날리게 되었고 오히려 더 중해졌습니다. 인생은 고달픈 인생입니다. 욥의 경우(욥 23:8-9)와 모세의 경우를 보시기 바랍니다(시

90:9-10). 우리는 하나님 안에서 건강이 축복으로 약속되었습니다.(잠 3:7-8) "네 골수로 윤택케 하리라" 하였습니다.

② 인생사에서 제일 괴로운 문제는 몸에 질병이 있을 때입니다.

지금과 같이 다문화시대요, 다원화시대에도 역시 몸은 건강해야 합니다. 유명한 헬렌 켈러는 오죽하였으면 '내가 만일 3일 동안만 볼 수 있다면…' 이라고 했겠습니까? 왕하 5:1-에서 유명한 나아만 장군은 나라의 일등공신이라도 문둥병에 시달리는 괴로움이 있었습니다. 권력도 병 앞에서는 힘을 쓸 수 없었습니다.

2) 이 여인은 12년이라는 긴 세월 동안 시달리게 되었습니다.

① 고통이 심하였습니다.

매일같이 쏟아지는 유혈로 괴로움이 육체적 괴로움은 물론이고 정신적 괴로움이 가중되었으며 힘이 들었습니다. 욥의 경우는 그 부인과(욥 2:9) 친구들까지도 괴로움을 주었습니다.(욥8:4, 11) 더욱 이 여인은 물질적 소모가 컸습니다. 긴 병에는 효자도 없고 재물도 어렵게 됩니다.

② 낫기는커녕 더 중하게 되었습니다.

욥의 고통, 정신적 고통과 물질적 소비도 문제이지만 효험이 없었다는 점입니다. 더 중하게 되었으니 고통이 가중됩니다. 지금도 병원에 계신 분들에게 빨리 효험이 있게 되기를 바라고, 성도들 모두에게 건강의 축복이 있게 되시기를 축원합니다.

2. 이 여인은 해결책으로 예수님을 만나게 되었습니다.

1) 예수님께 문제를 가지고 가야 합니다.

예수님께서 기다리고 계십니다.

① 예수님께 대한 소문을 듣고 가게 되었습니다.

음식점 소문이나 병원 소문이 아닙니다. 예수님께 대한 소문입니다. 그래서 교회 역시 소문이 중요합니다.(살전1:3, 행17:11)

② 슬그머니 무리 중에 섞여 오게 되었습니다.

믿음에는 용기가 필요합니다. 예수님 만나기 위해서입니다.

2) 예수님을 만나기 위해서는 장애물을 극복해야 합니다.
① 사람들의 장애물입니다.
예수님 만나는데 사람 장애물은 지금도 많이 있습니다. 그리고 교회 안에도 있습니다. 극복해야 합니다(막 2:1-).
② 포기할까 하는 망설여지는 장애물도 있습니다.
나아만 역시 그랬습니다(왕하 5:10). 그러나 결과는 이런 모든 장애물을 극복해야 한다는 것입니다. 승리할 사람들은 장애물을 극복한 사람들입니다.

3. 문제 해결의 열쇠는 믿음입니다.
1) 예수님이 칭찬하신 믿음입니다.
① 모든 장애물을 이기고 극복한 믿음입니다(27-28절).
뒤로 와서 예수님의 옷에 손을 대었습니다. 율법적으로는 정상인과 접촉할 수 없었습니다(레14-15장). 그러나 믿음은 병을 치유하는데 주께서 일으키시게 됩니다(약 5:15).
② 이 여인의 믿음 앞에 예수님의 능력이 작동되었습니다.
'능력이 나갔느니라' (30절) 주께서는 감찰하십니다(시 139:1-4). 예수님은 창조주이시기 때문입니다(요 1:3, 10, 빌 2:6).

2) 전지전능하신 예수님께 칭찬 듣게 되었습니다.
"딸아 네 믿음이 너를 구원하였으니 평안히 가라 병에서 놓여 건강할찌어다" 하셨습니다.
① 믿음대로 되었습니다. 믿음은 능력입니다(요 11:40).
믿음은 구원이요, 사명적 위치에서도 중요합니다.
② 소원이 이룩되었습니다(시 37:4).
믿는 자에게 소원이 이루어지게 됩니다(시 37:4). 칭찬 받았고 건강을 찾게 되었습니다. 이 축복이 임하기를 축원합니다.

결 론 : 지금도 예수님은 역사하십니다.

| 믿음 | # 건강한 신앙을 가진 성도의 모습
(에베소서 3:14-19)

격세지감이라는 말이 있는데 옛날에 비해서 현대에 새롭게 달라지는 모습을 가리키는 말입니다. 옛날 춥고 배고픈 시절에는 대부분의 사람들이 인사말이 "밥 먹었느냐?"가 인사였습니다. 그러나 이제는 너무 많이 먹어서 영양이 과잉 섭취되었기에 운동에 전념들을 하게 되고 시간만 나면 운동에 힘을 쓰게 됩니다. 그리고 인사가 "요즈음 건강이 어떻습니까?" 라고 인사의 주제가 '건강'이 되었습니다. 목회 현장에는 언제나 건강이 중요한 것은 바울도 제자 디모데에게 건강을 말하게 되었고(딤전 5:23), 바울 자신도 건강치 못한 부분에 대해서 3번씩이나 간절히 기도하였다고 전하였습니다. 이것을 사단의 가시로 표현하였습니다(고후 12:7-9).

주께서 강건케 하심은 복음 전하기 위함임을 읽게 됩니다(딤후 4:17). 어항 속에 물고기나 새장 속의 새들도 건강치 못할 때에 다른 새들로부터 공격당함을 보게 됩니다.

육체적 건강도 중요하지만 영적 건강은 더욱 중요한 문제입니다. 건강치 못한 사람은 마귀의 주공격 대상이 될 수 있기 때문입니다. 본문을 통해서 우리의 영적인 건강을 다시 한번 살피면서 건강한 신앙 위에 세워지기를 원합니다.

1. 신앙이 건강한 사람은 언제나 마음에 예수 그리스도를 모시고 함께 살아가는 사람입니다.

(17절) "믿음으로 말미암아 그리스도께서 너희 마음에 계시게 하옵시고." 하셨습니다.

1) 그리스도인의 근원은 믿음에서부터입니다.

그리스도인이라고 하면서 믿음 위에 서지 못하거나 믿음이 병들어 있다면 문제가 큽니다.

① 그리스도인의 뿌리는 믿음에서부터 시작됩니다.

바울 신학의 뿌리는 믿음이라고 하는 대전제에 의해서 시작합니다. 믿음이 없다거나 믿음에 문제가 있다면 구원문제까지도 다시 생각해야 하는 중요한 문제입니다. 기독교 신앙은 언제나 믿음이 전제가 되어야 하기 때문에 자기 자신을 먼저 시험해 보라고 하였습니다(고후 13:5). 믿음에 서 있는가 자기 자신을 점검해야 합니다.

② 건강한 신앙은 예수 그리스도께서 내 안에 계심을 믿고 생활하는 사람입니다.

예수님과 동행하는지 확인해야 합니다(눅 2:41-48). 그래서 예수님은 포도나무와 가지에 대한 비유를 통해서 말씀하시고 너희가 내 안에 거하고 내 말이 너희 안에 거하면 무엇이든지 원하는 대로 구하라 그리하면 이루리라고 하시고 그래야 너희가 참 내 제자가 된다고 하셨습니다(요 15:5-8). 예배당 안에 앉아 있지만 병든 신앙이 많이 있습니다. 빨리 치료 받고 건강한 신앙으로 회복되어야 합니다.

2) **병든 사람이 자기가 병든 줄도 모르고 사는 것과 같이 병든 신앙에 있지만 병든 줄 모르는 사람이 있습니다.**

그래서 평상시에 점검해야 합니다.

① 말씀을 믿지 못하고 의심하는 것은 위험합니다.

부활을 믿지 못했던 도마와 같은 의심이 있거나 물에 빠져 가던 베드로의 모습과 같은 현상입니다(요 20:27, 마 14:31). 불신앙이며 의심하는 병은 빨리 치료받아야 합니다.

② 영적인 질병은 말씀으로 치료받습니다.

현대 의학이 발달해도 병들이 더 많아지기 때문에 병원에 가면 진료 받는 과가 많이 생기게 됩니다. 과들도 많아서 정신이 없을 정도입니다. 하나님의 말씀은 우리의 육신의 질병만 낫게 하시는 것이 아니고 영적 질병까지 치료해 주시는 분이십니다(출 15:26, 말 4:2, 약 5:15).

2. 신앙이 건강한 사람은 믿음의 뿌리가 말씀의 토양위에 잘 뻗어 있는 사람입니다.

(19절) "너희가 사랑 가운데서 뿌리가 박히고 터가 굳어져서"라고 하였습니다.

1) 건강한 신앙이 되어야 합니다.
건강한 식물은 좋은 터 위에 뿌리가 잘 내리듯이 건강한 신앙은 말씀의 토양에 뿌리가 견고하게 내리게 됩니다.
① 하나님 말씀에 뿌리를 내려야 합니다.
(마 13:3) 4가지 밭의 천국 비유에서 두 번째 밭은 뿌리가 약해서 결실치 못하였습니다. 4번째 밭은 좋은 밭이기 때문에(Good Soil) 뿌리가 잘 내리고 결실해서 30배, 60배, 100배로 결실케 된다고 하였습니다.
② 뿌리가 흙에 깊이 내리지 아니하면 넘어지기 쉽습니다.
말씀 위에 견고하게 세워진 믿음이 되기 위해 힘써야 합니다. 세상에 누구도 그리스도의 사랑에서 끊을 자 없다고 분명히 선포하셨습니다(롬 8:35). 기분 따라서 신앙이 좌우되는 것은 매우 위험합니다. 견고하게 뿌리가 내려야 합니다.

2) 견고한 신앙이라야 합니다.
① 기초가 든든해야 견고하게 세워져 가게 됩니다.
기초가 든든하게 되면 지진이 와도 안전하듯이 신앙 역시 기초가 든든한 신앙이 되어야 합니다. 일본 고베 지진 때나 미국 지진 때에 견고성이 얼마나 중요한지 보았습니다.
② 내 신앙이 바르게 세워져 있는지 언제나 점검해야 합니다.
병든 신앙이나 뿌리가 약한 신앙은 언제나 넘어지게 됩니다.

3. 신앙이 건강한 사람은 하나님의 사랑을 깨닫고 그 사랑 속에 세워져 가는 사람입니다(18절).

1) 사랑을 깨달아야 합니다.
① 목회해 나가면서 깨닫는 것이 더욱 하나님의 사랑입니다.
연약한 나 같은 죄인을 부르신 사랑을 깨달으면서 연약해 보이는 성도들까지도 관심을 더욱 갖게 됩니다.
② 예수님은 생살이 찢기시는 희생을 통해 사랑을 보여주셨습니다.
현대의술은 수술할 때에 마취를 하고 수술하지만 예수님은 마취 없이 십자가에서 죽으신 사랑입니다(마 27:46).

2) 그 사랑을 생각할 때에 사랑의 깊이를 보게 됩니다.

① 무조건 감사하게 되고 무조건 찬송케 됩니다.

우리의 신앙은 이 사랑을 위에 세워져 가게 될 때에 건강한 신앙이 됩니다. 주님의 사랑 위에 세워져야 합니다.

② 늘 찬송하세요.

감사와 찬송은 건강한 신앙의 척도가 됩니다. 감사와 찬송속에서 건강한 신앙으로 승리케 되시기를 주의 이름으로 축원합니다.

결 론 - 건강한 신앙이 되어야 합니다.

믿음 세상과 상관없이 믿음으로 사는 사람
(하박국 2:1-4)

사람은 세상을 살아가면서 환경의 지배를 받거나 영향을 받게 됩니다. 미물의 세계에서 보면 환경에 따라서 자기 몸의 색을 변조하고 위장해서 천적으로부터 보호받는 일들이 있습니다. 배추벌레는 배추 색을 띠게 되고 바위에 사는 것은 바위의 색으로, 나뭇가지에 사는 것은 나뭇가지의 색으로 변해 있습니다. 자기를 보호하는 보호색입니다. 이를 일컬어서 카멜리온적이라고 말하기도 합니다. 카멜리온은 그때그때 자연의 변화에 따라서 몸의 색이 변합니다. 그러나 믿음의 사람들은 세상이 변화하는데 따라서 믿음의 본질이 변화되면 큰일입니다.

주님의 교회는 위장술을 따르지 않습니다. 그랬다면 순교의 제물들은 없었을 것입니다. 바울은 예루살렘에 올라가면 잡혀야 될 줄 알면서도 예루살렘으로 올라가면서 신앙고백을 하게 됩니다(행 20:24). 또한 사람의 비위에 맞추어 살려고도 하지 않았습니다(갈 5:11).

본문에서 하박국 선지자는 하나님께 악한 것에 대하여 질문하게 되었고 2장 1절에서는 성루에 앉아서 응답을 기다리는데 거기에 대해서 하나님께서 응답해 주셨습니다. 그 말씀이 바울을 통해서 롬 1:16에서 응용되었고, 마틴 루터의 종교개혁의 주체적인 말씀이요, 원동력이 되었습니다.

현대에 와서 많은 사람들이 믿음의 주개념이 약화되고 세상에만 흡수되려는 이상 기류 속에 있는데 말씀으로 돌아가서 다시 한 번 바로 정정되어 가기를 바랍니다.

1. 세상에 흡수되지 않고 믿음을 따라 사는 사람이 생명을 얻습니다.

세상이 변화하는 일에 따라서 같이 변해간다면 카멜리온적인 소리를 들을지 모르나 생명의 길이 될 수 없습니다.

1) 믿음으로 사는 의인은 세속에 흡수되지 않습니다.

세상을 향해서 오히려 거스르고 올라가는 신앙입니다.

① 오히려 믿음을 따라서 살게 될 때에 환난과 시련이 올 수 있지만 이기고 극복해 나가는 것이 기독교 신앙입니다.

당시의 사회상은 탐욕의 죄, 불의의 이득을 취한 죄, 피 흘린 죄, 비루한 협박의 죄, 우상 숭배의 죄들이 세상에 만연한 때였고 그래서 그들은 바벨론에 70년간 포로 되어 가게 되었습니다. 이것은 현대 사회에 와서도 같이 번성해 가는 세상입니다.

② 믿음만이 세상을 이기고 극복이 됩니다(요일 5:4).

세상이 그렇다고 해서 성도들이 세상에 맞추어서 같이 변색되어 간다면 곤란합니다. 그래서 세상과 타협하지 않고 순교한 믿음의 선조들이 얼마나 많이 있습니까? 이 땅에도 주기철 목사님을 비롯해서 많은 순교자들이 거짓 것에 회유 당하지 않고 순교의 제물이 되었습니다.

2) 이 믿음은 하나님께서 주시는 선물입니다(엡 2:8).

① 하나님께서 주신 것이기 때문에 믿음은 함부로 할 수 없습니다.

하나님의 선물이기 때문입니다. 귀하게 여기고 끝까지 오히려 잘 간직하고 보호해야 합니다. 갈라디아 교회와 같이 복음이 아닌 것과 혼동되고 빼앗기면 곤란합니다.

② 끝까지 이 믿음을 지키는 사람이 구원에 이르게 됩니다.

그래서 구원에 이르게 자라기 위해서 신령한 말씀을 사모하며 말씀을 따라 가야 합니다(벧전 2:2). 지금 세대는 노아의 때와 같이 악한 세대입니다(마 24:37). 믿음을 끝까지 바로 지키되 방주를 예비하듯 해야 합니다.

2. 믿음에는 인내가 따라야 하며 인내하게 될 때에 믿음의 진가가 나타나게 됩니다.

믿음이 중요하기에 인내가 따라야 합니다.

1) "더딜지라도 기다리라(3절)"고 하였습니다.

"비록 더딜지라도 기다리라 지체되지 않고 정녕 응하리라" 하였습니다.

① 성경은 언제나 성도들에게 인내를 가르치고 있습니다.

인내만이 승리로 이끌 수 있기 때문입니다. 잠시 후면 악인이 없어질 것이고(시 37:10), 따라서 인내해야 합니다. 그런데 말세 때에는 조급해서 화근입니다(딤후 3:1). '18가지 고통 가운데 조급한 것이 병이 됩니다.' 라고 하였습니다.

② 성경의 위대한 인물들은 인내로써 승리했던 사람들이었습니다.
요셉도 인내로써 이긴 사람입니다(창 37:50). 2006년 5월 3일 지방선거 때에 에피소드들이 많습니다. 구리시에서 어떤 분은 발표날짜 까지 기다리지 못하고 낙선될 줄 알고 미리 목숨을 끊었는데 당선이 되었고, 마산에서도 같은 사건이 벌어지게 되었습니다. 모두가 기다리지 못한 병폐입니다.

2) 믿음의 경주에는 반드시 인내가 요구됩니다.

① 불의한 일이 눈앞에 가득해도 참고 기다려야 합니다.
기다리다 보면 악한 자가 심판 받는 것도 보게 될 것입니다.

② 끝까지 인내해야 합니다.
인내의 믿음이 그렇게 중요합니다. 그래서 끝까지 인내할 때에 구원이 임한다고 했습니다(마 24:13).
어떤 교회에서는 임직자 문제가 당회에서 거론이 되었는데, 그 기간 때에 기다리지 못하고 다른 교회로 옮기는 바람에 취소된 적도 있습니다. 록펠러는 금광을 사서 파 내려 가던 중 금이 나오지 않자 포기하려 하였으나 기도하던 중에 조금 더 파게 되는데 여기에서 석유가 터져 나왔고 재벌이 되었습니다. 인내입니다.

3. 믿음을 가지되 성경적이고 복음적인 믿음을 소유해야 합니다.

믿음이 무엇보다 중요합니다. 신념이 아닙니다.

1) 우리 믿음은 믿음이지 신념이 아닙니다.

하나님께서 주신 선물입니다.

① 선진들이 승리하였던 믿음입니다.
바울이나 루터가 고백한 믿음이요 무기입니다(롬 1:16). 히브리서 11장에 나타난 믿음의 선진들을 보시기 바랍니다.

② 믿음과 신념은 다릅니다.
성경적 믿음은 승리하지만 세상적인 신념은 무너질 때가 있습니다.

2) 성경적이고 복음적인 믿음이라야 합니다.

① 교회 생활은 신념이 아니라 믿음입니다.
   신념은 다 다르지만 믿음은 하나입니다.
② 믿음은 하나님이 의롭게 여기시는 척도요 자와 같습니다.
   이 믿음만이 구원이 있고 역사가 나타납니다. 이 믿음으로 승리케 되시기를 축원합니다.

결 론 - 하박국과 같이 믿음만이 승리합니다.

| 믿 음 | # 행함으로 믿음을 보이라
(야고보서 2:14-17) |

이 땅에 살아가는 성도들에게 성경에서 반드시 요구하는 영적인 요소가 믿음인데, 신구약 전체 성경이 제일 많이 강조하는 요소 중에 하나입니다. 이 땅에서 천국까지 가는 동안 반드시 구비해야 하는 요소가 믿음(Faith)이기 때문입니다(요 1:12, 3:16, 벧전 1:9). 구원의 조건이 믿음이요, 하나님을 기쁘시게 하는 요소가 믿음이며(히 11:6), 믿음이 아니면 기적이 체험될 수 없고, 믿음이 있을 때에 진정한 주의 일군이 되기 때문입니다.

그런데 믿음에는 큰 믿음(마 8:10, 15, 28), 적은 믿음(마 14:31), 하나님의 영광을 보는 믿음(요 11:40)이 있는가 하면 파선된 몹쓸 믿음도 있습니다(딤전 1:19-20). 많은 믿음의 종류들이 있지만 물과 성령으로 거듭나서 그 때부터 부지런히 성장하여 행하는 믿음입니다. 우리 주변에서 이와 같은 믿음이 많이 간증되고 있습니다.

야고보 선생은 본문에서 행함이 있는 믿음을 강조하였는데, 본문을 통해서 몇 가지 은혜를 나누는 시간이 되기 원합니다.

1. 행함이 없다면 신앙생활에 아무런 유익이 없습니다.

교회에 나와서 앉아 있고 오랫동안 기도하며 직분이 주어지고 화려한 위치에 있다 하더라도 그에게서 믿음에 대한 행함이 없다면 아무런 유익이 없습니다. "내 형제들아 만일 사람이 믿음이 있노라 하고 행함이 없으면 무슨 유익이 있으리오. 그 믿음이 능히 자기를 구원하겠느냐(14절)" 하셨습니다.

1) 행함이 없는 믿음은 본인에게도 유익이 없습니다.

신앙생활은 유익하기 위해서 합니다.

① 자기 자신에게 유익합니다.

믿음이 영원을 사모하게 하고, 그 믿음이 영혼을 구원에 이르게 한다고 하였습니다(벧전 1:9). 예수 믿는 믿음이 구원이지, 예배당에 출석하고 사람에게 나타난 어떤 것이 구원의 조건이 될 수는 없습니다.

② 야고보서를 기록한 야고보는 예수님의 형제 야고보입니다.
　예수님께서 세상에 계실 때에는 예수님이 구세주라고 믿지 않았습니다. 많은 기적의 현장에 있었고, 주옥같은 주님의 말씀을 듣고도 예수님이 구세주이심을 믿지 않았습니다. 그저 육신적인 혈육이요 형제로 밖에 인식이 되지 아니하였습니다. 그러나 십자가에 죽으시고 3일 만에 부활하시며 승천 이후에 오순절 때에 예수님이 약속하신 성령을 받은 다음에서야 나의 주 나의 하나님이시라고 시인하였으며 후에 예루살렘 교회의 감독이 되었고 스데반 집사님과 같이 돌에 맞아 순교자가 되었습니다.
　신앙은 이론이 아니고 실천입니다. 행함이 동반된 믿음이라야 합니다.

2) 행함이 있을 때에 타인에게도 유익을 끼치게 됩니다.
　행함이 없다면 자신에게만 아니라 타인에게도 유익이 없습니다. 15-16절이 이를 대변해 주고 있습니다.

① 입으로 말하는 것이 신앙이 될 수 없다는 말씀입니다.
　차라리 입은 적게 열고 행함은 크게 가져야 할 것입니다. 예수님은 눅 10장에서 선한 사마리아 사람의 비유를 통해서 말씀해 주셨습니다. "가서 너도 이와 같이 하라" 입니다.

② 세상 사람들은 교회에 대해서 행함을 보여 달라고 요구합니다.
　말만 하지 말고 행함으로 보이라고 하고 있습니다. 그래서 구원 받은 성도의 믿음 생활을 로마서에서 강조해 주었습니다(롬 12:10-17). 행함으로 보여주는 교회가 되어야 하겠습니다.

2. 믿음의 선조들이 행함으로 그 믿음을 증명해 보여주었습니다.
　21절에는 아브라함을 예로 들었습니다.

1) 아브라함은 믿음의 선조입니다.
　아브라함은 이론적으로나 입으로만 믿는 사람이 아닙니다. 롬 4:18에서도 강조하였습니다.

① 아브라함은 이론으로나 말로만이 아니라 실제로 행한 믿음의 사람입니다(창 12:1-).
　갈대아 우르에서 보여 주었고, (창 21:14) 이스마엘과 하갈 문제로 보여

주었고, (창 22:1-) 이삭을 드리는 문제로도 보여 주었습니다.

② 믿음의 열조들을 본받고 배워야 하겠습니다.
　히브리서 11장에 나타난 믿음의 큰 산맥들을 배워야 하겠습니다. 그들은 듣고 행하는 믿음이었습니다.

2) 아브라함의 믿음으로 행하면 아브라함의 복이 있습니다.
이것이 성경의 약속입니다.(갈 3:9)

① 아브라함과 같이 믿으면 아브라함의 복이 옵니다.
　이론적인 믿음이 아니라 행함의 믿음입니다. 생활 속에서 이룩됩니다.

② 내 힘으로는 할 수 없으나 성령께서 힘주실 때에 가능합니다.
　우리의 목표는 이 세상이 아니라 천국입니다. 영원한 천국에까지 믿음으로만 승리가 약속되어 있습니다.

3. 행함이 없는 믿음은 영혼이 떠난 몸과 같아서 죽은 것입니다.

1) 행함이 없는 믿음은 영혼 떠난 몸과 같아서 쓸모가 없습니다.
"이와 같이 행함이 없는 믿음은 그 자체가 죽은 것이라(17절)" 했습니다.

① 죽었든지, 살았든지 해야지 믿음 따로 말 따로의 신앙은 곤란합니다.
　내 속에 뜨거운 성령의 열정으로 행하는 가를 보아야 하겠습니다.

② 산 신앙이라야 존경 받게 되고 사랑을 받게 됩니다.
　죽은 것은 버릴 수밖에 없습니다.

2) 죽은 것은 제 아무리 아끼는 것이라도 버릴 수밖에 없습니다.
사람이나 짐승이나 어떤 것도 죽은 것은 버리게 됩니다.

① 행함이 없는 것은 죽은 것입니다.
　주님 말씀 붙들고 행하고 나가게 되는 가를 살펴야 합니다.

② 산 신앙이라야 천국문도 열리게 되고, 축복도 받습니다.
　산 믿음이라야 보배입니다. 행함이 있는 산 믿음으로 승리케 되시기를 축원합니다.

결 론 - 하나님은 우리에게 행함의 산 믿음을 요구하십니다.

> 믿음

모리아 산으로 가는 발걸음
(창세기 22:1-19)

사람은 아침 일찍부터 저녁 늦게 까지 분주하게 어디론가 가게 됩니다. 인생의 여정을 모른 채 매일 같이 달려갑니다.

헬라의 철학자 디오게네스가 한번은 늦은 저녁때에 벤치에 앉아서 지는 석양을 물끄러미 바라보고 있는데, 공원지기가 와서 어깨로 툭 치면서 "어디로 가는 누구요?" 라고 물으며 이제 공원을 닫아야 하기 때문에 빨리 돌아가라고 했습니다. 이때에 디오게네스가 하는 말이 "내가 어디로 와서 어디로 가는지 알면 왜 이렇게 앉아 있겠소." 했다고 전합니다.

이솝이야기 가운데 나오는 한 토막입니다. 지구의 종말이 왔다고 뛰던 토끼의 뒤로 모든 산짐승들이 뛰기 시작했습니다. 한참을 뛰던 한 짐승이 갑자기 멈추면서 왜 우리가 뛰어야 하느냐고 물었습니다. 영문도 모르고 뛰던 짐승들이 토끼에게 물었습니다. 토끼는 지구의 종말이 왔기 때문이라고 했습니다. 결국 짐승들은 토끼가 낮잠을 자던 곳에 오게 되었고 쿵하고 울렸던 소리는 지구의 종말의 소리가 아니라 야자수 나무의 열매가 떨어지는 소리였고, 커다란 야자열매만이 그 장소에 굴러다니고 있었습니다.

본문에서 아브라함은 하나님의 부르심에 응하여 독자 이삭을 제물로 드리기 위해서 가는 모습이 기록되었습니다.

인생들이 본인이 걸어가는 발걸음도 모른 채 빨리도 걸어가는 시대에 우리는 다시 한 번 아브라함의 걸어가는 발걸음에서 은혜 나누어봅니다.

1. 아브라함의 발걸음은 하나님을 신뢰하고 신앙하며 믿는 믿음의 발걸음이었습니다.

1) 아브라함이라고 해서 인간적인 고뇌가 없었겠습니까?(마 26:39 예수님의 고뇌)

독자를 바치는데 고뇌가 많았겠지만 믿음으로 극복합니다.

① 성도가 때때로 믿음의 발걸음에서 고뇌가 있을 수 있으나 이를 극복하는 믿음이 중요합니다.

아브라함은 하나님을 믿었고(Faith), 신뢰하였고(Confidence), 복종, 순종하였고(Obedience), 결과(Result)는 큰 축복의 사람이 되었습니다.

② 고뇌까지도 하나님께 맡기는 발걸음이었습니다.

이삭이 물었습니다. 불도 있고 나무도 있는데 제물은 어디에 있습니까? 이때에 아버지로써 "아들아 번제할 어린 양은 하나님이 자기를 위하여 친히 준비하시리라" 했습니다. 믿음의 가정은 자식문제에 육적인 방법으로 갈등하지 말고 자식문제 까지도 하나님께 의뢰해야 합니다.

2) 우리의 생애는 지금 발걸음이 어떻습니까?

아브라함과 같이 믿고(Faith), 신뢰(Confidence)하는 발걸음인가를 확인해야 합니다(고후 13:5).

① 아브라함의 생애에서 배워야 합니다.

아브라함은 그가 등장하는 시간부터(창 12장) 끝까지 시종일관 믿음의 사람입니다. 성경이 이를 말해주고 있습니다(창 12:1, 21:14, 22:1- , 롬 4:17-25, 갈 3:9, 약 2:21-23). 모두 믿음의 발걸음이었습니다.

② 우리의 매일 매일의 발걸음은 어떠합니까?

평상시 생활이 믿음의 생활이 되어야 하겠습니다. 행동(Action), 언어(Speaking), 생각(Thinking), 생활(Living) 등 일생의 모든 길이 믿음이어야 하겠습니다. 여기에 복이 있습니다(시 128:1). 말세 때에는 믿음이 점점 약한 시대에 살아가고 있기 때문입니다(눅 18:8). 자신의 믿음을 확인하고 걸어야 하겠습니다.

2. 아브라함의 발걸음은 철저하게 순종하는 발걸음이었습니다.

아브라함의 이름이 나오면서 언제나 순종의 대명사가 되었습니다.

1) 인생에는 불순종의 발걸음과 순종의 발걸음의 두 발걸음이 있습니다.

① 불순종의 발걸음은 망했던 것으로 성경에 기록했습니다.

첫 사람 아담(창 2:17), 여리고 성의 아간 사건(수 7:21-), 니느웨 성을 향한 선지자 요나(욘 1장)가 그 대표들입니다.

② 순종의 결과는 그 발걸음이 본인도 살게 되고 타인도 살리는 대표성이

되었습니다.
예수님은 순종의 보루가 되셨습니다(고후 1:18-20, 히 5:8, 빌 2:8). 바울의 예에서 보게 됩니다(행 16장). 선교 차원도 아시아가 아니라 유럽으로 뱃머리가 돌려지게 되었습니다. 그리고 빌립보 교회가 세워지게 되었고 유럽의 복음의 시초가 되었습니다.

2) 우리의 발자국은 어떤지 생각해 보시기 바랍니다.
매일 같이 정처 없이 헤매는 인생들 사이에서 우리의 발걸음은 어떤지 생각해 보시기 바랍니다.

① 하루하루 살아가면서 예수 그리스도 안에서 순종하며 삽니다.
성도의 생활의 초점이 하나님께 순종이 되어야 합니다. 이것이 성도의 본분입니다.

② 순종의 결과는 축복이지만 불순종의 결과는 망합니다(신 28:1-14).
순종의 결과요(신 28:15-18) 망함의 결과입니다. 사울 왕이 불순종하다가 망하였습니다(삼상 15:22). 순종형이 되어서 복 받기를 바랍니다.

3. 아브라함의 모리아 산으로 가는 발걸음은 예배와 헌신의 발걸음이었습니다.

십자가 지고 죽으시러 가시는 예수님의 발걸음을 생각하게 합니다. 70억이 가까운 인생들의 발걸음이 지금 어디로 가고 있습니까?

1) 아브라함의 발걸음은 하나님께 예배와 헌신의 발걸음이 되었습니다.

① "아침에 일찍이 일어나 나귀에 안장을 지우고" 했습니다.
예배와 헌신에는 부지런해야 합니다. "부지런하여 게으르지 말고, 열심을 품고 주를 섬기라(롬 12:11)" 했습니다.

② "나무를 쪼개어 가지고 3일 길을 걸어서 멀리 바라보았다"고 했습니다.
예배와 헌신에는 수고가 따라야 합니다. 더욱이 주의 날을 온전히 지키며 주의 백성된 표징을 나타내야 합니다(겔 20:12). 여기에 야곱의 업으로 축복해 주십니다(사 58:13,14).

③ 부모 혼자가 아니라 아들 이삭과 함께 가는 길입니다.

참 성도는 자녀와 함께 주일 성수와 헌신의 길을 보여주어야 합니다(욜 2:15).

2) 우리의 우선적 발걸음은 예배와 헌신의 발걸음이 되어야 합니다.

① 성도의 기본은 예배와 헌신의 생활입니다.

에티오피아 간다게의 국고 맡은 내시의 예배도 있습니다(행 8:26-).

② 지금 시대는 예배와 헌신이 깨어져 가는 시대입니다.

하나님은 예배를 위해서 하나님 백성을 부르셨습니다(시 50:1-5).

성공적인 예배와 헌신의 인생 발걸음이 되시기를 축원합니다.

결 론 - 어디로 가는 발걸음입니까?

> 믿 음

의되신 예수님께 빌려 드린 사람들
(마태복음 25:44-46)

지금 우리가 살아가는 세상을 자본주의 사회라고 합니다. 자본주의 사회의 특징 가운데 하나가 돈을 빌려주기도 하고, 빌려 쓰기도 하는 제도의 사회입니다. 성경시대에도 이 제도가 있어서 높은 고리대금이 문제됐다고 전해집니다. 구약 바벨론 시대에는 음식을 빌려주는데 33.3% 당시의 화폐인 은덩어리를 빌려주는데 20%의 이자를 내었다고 전합니다. 그러나 모세 시대에는 가난한 자에게 이자를 받지 말라고도 하였습니다(출 22:25). 에스겔 18:8-9에는 이자 때문에 돈을 빌려주지 않는 자가 의인이라고도 했습니다. 열왕기하 4:1에는 돈 빌려온 것 때문에 아들을 빼앗길 뻔 한 사건도 있습니다. 누가복음 11:5에는 친구에게 떡 세 덩이를 빌리러 온 사건도 있습니다. 차용하고 빌리는 관계에 대해서는 누가복음 6:34-35에도 언급하셨습니다.

본문에서 예수님은 양과 염소의 비유를 통해서 천국에 들어가는 양과 지옥에 들어가는 염소에 대해서 말씀해 주셨습니다. 약한 자 하나를 돌보고 하는 일은 결국 예수님께 잠시 빌려드리는 일이요, 후에 큰 축복으로 갚으시겠다는 약속이기도 합니다. 작은 소자에게 한 것이 곧 예수님께 한 것이요, 작은 소자에게 하지 않은 것이 곧 예수님께 하지 않았다는 책망을 듣게 됩니다.

여기에서 예수님께서 우리에게 교훈하시는 말씀을 배우게 됩니다.

1. 성경에서 예수님께 빌려 드린 사람들을 보시기 바랍니다.

1) 예수님께 빌려 드렸던 사람들을 보시기 바랍니다.

① 예수님께서 이 땅에 초림으로 오실 때에 예수님이 태어나시기 위해서 마리아의 몸을 사용하셨습니다(눅 1:38).
당시 처녀가 잉태하면 돌에 맞아 죽는 것이 유대인의 당시의 법인데 죽을 각오하고 예수님께서 태어나시도록 몸을 빌려 주었습니다.

② 예수님이 예루살렘에 올라가실 때에 나귀를 제공한 사람이 있습니다(마 21:1-9). 성경을 응하기 위한 일이었습니다(슥 9:9, 사 62:1).
'주가 쓰시겠다하라' 할 때에 주님이 타시기 위해서 나귀도 드렸습니다.

③ 예수님께서 피곤한 몸을 쉬실 쉼터도 빌려드린 가정이 있습니다.
요한복음 11-12장에 나오는 나사로, 마리아, 마르다 가정입니다. 인자는 머리 둘 곳이 없으신 분이시기 때문입니다(눅 9:58). 후에 나사로가 죽은 자 가운데서 다시 사는 일도 일어났으며 지금도 그것을 기념해서 나사로 기념교회가 세워져 있습니다. 여우도 굴이 있고 공중의 새도 집이 있으나 예수는 깃들 곳이 없으셨습니다(마 8:20, 눅 9:58).

④ 배를 빌려드려서 예수님이 배를 타시고 육지를 향해서 설교하신 일도 있습니다 (눅 5:3).
시몬의 배인데 그 배에서 설교하시고 그일 후에 배가 가득 채워지는 축복도 받게 됩니다. 예수님의 수제자로써 물 위를 걷는 기적도 봅니다(마 14:29). 그리고 초대교회의 반석으로써 교회의 초석이 되었습니다(마 16:18). 그 베드로는 마지막 십자가에서 거꾸로 순교 당하는 순교자가 되었습니다.

⑤ 마굿간을 빌려주어서 예수님이 이 땅에 태어나실 때에 기여한 사람도 있습니다(눅 2:6-7).
베들레헴에 수많은 사람들이 있지만 이 집이 지금도 유명한 집이 되어서 세계 각국에서 몰려오는 성지 순례객들로 가득합니다. 지금도 이 집은 기념교회로써 우뚝 서 있습니다.

⑥ 십자가 지실 때에 어깨를 빌려드려서 대신 십자가를 지고 간 구레네 시몬도 있습니다(막 15:21-23).
물론 억지로 지고 간 십자가였으나 행운의 십자가였습니다. 그리고 교회사에 큰 축복을 받게 되어 바울도 그 집안에 대해서 언급합니다(롬 16:13). 억지로라도 예수님께 어깨를 빌려드려서 교회에 힘든 일을 지시기 바랍니다. 그것이 행운이 될 것입니다.

⑦ 예수님께 다락방을 빌려 드려서 초대 교회 최초의 교회요, 교회의 기도장소요, 성령이 임하신 장소가 된 집도 있습니다(마 26:17, 행 12:12-14).
이 집은 교회의 초석이 될 뿐 아니라 그 집 아들이 마가요, 유명한 베드로의 통역관으로써 사역하게 되었고, 마가복음을 기록한 장본인으로 축복을 받게 됩니다. 바울도 필요한 사람이 되었습니다.

⑧ 무덤을 빌려주고 최초의 예수님 부활하시는데 이바지한 사람도 있습니

다. 아리마대 요셉입니다(마 27:57-61).

⑨ 보리떡 다섯 개와 물고기 두 마리를 빌려준 아이도 있습니다(마 14:14-).
오병이어의 기적이 나타나는데 사용된 기적의 현장이 되었습니다.

2) 우리를 향해서 예수님이 말씀하십니다.
"너는 무엇을 빌려주겠느냐?" 하실 때에 대답하시기 바랍니다.

① 지금 예수님이 나에게 그것이 필요하다고 하시는데 예수님께 내가 가지고 있는 것을 사용하시게 해야 합니다.
그곳에 축복이 옵니다.

② 세상에서는 빌려주고 부도 처리되는 일이 많이 있지만 예수님께 빌려 드린 것은 영원히 안전합니다.
꼭, 반드시, 갚아주신다고 약속해 주셨습니다.

2. 본문에서 주시는 교훈은 예수님께 빌려주었느냐, 빌려주지 아니 하였느냐가 관건입니다.

내가 헐벗었을 때에, 내가 배가 고플 때에, 내가 옷이 없거나 병든 때에 하였느냐는 것이 관건입니다.

1) 내게 하였느냐 입니다(예수님 말씀입니다).

① 우리는 작은 것부터 해야 합니다(마 25:14 - 달란트 비유에서 봅니다).
교회봉사, 헌신, 전도, 모두가 주님께 드리는 일입니다.

② 구체적으로 예수님은 말씀하셨습니다.
목마를 때, 배고플 때, 옥에 갇히거나 병들었을 때에 하였느냐 입니다.
구체적이고 현실적인 문제입니다. 복음 위해서 일하시기 바랍니다.

2) 빌려 드린 것은 반드시 받을 때가 옵니다.

① 적은 것이라도 받습니다(마 10:42, 마 19:29).
냉수 한 그릇이라도 받게 하십니다.

② 천국 백성은 예수님께 투자해야 합니다.
염소들은 예수님께 투자하지 않습니다. 지옥 가기 때문입니다(마

25:14). 무조건 많이 투자하시되 기회 있을 때마다 투자하시기 바랍니다.

3. 예수님께 투자하고 빌려 드린 것은 반드시 갚아주십니다.

투자하고 받지 못한 사람은 없습니다.

1) 전자에 소개한 사람들을 보시기 바랍니다.

① 마리아 ② 나귀주인 ③ 예수님께 쉼터를 제공한 나사로의 집 ④ 배를 빌려준 시몬 ⑤ 마굿간을 빌려준 집 ⑥ 어깨를 빌려 준 구레네 시몬 ⑦ 다락방을 빌려준 집 ⑧ 무덤을 빌려준 아리마대 요셉 ⑨ 보리떡을 빌려준 아이, 이들은 모두가 축복 받은 사람들입니다.

2) 영원히 없어지지 않고, 영원히 있게 될 것입니다.

① 증권에 투자해서 망한 사람들은 있어도 예수님께 빌려드리고 투자해서 망한 사람은 없습니다.
② 천국에 상급을 약속하셨습니다(계 22:12, 2:10, 벧전 5:4, 마 16:27, 딤후 4:7, 살전 2:19, 고전 9:25, 단 12:3).
이 영광의 주인공들이 되시기를 축원합니다.

결 론 - 예수님께 무엇을 투자하고 빌려드리겠습니까?

| 믿음 |

다윗의 처음 길로 행하라
(역대하 17:1-6)

초심(初心)이란 말이 있습니다. 어떤 일을 행할 때에 시작하였던 그때의 그 마음을 일컬어서 초심이라고 부르게 됩니다. 그래서 초심을 잃지 않고 끝까지 그 일에 매진하는 사람은 성공하지만 중간에 초심을 잃기 때문에 문제가 됩니다. 많은 정치인이나 중요한 일에 종사하는 사람들이 여기에 속한다고 보겠습니다. 계시록 2장에 나오는 소아시아 일곱 교회중에 하나인 에베소 교회는 처음 사랑을 잃어버렸기에 책망을 받게 되었습니다. 우리는 다시 한 번 우리의 현재 위치를 살피고 처음에 은혜 받던 때의 감격과 직분을 맡겨주실 때의 각오들을 상기해야 하겠습니다.

본문에서 하나님께서 역대 제왕들에게 말씀하실 때마다 다윗의 일을 소개하거나 주지시키면서 '다윗의 처음 길로 행하여' 라는 말씀을 계속 말씀하십니다. 본문에서는 아사왕의 아들 여호사밧왕에 대해서 기록하면서 "여호와께서 여호사밧과 함께 하셨으니 이는 그가 그의 조상 다윗의 처음 길로 행하여…" 라고 하였습니다. 이 마음은 하나님께 인정받고 하나님 마음에 합한 마음입니다(행 13:22). 여기에서 우리는 이 시간 우리들의 영적 상태를 살피고 조명해 봅시다.

1. 처음 길로 행하게 될 때에 하나님은 기뻐하십니다.

하나님이 기뻐하시는 길은 처음 길로 행하는 일입니다. 이것은 육적인 길이 아니요, 영적인 길이기 때문입니다.

1) '다윗의 처음 길로' 라고 말씀하셨습니다.

다윗이 행하였던 처음 길이란 어떤 길을 말하는 것일까요?

① 매사에 하나님 중심적인 길을 걷는 일입니다.

다윗의 생애를 볼 때에 다윗은 왕이 되기 전에나, 왕이 된 후에도 매사에 하나님이 그의 인생의 중심이었습니다. 혹시 실수해서 죄를 범하였을 때에도 즉시 회개가 뒤따르고 마음이 돌아섰습니다. 독일의 철학자 임마누엘 칸트(Immanuel Kant)는 그의 철학에서 밤하늘에는 반짝이는 별빛이 있고, 내 마음에는 양심의 별이 반짝인다고 철학적으로 말했는데 우리 마음에는 초심이 반짝여야 하겠습니다.

② 다윗이 가지고 있는 초심은 언제나 하나님을 사랑하고 하나님을 의지하며 살아가는 마음이었습니다.

대표적으로 시편 18편에서 읽을 수 있습니다. 역대 왕들이 처음에는 이 길로 가다가 후에는 그릇 가서 우상과 타협하고 하나님 마음을 진노케 한 반면에 다윗은 시종일관 변치 않고 하나님 중심적이었습니다. 예컨대 솔로몬은 그 많은 축복을 받고도 후에 변질 되어서 하나님이 원하시는 반대의 길을 행하였습니다(왕상 11장).

③ 다윗의 처음 길은 하나님만 의지하면서 하나님 편에서 정의의 의협심에서 살았던 왕입니다.

골리앗과의 싸움에도 이 정의의 의협심 때문에 뛰어들어서 승리하게 됩니다(삼상 17:45-47). 불의를 미워하는 마음입니다.

2) 하나님께서 우리에게 처음 길을 제시하셨습니다.

처음 은혜 받을 때의 마음과 처음 직분 맡을 때의 사명자의 마음을 잊지 말라고 하십니다.

① 성경에는 언제나 처음 길을 요구했습니다.

모세 율법을 주시고 성막을 짓게 하실 때에도 여호와께서 모세에게 명하신대로 되었으므로 축복해 주셨다고 기록했습니다(출 39:42). 처음 길로 가게 될 때에 축복이 약속되었습니다.

② 하나님께서는 이스라엘 백성들에게 이 초심을 일깨워주시기 위해서, 때때로 깨닫게 하기 위해서 어려움도 주셨습니다.

그리고 자자손손에게 가르치고 지키게 하라고 하셨습니다(신 6:1). 우리는 개인도 개인이지만 교회들도, 국가도 하나님께서 우리에게 요구하시는 처음 길로 걸어야 할 때입니다. 일제 36년에서 건지시고 6·25전쟁에서도 건지신 하나님의 뜻을 헤아릴 때입니다. 이것이 국가를 살리는 길입니다.

2. 여호사밧왕은 다윗의 처음 길로 행하였습니다.

우리의 신앙의 순수성이란 면에서 배워야 할 신앙의 길입니다.

1) 여호사밧이 다윗의 처음 길로 행한 일을 보겠습니다.

① '바알들에게 구하지 아니하고 오직 그의 아버지의 하나님께 구하며' 했습니다.

그 부친 아사왕이 처음 길이 그랬습니다. 바알신은 구약시대에 많이 등장하는 우상인데 지금의 레바논 지역이 그 본산지로서 풍요의 신이었습니다. 현대판 풍요의 신인 바알을 멀리해야 할 때입니다.

② '그가 전심으로 여호와의 길을 걸어 산당들과 아세라 목상들도 유다에서 제거하였더라' 고 하였습니다.

그리고 순회하면서 유다 온 지역에 하나님의 도를 가르치게 되었습니다 (9절). 축복 받는 국가는 무엇이 달라도 달라보이게 됩니다. 우리가 대한민국을 위해서 기도해야 할 제목이 이 부분입니다. 3·1절을 맞이하는 이 시점에 이 나라의 살 길은 하나님께 있습니다.

2) 문제는 여호사밧의 후반기에는 그렇지 않은데 문제가 있습니다.

결과적으로 곤욕을 치르게 됩니다.

① 여호사밧이 부귀가 극에 달하였을 때에 북부 아합과 연혼합니다.

북왕조는 우상주 때문에 3년 6개월간 비가 없었던 저주의 곳입니다. 이것이 여호사밧의 실수였습니다. 악은 모양이라도 버려야 합니다.

② 북쪽왕 아합이 아람 나라와 싸울 때에 도움을 주러 출전했다가 죽을 뻔했던 고비가 있었습니다(왕상 22장 참조).

불의와 타협하게 되면 결국 어려움에 직면하게 됩니다.

3. 초심으로 돌아갈 때에 형통의 길이 열리게 됩니다.

성경에는 형통의 길이 제시되었고 반대로 불통의 길이 제시되었습니다.

1) 다윗은 물론이고 역대 왕들이 하나님 말씀에 있을 때에 형통했습니다.

① 다윗은 하나님 안에서 형통의 발자취를 남기게 되었습니다.

하나님 말씀 안에 형통의 길이 있습니다. 이 시대에도 그러합니다.

② 여호사밧의 아버지 아사왕 역시 하나님 안에서 형통이 있었습니다.
   대상 14-16장에 자세히 기록되었는데 48만의 군사로 100만 명의 구스인을 이기게 되고 승리하게 됩니다(대하 14:11 참조).

2) 이 세대에서 성도가 받아야 할 복은 하나님 안에 있는 것입니다.
   초심으로 돌아가서 하나님께서 원하시는 다윗의 처음 길을 깨달아야 하겠습니다.
① 이 길에 축복을 약속하셨고 형통케 됩니다(신 28:1-14).
   반대 길을 걷게 될 때에 저주가 예비 되었습니다(신 28:15-69).
② 여호사밧이 다윗의 길로 행하게 될 때에 블레셋이 조공을 바치게 됩니다(대하 17:11).

우리는 개인이나 국가가 잘되는 길이 여호와 하나님 말씀에 있음을 깨달아서 다윗이 걸었던 축복의 형통이 있기를 주의 이름으로 축원합니다.

결론 : 우리 신앙의 초심이 무엇이었습니까?

| 믿음 | ## 과거는 잊고 푯대를 향하여
(빌립보서 3:12-16)

시간의 흐름의 빠르기가 유수요, 시위를 떠난 화살과 같다고 하는 말들은 예부터 자주들 사용해 왔습니다.

"그런즉 너희가 어떻게 행할 지를 자세히 주의하여 지혜 없는 자 같이 말고 오직 지혜 있는 자 같이 하여 세월을 아끼라 때가 악하니라"(엡 5:15-16).

120세를 살았던 모세는 시편에서 이렇게 기도했습니다. '우리의 모든 날이 주의 분노 중에 지나가며 우리의 평생이 순식간에 다하였나이다 우리의 연수가 칠십이요 강건하면 팔십이라도 그 연수의 자랑은 수고와 슬픔뿐이요 신속히 가니 우리가 날아가나이다'(시 90:1-10) 하였습니다. 정치, 경제, 사회적으로 혼돈된 것뿐 아니라 사람들의 마음이 강퍅한 때에 다시 한번 연말을 맞이하여 우리는 성경에서 나아갈 지표를 삼아야 하겠습니다.

바울 사도는 본문에서 우리에게 분명한 인생의 지표를 제시해 주었고 전하였습니다.

1. 과거는 잊어버리고 용서해야 합니다.

'잊어버리고' 하였습니다. 잊어버린다는 말은 용서한다는 뜻도 있습니다. 지금 우리의 정치세계는 과거에 발목이 잡혀서 어려움에 빠져있습니다. 중국이나 일본은 힘 있게 나아가는데 우리만 과거에 집착해서 묶여 있습니다.

1) '뒤에 있는 것은 잊어버리고'라고 했습니다.

잊을 것은 깨끗하게 잊어버리는 것도 인생의 지혜입니다.

① 바울은 과거를 잊어버리고 용서해야 한다고 전하였습니다.

육체적으로 신뢰할 만한 것도 많았지만 예수 그리스도 복음을 위해서라면 분토같이 여긴다고 했습니다(3:8). 중요한 것은 예수 그리스도요 복음입니다. 실패도 잊어버려야 새 출발을 할 수 있습니다.

② 과거를 잊고 용서하게 될 때에 미래가 밝아지기 때문입니다.

유대인들은 과거 히틀러나 독일인들을 잊지는 않지만 용서한다고 하였고 세계사에서 다시 일어나게 되었습니다. 바울은 과거에 화려했던 모든 일들을 잊어버리고 새롭게 복음을 위하여 달려갈 수 있었습니다.

2) 예수님은 용서하시고 잊어버리라는 교훈을 주셨습니다.
이 교훈을 받아서 특히 바울은 로마서에서 강조했습니다(롬 12:18).

① 원수 갚는 일이 내게 있지 않고 하나님의 뜻에 맡기는 것을 말합니다.
내가 갚으려 하면 계속적인 악순환만 되풀이되기 때문에 하나님께 맡기고 나아가야 합니다(신 32:35).

② 바울은 오히려 옥중에 있었지만 기뻐하였고 또 기뻐하라고 전하고 있습니다(빌 4:4-5).
증오의 마음이 아니라 오히려 주 안에서 기뻐하는 생활을 전하였습니다(행 16:25).

2. 미래의 푯대를 향하여 달려가야 합니다.
과거는 지나간 것이지만 미래는 앞으로 맞이해야 할 일이기 때문입니다.

1) 믿음의 성도들에게는 과거도 중요하나 미래가 더욱 더 중요합니다.
미래는 더 밝게 아름다운 역사를 이루어가야 하기 때문입니다.

① 그래서 과거보다 미래가 더욱 중요한 일입니다.
우리에게는 예수 그리스도가 우리의 푯대가 되십니다. 다른 것은 다 이루었어도 정작 중요한 것을 잊어버리면 책망의 대상이 됩니다(계 2:1-7).

② 처음 것을 잊지 않도록 힘써야 하겠고 초심의 신앙이 중요합니다.
좋은 것은 계발해서 더욱 장려할 때에 개인도, 교회도, 국가도 소망이 있습니다. 과거사에 얽매어서 발목이 잡힌다면 이 또한 모두의 불행의 요소가 될 것입니다.

2) 예수님은 용서해주심으로써 미래를 밝게 열어가도록 해주셨습니다.
① 우리에게 하나님의 용서가 없으셨다면 우리는 이 시간에 이 자리에 앉아 있을 수 없고 영원히 죄에 있을 것입니다.
예수 그리스도의 십자가의 희생과 하나님의 절대적인 용서와 사랑 때문에 우리가 살게 되었습니다. 그래서 예수님은 용서와 화해를 강조하셨습

니다(마 5:44). 스데반 집사님의 순교에서 배우게 됩니다(행 7:60).

② 우리는 탕감 받지 못할 죄를 탕감 받게 되었습니다(마 18:21-35).
그러므로 우리는 용서하고 미래를 향해서 가야합니다. 우리의 푯대는 예수님이 보여주셨습니다(마 18:35).

3. 성경에는 더 나은 미래의 상이 있다고 하였습니다.

세상은 잠시 지나가는 나그네이지만 천국은 영원하며 하나님이 준비하신 축복 역시 크게 준비되었습니다. 그러므로 더 나은 세계를 위해서 앞에 푯대를 향하여 목표가 분명해야 하겠습니다.

1) 국가적인 측면에서도 미래를 볼 수 있어야 합니다.

① 우리나라는 국제적인 환경과 지정학적인 위치에서 불리한 점이 많이 있습니다.
이런 때일수록 물고 뜯으면 좋지 않습니다(갈 5:15).

② 성도의 생활과 교회 역시 성경적으로 바르게 세워져야 하겠습니다.
'우리가 어디까지 이르렀든지 그대로 행할 것이니라' 하였습니다.

2) 개인이나 교회 역시 푯대가 분명해야 합니다.

성령 안에서 바른 신앙 노선이 중요합니다.

① 영적인 교회가 되어야 합니다.
여기에는 기도와 말씀과 성령 안에서의 생활이 살아나야 합니다. 교회들이 바르게 세워져 갈 때에 미래의 소망이 있습니다.

② 개인적으로 최후 승리는 예수님 앞에 설 때 웃는 자가 되어야 합니다.
바울은 그 곳에 최후의 푯대를 정하고 달려가게 되었고 완주했습니다(딤후 4:7-8).

결 론 : 우리는 푯대가 분명합니다.

| 믿 음 | ## 바울아 네가 미쳤도다
(사도행전 26:24-29) |

 이 세상을 살아가면서 사람들은 평생 동안 무엇인가에 미쳐서 살아가는 경우들이 많이 있습니다. 그래서 무엇인가 자기가 하는 분야에 몰두하게 될 때에 그 분야에서 성공의 개선가를 부르게 됩니다. 학생은 공부에 몰두해야 하고 사업가는 사업에 몰두하게 됩니다. 그런데 문제는 나쁜 면에서 몰두하게 되면 자기와 남들까지 죽게 만드는 일입니다. 그래서 믿음에 대해서 파선된 사람들이 있다고 하였습니다(딤후 1:19-20).

 본문에서 바울사도는 예수 때문에 미쳤다는 소리를 들었습니다. 고후 5:13절에서는 "우리가 미쳤어도 하나님을 위한 것이요" 했습니다. 우리는 신앙생활을 하면서 예수 때문에 미쳤다는 소리를 들어야 합니다. 본문에서 몇 가지 교훈을 얻게 됩니다.

1. 예수를 믿으면서 예수 때문에 미쳤다는 소리를 들어야 합니다.

 어떤 일에 대해서 몰두하게 될 때에 타인들은 그 세계를 모르기 때문에 미쳤다고 하겠지만 본인으로서는 자부심을 갖게 하는 소리입니다. "저 아이는 공부에 미쳤어" 한다든지 "저 사람은 사업에 미쳤어" 하는 소리입니다.

1) 성도는 예수 믿는 일이 좋아서 미쳐야 합니다.
 우리의 인생 본업(本業)은 예수 믿는 일이기 때문입니다.
① 예수 믿는 일은 평상시에 생활 속에서 미쳐야 합니다.
 타인들이 볼 때에 이렇게 말들을 하게 되고 수군거림의 대상이 됩니다. 미국 대통령들 중에 지미 카터 대통령은 재임 기간 중에 이런 말을 했을 때에 사람들은 비웃었습니다. "내가 대통령직을 그만두더라도 교회학교 교사는 그만 둘 수 없다"는 말입니다. 예수 믿는 사람들의 입술에는 언제나 예수 이야기, 신앙적 이야기로 가득 차 있습니다.
② 예수 믿는 사람들은 모든 생활의 신경이 예수님과 관련되어 있기 때문에 예수님을 제외하고 어떤 일도 있을 수 없습니다.

세상 사람들이 그렇게도 좋아하는 돈에 관한 문제도 예수님 때문에 초월해야 합니다. 심지어 예수 때문에 옥에 갇히기도 하고, 죽기도 각오해야 합니다. 바울은 본문에서도 그랬지만 다른 데에서도 그가 얼마나 예수를 위해서 미쳤는가를 언급했습니다(고후 11:23-28).

2) 총독 베스도가 볼 때에 바울은 예수에게 미쳐있었습니다.

특히 베스도는 바울이 많은 학문 때문에 이상이 온 줄로 생각했습니다. 우리의 신앙생활에서 주변 사람들이 이상하게 본다면 그것은 당연히 받을 일들입니다(마 5:10-11).

① 미친 소리를 들어도 감사하게 여기며 신앙생활을 해야 합니다.

예수님은 산상보훈에서 분명하게 말씀하셨습니다(마 5:10-12). "의를 위하여 핍박을 받은 자는 복이 있나니 천국이 그들의 것임이라 나로 말미암아 너희를 욕하고 박해하고 거짓으로 너희를 거슬러 모든 악한 말을 할 때에는 너희에게 복이 있나니 기뻐하고 즐거워하라 하늘에서 너희의 상이 큼이라 너희 전에 있던 선지자들도 이같이 박해하였느니라" 하셨습니다. 사도 베드로도 성도의 고난을 전하였습니다(벧전 2:21).

② 이 세상이 믿는 성도를 향해서 무슨 좋은 이야기든, 나쁜 이야기든 참고가 될지는 몰라도 그것에 의해서 기독교 복음이 훼손되거나 낙심할 이유가 없습니다.

왜냐하면 기독교 복음은 처음부터 어렵게 시작되었고, 핍박을 많이 받았기 때문입니다. 바울은 총독 앞에서도 자기와 같이 믿음 가운데 있을 것을 권했습니다(29절).

2. 영적인 믿음의 대망(Great Vision)을 잃지 말아야 하겠습니다.

바울은 어려운 중에도 낙심치 않고 믿음의 대망을 가졌습니다.

1) 전도, 선교에 대한 열정은 식지 않았습니다.

당시의 세계의 중심인 로마를 비롯해서 땅 끝이라고 여겼던 서반아(스페인)까지 계획을 세웠습니다.

① 지금까지 미쳤다는 소리를 뒤로 하고 복음 전도의 원대한 꿈을 잃지 않았습니다.

그런 사실을 성경 구절에서 밝혀 주었습니다(롬 1:13, 15:22-23, 29절 등). 성도의 최대의 꿈인 천국을 바라보면서 열심히 선교하고 전도하는 일을 게을리 하지 말아야 합니다.

② 바울에게 있어서 일생일대의 꿈이 있다면 무엇이겠습니까?

학생은 공부가 소원이고 군인은 진급이 소원이고 사업가는 사업이 꿈이라면 전도자 바울은 죽음을 무릅쓰고 전도하는 일이 꿈이었습니다. 비록 미쳤다는 소리를 들어도 이 꿈을 잃지 않았습니다.

2) 바울의 대망은 훗날에 이루어지게 되었습니다.

바울은 그 길로 로마에 가서 순교를 당하게 되었으나 그 꿈은 훗날에 이루어지게 되었습니다.

① 바울과 예수님의 수제자 베드로가 로마에서 순교하게 됨으로써 폭탄의 기폭제가 되었고 대로마가 기독교 복음으로 기폭제가 되어서 313년 콘스탄틴 대제에 의해서 기독교를 국교로 인정하기까지 황제의 어머니 헬레나를 비롯해서 황궁에도 이미 기독교 복음의 뿌리가 깊이 뻗쳐 있었습니다.

② 믿음의 사람들은 언제나 믿음의 꿈과 비전을 세워나가야 합니다.

믿음의 앞길에는 반드시 성취의 미래가 있기 때문입니다. 그래서 미친 것이 아니라 오히려 정신이 온전한 일입니다.

3. 우리의 영적 꿈과 비전은 어디에 있습니까?

1) 영적 꿈과 비전에는 미쳤다는 소리를 달게 수용할 수 있어야 합니다.

① 미친 소리를 듣는 것은 정상입니다.

발명왕 에디슨은 발명 때문에 미친 소리를 듣고 성공했습니다. 우리의 최대의 목적인 천국을 위해서 미쳤다는 소리를 듣고 있습니까?

② 여기에는 믿음의 꿈이 반드시 동반되어야 합니다.

고난을 두려워하지 말아야 합니다. 요셉은 꿈 때문에 고난이 왔지만 꿈 때문에 성공했습니다(창 37장).

2) 여기에는 인내가 따라야 합니다.
　　인내는 승리하게 만드는 약이 됩니다.

① 믿음의 정상인들은 모두가 인내했습니다.
　　세상적인 성공자들도 인내로써 승리했습니다.

② 세상 무슨 일에든지 미쳐야 하듯이 예수 믿는 모든 영적 일에도 미쳤다는 말을 들을 때에 정상으로 나가게 됩니다.
　　예수 믿습니까? 믿으면 미쳤다고 할 정도로 믿으시기 바랍니다. 여기에는 반드시 영적인 성공이 있습니다.

　　우리 모든 성도들이 그렇게 되기를 축원합니다.

결론 : 바울이 미쳤다면 우리도 예수에게 미쳐야 합니다.

> 믿음

요단강을 건너라
(여호수아 3: 5-17)

　성도들이 세상을 살아가는 과정은 마치 광야 길과 같기 때문에 쉽게 되는 일은 없습니다. 사업가들이 어느 사업을 체결해서 통장에 결제 대금이 들어올 때까지의 과정이라든지, 농부가 쌀을 농사해서 곡식이 입에 들어갈 때까지의 과정은 수많은 난관과 어려움이 있습니다. 우리가 신앙생활을 하면서 천국에 들어갈 때까지는 수많은 난관과 시련이 있습니다. 그러나 끝까지 승리해서 천국의 주인공들이 되어야 합니다.
　본문에서 이스라엘 백성들이 애굽에서 노예 생활하다가 430년 만에 출애굽하여 40년 동안 광야를 지나서 이제 그리던 축복의 땅 가나안이 눈앞에 있는데 여기에서 요단강이 가로막혀 앉아 있는 가운데 주신 말씀입니다. 홍수기라 범람한 요단강이지만 하나님은 지도자 여호수아에게 요단강을 밟고 건너가라고 하셨습니다. 모세와 함께 있었던 것 같이 너와 함께할 것이니 담대하라, 강하라 하시며 요단강을 건너라는 말씀 속에서 이 세대에 우리에게 주시는 교훈이 큽니다.

1. 요단강을 밟으라고 했습니다.
1) 먼저 밟고, 후에 갈라지게 하는 믿음입니다.
　참고로 홍해 바다에서는 먼저 갈라지게 하고 후에 건너게 했습니다.
① 복음의 시초인 초신자 상태와 시련의 연단을 다 겪은 성장된 성도의 모습을 비교할 수 있습니다.
　초신자와 같은 홍해바다에서는 먼저 건너게 했지만 이제 장성한 요단강에서는 밟고 건너라고 하였습니다.
② 이제 요단강은 초신자의 모습이 아닙니다.
　이제는 초신자의 모습이 아니라 믿음의 연조가 높을수록 때때로 같은 원리와 방법이 적용될 때가 있음을 알아야 하겠습니다. 그러므로 현재 당면한 문제가 아무리 크다 해도 해결될 줄 믿고 요단강을 밟듯이 밟아야 하는 믿음이 요구됩니다.

2) 요단강을 밟기 위해서는 믿음이 필요합니다.

① 믿음 없이는 위에서 흘러와 넘실대는 요단강물을 밟을 수가 없습니다.
믿음이 요구 됩니다. "내 말이 네가 믿으면 하나님의 영광을 보리라 하지 아니하였느냐"(요 11:40) 하시고 무덤 문을 열게 하실 때에 죽은 나사로가 살아나오게 되었습니다. 믿으면 영광을 보리라 하셨습니다. 믿음이 없이는 하나님을 기쁘시게 할 수가 없습니다(히 11:6).
신앙적인 문제가 아니라도 우리는 세상에서 일반적으로 믿음이 없이는 살 수가 없는 일들이 많이 있습니다. 음식, 교통, 사회적 신뢰 모두가 믿음입니다. 선진국일수록 신뢰도가 높아지게 됩니다.

② 기적을 체험하기 원한다면 반드시 믿음이 있어야 합니다(마 14:31).

2. 법궤를 멘 제사장들이 앞서서 밟아야 합니다.

1) 법궤 안에는 세 가지가 들어있습니다.
아론의 싹 난 지팡이와 십계명을 기록한 두 돌판과 만나를 담은 항아리였습니다.

① 이 법궤는 하나님의 임재의 증거였습니다.
그래서 언제나 이동할 때에는 이 법궤를 메고 가게 되었고 특히 전쟁 시에는 법궤를 앞세웠습니다(삼상 4:4).

② 이 법궤는 하나님께서 함께 하시겠다는 증표였습니다.
그래서 언제나 이 법궤를 중심으로 이동하게 되었고 일반적인 생활을 하게 되었는데 여기에는 영적인 큰 뜻이 있습니다.

③ 이 법궤는 축복의 증표였습니다.
그래서 이 법궤는 이스라엘 전체의 중심이었습니다.

2) 이 법궤는 신약시대에 있어서 성경 말씀을 앞세워 가라는 것과 동등합니다.
세상을 살아가는 동안 언제나 말씀을 앞세워야 합니다.

① 이 말씀은 곧 하나님의 약속입니다.
이 말씀을 앞세워 나갈 때에 역사가 일어납니다(시 109:20, 114:15, 18).
이 말씀은 살아 있습니다(히 4:12). 그래서 법궤가 가는 곳에 역사했습니다(삼상 4-5장).

② 지금도 하나님의 말씀이 가는 곳마다 역사가 일어납니다.
개인은 물론이고 가정이나 국가가 변화하고 기적이 일어나게 됩니다. 그러므로 현재 당면한 문제가 클지라도 말씀을 따라가게 될 때에 기적이 나타나게 됩니다.

3. 요단강이 갈라지게 되었습니다.

이것은 사람에 의해서가 아니고 하나님께서 하시는 작업입니다.

1) 하나님은 지금도 일하십니다.
믿음을 보이고 말씀을 앞세워 나갈 때에 하나님은 일하십니다.
① 그 거대한 홍해가 갈라지듯이 요단강이 갈라지게 되었습니다.
만약에 인위적인 방법으로 지구상 모든 천지에 물뿌리개로 물을 뿌려서 비가 오게 한다면 몇 평이나 만족스럽게 비를 내리게 할 수 있겠습니까? 하나님은 지금도 이 지구를 움직이십니다(욥 38:25-).
② 지금도 하나님은 일하십니다.
자연적인 만물 통치뿐 아니라 인생의 모든 일거수일투족을 움직여 가십니다. 하나님의 이 손은 지금도 짧아지지 아니했습니다(민 11:18-23).

2) 요단강은 하나님이 멈추게 하셨고 갈라지게 하셨습니다.
① 다만 우리는 믿음을 보여드려야 합니다.
하나님께서는 우리의 믿음을 요구하십니다. 약해지지 말고 담대하게 현실을 이기십시오.
② 하나님의 손길은 오늘도 우리에게 역사하시기를 원하십니다.
인간적 한계 상황이나 생각을 버리고 철저하게 하나님께 맡기고 축복의 땅, 약속의 땅 가나안을 향해서 달려 나가게 되시기를 주님의 이름으로 축원합니다.

결 론 : 하나님의 손은 오늘도 짧아지지 아니했습니다.

| 믿 음 | # 믿음이 큰사람 가나안 여인
(마태복음 15:21-28)

기독교에 있어서 믿음은 이 세상에 살 동안 절대적 요소입니다. 믿음으로만 구원이 있고(요 1:12, 3:16), 믿음으로만 하나님을 기쁘시게 해드리게 되며(히 11:6), 믿음이 있을 때에 여러 가지 기적과 능력들이 나타나게 되고(마 17:20), 믿음이 있을 때에 세상을 이기게 되기 때문입니다(요일 5:4).

그래서 히브리서 기자는 믿음의 정의를 내리기를 "믿음은 바라는 것들의 실상이요 보지 못하는 것들의 증거니 선진들이 이로써 증거를 얻었느니라"(히 11:1)고 했습니다. 사도 바울은 날마다 자신의 믿음을 확인해야 한다고 가르쳤습니다(고후 13:5).

본문에서 이방여인이었던 가나안 여인이 예수님께 나아와서 자기 딸이 귀신 들려 죽게 되었으니 고쳐달라고 할 때에 예수님은 고쳐 주시기 전에 말씀하시기를 자녀의 떡을 취하여 개들에게 던짐이 합당치 않다고 하였고 그 여인은 말하기를 "주여 개들도 자기 주인의 상에서 떨어지는 부스러기를 먹지 않습니까"라고 할 때에 예수님은 그 여인을 칭찬하셨습니다. "네 믿음이 크도다" 그때부터 그 여인의 딸이 깨끗하게 낫게 되었습니다.

1. 문제 있을 때에 누구든지 예수께 나오라는 말씀입니다.

이 여인은 문제를 가지고 예수께 나오게 되었습니다. 예수님은 일찍이 수고하고 무거운 짐진 자를 부르셨습니다(마 11:28).

1) 가나안 여인은 인생의 큰 문제들을 가지고 나왔습니다.

자기 딸이 귀신 들려 죽어가는데 이보다 큰 문제가 어디에 있겠습니까?

① 먼저 가나안 여인에 대해서 생각해봅시다.

두로와 시돈 지역에 살지만 씨족은 '가나안 여인' 이요, 이 씨족에 대해서는 창 9:25의 노아의 세 아들중 함의 둘째 아들로써 가나안이 있습니다. 그 이후에 성경에는 여러 군데 가나안 족속을 소개합니다(민 13:29, 14:25). 태생도 혹인 여인인데다가 귀신까지 들렸습니다.

② 이 여인은 문제를 가지고 예수께 나오게 되었던 것입니다.

인생 문제가 아니면 예수께 나올 수도 없었지만 문제가 크기에 예수님께 나아오게 되었습니다. 사람들은 지금 과학시대에 유토피아(utopia)를 꿈꾸지만 마치 사막에 신기루와 같아서 유토피아는 없습니다. 계속 터지는 문제만 있을 뿐입니다. 예수께 와야 합니다. 모두가 죄인이요 죄값은 사망이기 때문입니다(롬 3:10, 23, 6:23).

2) 문제가 있습니까? 없다고는 못할 것입니다.

인생문제는 타락 이후에 계속 이어져 온 일이기 때문입니다.

① 세상이 쉽게 내 마음대로 살아지게 됩디까?

땀이 흘러야 되고 문제는 계속 이어지는 세상입니다(창 3:19). 농사짓는 농부의 일을 비롯해서 자녀교육이며 직장생활과 사업의 현장에서 문제들이 많이 있습니다. 가나안 여인과 같이 예수께 나와야 합니다.

② 성경에는 "내게로 와서 부르짖으라"고 했습니다.

와서 나와 변론하자고 했습니다(사 1:18). 그리고 부르짖으면 응답하시겠다고 약속하셨습니다(렘 33:1-3, 마 7:7).

2. 가나안 여인은 시험도 통과하는 믿음을 보여주었습니다.

딸이 귀신들려서 이 문제를 가지고 왔는데 예수님은 고쳐주신다는 말씀보다도 자녀의 떡을 개들에게 던짐이 합당치 않다는 말씀을 하셨습니다. 이것은 그 당시의 유대 사상이었습니다.

1) 믿음을 가지게 될 때에 언제나 시험이 부닥치게 됩니다.

① 신앙 성장에는 반드시 시험을 거치게 되어 있습니다.

그러나 시험에 걸려서 넘어지지 말고 시험을 이기고 승리하는 신앙을 가져야 하겠습니다. 가나안 여인도 예수님께 와서 먼저 시험을 만나게 되었지만 이긴 여인이 되었습니다.

② 신앙생활을 나름대로 해보려고 할 때에 시험이 옵니다.

그래서 야고보 사도는 시험이 오거든 온전히 기쁘게 여기라고 하면서 시험이 믿음을 온전케 한다고 했습니다(약 1:1, 12). 여기에 성장과 축복이 기다리고 있기 때문입니다.

2) 시험이 있은 후에 이긴 자에게 성장과 축복의 응답이 있습니다.
① 축복과 성장에 상응하는 시험이 옵니다.
② 시험은 그 시험이 내 신앙적인 수준입니다.
  가나안 여인은 믿음이 크다고 칭찬을 들었습니다. 우리의 믿음이 이렇게 큰 믿음이라고 칭찬 들어야 합니다. 그리고 이겨야 합니다.

3. 가나안 여인은 응답받는 믿음을 가진 사람입니다.

응답받는 것은 축복인 동시에 그 사람의 믿음입니다. 문제를 가지고 예수께 나오게 되었고 시험을 겪은 후 응답의 축복을 받게 되었습니다.

1) "네 소원대로 되리라"(28절) 했습니다.
  "여호와를 기뻐하라 그리하면 네 마음의 소원을 이루어 주리라"(시 37:4)고 했습니다.
① 주님은 우리의 소원이 무엇인지 다 아십니다.
  그 소원을 이루어주시겠다고 하셨습니다. 그전에 먼저 구할 것이 있습니다. 그 나라와 그 의를 구해야 합니다(사 6:33).
② 시험이 올 때에는 이미 주시려고 준비하시고 시험(Test) 하시는 것입니다(요 6:6, 창 22:1).
  빌립을 시험하셨고 아브라함을 시험하셨습니다.

2) 가나안 여인은 제일 큰 축복을 받게 되었습니다.
  육신적 축복으로써 딸이 낫게 되었고 영적인 축복으로써 믿음을 인정받게 되었습니다.
① 육신적 축복으로써 딸의 문제가 해결되었습니다.
② 영적인 축복을 받았으니 믿음을 인정받게 된 것입니다.

이 믿음을 이 시간에 이어받아 주님께서 인정하시는 성도들이 되시기를 축원합니다.

결 론 : 예수 안에서 큰 믿음의 소유자가 되시기를 바랍니다.

예수님 그리스도가 받으신 고난
(베드로전서 2:19-25)

해마다 이때쯤 되면 사순절 기간을 맞이하여 성도들이나 교회들이 예수님의 고난을 생각하며 금식도 하고, 성경도 읽으며 작정 기도하며 경건하게 지내려고 애를 쓰게 됩니다. 그렇게라도 하면서 예수님의 고난을 생각하는 사람은 그렇지 않은 사람보다는 조금이라도 나은 편이라고 하겠지만 며칠 지나면 또다시 작심삼일이 되는 경우들이 많습니다.

베드로는 수제자로서 일찍 주님의 사랑과 관심 속에서 지내왔지만 예수님의 예고를 받기도 하였고(마26:30-), 예수님의 예고를 무시한 채 지내다가 결국 예수님의 예고대로 예수님을 세 번씩이나 어이없게 부인한 제자가 되었습니다. '베드로가 가로되 내가 주와 함께 죽을지언정 주를 부인하지 아니하겠나이다' (마 26:35).

이 세대를 살아가는 우리 모두에게 주시는 중요한 말씀인바 여기에서 은혜를 나누는 시간을 갖습니다.

1. 예수님은 십자가 위에서 고난을 당하셨습니다.

이것은 사실이며 역사(History)입니다.

1) 예수님이 겪으신 고난을 생각해 보시기 바랍니다.

본문에서 베드로는 확실하게 예수님의 고난을 전하고 있습니다.

① 이사야의 예언을 보시기 바랍니다.

구약에는 많은 곳에 예수님의 고난을 예언해 놓았는데 그 가운데 이사야 선지서의 예언은 그대로 되었습니다(사 53:1-9).
창 3:15에서도 이미 예표로 보여주셨습니다.

② 머리에는 가시 면류관을 쓰셨고 양손과 양발에는 못이 박혔으며, 옆구리에는 창을 받으사 물과 피를 흘려주셨습니다(요 19:34).
그러나 다리는 꺾이지 아니하셨습니다(요 19:32, 36, 시 34:20). 끝까지 신앙의 절개를 지키는 기독교 신앙을 나타내주시는 부분입니다. 예수님

께서 당하신 고통의 현장이요, 피흘리심의 모습입니다. 육체적 고통만이 아니라 온갖 마음의 고통까지 모두 겪으셨습니다.

창조주께서 육신을 입고 오신 자체도 비하의 신분이신데 죄인들에게 이렇게 당하셨습니다(요 1:3, 10, 빌 2:6).

① 피조물이며 죄인 된 인간의 손에 의해서 십자가의 고통을 당했습니다.

여기에 따른 정신적 고통은 육신의 고통보다 더 가중된 고통입니다. 더욱이 살인자요 민란을 일으킨 강도는 놓아주고 예수님은 그보다 더 하질로 보아서 십자가에 죽게 했습니다(눅 23:15-21).

② 모두가 희롱하였습니다.

군병들도(눅 23:36), 지나가는 사람들도(막 15:29) 야유했습니다. 창조주 되시는 예수님께서 이렇게 고난을 겪으시게 되었습니다. 왜일까요? 바로 내가 받을 저주 대신 예수님이 그렇게 당하셨음을 깨달아야 합니다.

2. 예수 그리스도의 고난과 고통을 깊이 생각해야 합니다.

1) 예수님의 고통입니다.

물론 인간은 모두 고통 속에 살지만(시 90:9-11), 예수님의 고통과는 비교할 수 없습니다. 본문은 그리스도의 고통을 말씀하고 있습니다.

① 세상 어느 고통도 예수님의 고통과 비교할 수 없습니다.

② 예수 그리스도는 십자가에 죽으시는 고통을 겪어야 했습니다.

예수님은 이 땅에 오실 때부터 죽음의 길로 계속 가시게 되었습니다(빌 2:6, 마 2:13, 마 4:13). 나를 죽음의 저주에서 구원하기 위해서입니다.

2) 예수님이 당하신 고난은 세상의 어떤 고난과도 비교할 수 없습니다.

① 생활이 조금 어렵고 시험거리가 있다고 해서 넘어지거나 실족케 되는 것은 아직도 예수님의 고난을 덜 생각하기 때문입니다.

예수님은 보이는 육체적 고통뿐 아니라 모든 고통 끝에 우리의 구원 문제를 모두 이루시고 돌아가셨습니다(요 19:30).

"다 이루었다 하시고 영혼이 돌아가시니라"(요 19:30) 하셨습니다.

② 현재 고난이 있다고 생각하십니까?

만약에 예수 믿는 영적이고 신앙적인 문제 때문에 고난이 왔다면 기뻐하시기 바랍니다(마 5:10-12).
(벧전 2:21) "그리스도도 너희를 위하여 고난을 받으사 너희에게 본을 끼쳐 그 자취를 따라 오게 하려 하셨느니라" 하셨습니다. 고난 중에도 십자가를 지고 따라가는 것이 기독교 신앙입니다(마 16:24).

3. 지금 우리는 예수님께 고난을 안겨 드리지는 않는지 생각해야 합니다.
1) 예수님은 멀리 있는 사람들에게서 고난받으신 것이 아닙니다.
  가까운 제자들에게서 배반을 당하셨습니다. 요즈음 흔히 사용하는 말로서 '교회 부흥은 신자가 막는다'는 말이 있습니다. 새겨 보아야 할 대목이라고 생각됩니다.
  ① 가룟유다를 보시기 바랍니다.
   12명 제자 중에 한 사람이요(마 10:1), 또한 능력도 받았습니다(요 13:1-2). 마귀가 가룟유다에게 예수를 팔 생각을 넣었다고 했습니다.
  ② 베드로를 보시기 바랍니다.
   예수님의 예고도 무시한 채 지나다가 예수님을 세 번씩이나 어린 계집아이 앞에서 부인한 배신자가 되었습니다(마 26:69-75).

2) 고난 주간에 우리는 다시 우리 자신을 생각하고 뒤돌아보아야 합니다.
  ① 오늘날에도 교회 안에는 예수를 팔거나 예수를 이용해서 자기를 높이는 가짜들이 많이 있습니다.
   성전에는 오직 예배뿐인데 장사치들이 있습니다(마 21:12, 요 2:13).
  ② 나는 낮아지고 예수님만 높여지는 신앙이 중요합니다.
   세 번씩이나 부인하였던 베드로에게 예수님은 부활 후에 찾아오셔서 확인하셨습니다(요 21:15-). "네가 나를 사랑하느냐?" 그때 이후에 베드로는 복음 전하다 순교의 제물이 되었습니다.

고난 주간에 다시 한번 십자가 지고 승리하는 성도가 될 것을 주의 이름으로 축원합니다.

결 론 : 예수님의 고난을 생각하십시오.

> 예수님

살아나셨느니라
(마태복음 28:1-10)

예수 그리스도의 십자가 대속적 죽으심과 부활 사건은 기독교의 핵심이요, 그 중심이 됩니다. 금요일에 있었던 십자가에서 죽으심과 장사지낸바 되었다가 안식 후 첫날인 주일 새벽에 부활하시게 되었습니다. 새로 판 무덤에 묻히게 되었고(마 27:57-61), 헤롯이 무덤을 봉인하며 군사들이 지키게 되었지만(마 27:63-66) 그것이 끝이 아니라 예수 그리스도는 분명히 생명의 부활을 하셨습니다. 막달라 마리아와 다른 마리아가 무덤에 갔다가 이 사실을 보았고 (마 28:1-) 천사는 그들에게 예수님의 부활을 전하였습니다. '살아나셨느니라' 라고 분명히 전하였습니다.

1. 예수 그리스도의 부활은 믿는 성도의 구원의 확신과 증명서입니다.

이미 이른바 대로 인간은 모두 죄인들입니다. 죄가 없는 사람이 하나도 없으며 죄 값은 사망이라고 말했습니다(롬 3:10, 23, 요일 1:8-9, 롬 6:23). 모든 인간은 이 범주 안에 속하게 되어있습니다.

1) 이른바 전적인 타락입니다.

칼빈주의(Calvinism)의 5대 교리 중에 제1교리가 인간의 전적인 타락 혹은 전적무능력(Total Inability)입니다.

① 여기에는 예외가 없으며 이 죄와 사망에서 스스로 구원받을 수 있는 사람은 하나도 없습니다.

존 번연의 천로역정의 주인공인 기독교는 등짐을 지고 고민하다가 십자가 밑에 가서 해결 받습니다. 그렇듯이 모든 죄 문제는 오직 예수 그리스도의 대속적 십자가 죽음과 부활에서만 해결됩니다.

② 바울 사도는 고백하였습니다.

곤고한 죄 아래 있는 현실과(롬 7:24) 이제는 예수 그리스도 안에서 자유와 정죄 당하지 않는 믿음을 고백하게 됩니다. 이제는 예수 그리스도 안에서 정죄가 없습니다(롬 8:1-2). 왜냐하면 십자가 위에서 우리의 죄 용

서와 구원 문제에 관한 모든 것을 다 이루시고 해결하셨기 때문입니다
(요 19:30). "다 이루었다" 하셨습니다. 그리고 무덤에 내려가셨다가 부
활하시게 되었습니다.

2) 어떤 죄인이라도 이 사실을 믿고 영접하면 영원한 생명을 얻게 됩니다.
이 사실을 믿게 될 때에 의롭게 되고 영생이 확보됩니다.

① 십자가에 죽으심은 죄를 위한 문제입니다.
우리의 범죄 때문에 내어줌이 되었습니다(롬 4:25). 속죄를 위해서 아사
셀 양이나 염소를 광야에 내몰아 죽게 하듯이(레 16:7-11), 예수 그리스
도는 아사셀 제물이 되셨습니다.

② 중요한 것은 다시 살아나셨다는 사실입니다.
(롬 4:25)사도 바울이 전하는 고백과 같습니다. "… 또한 우리를 의롭다
하심을 위하여 살아나셨느니라" 하였습니다.
범죄한 아담과 하와에게 가죽옷을 지어 입히시듯이(창 3:21), 예수 그리
스도는 우리의 의롭다 하심의 의의 옷이 되셨습니다. 의의 옷입니다. 그
래서 믿는 성도는 예수로 옷 입어야 합니다. 구원의 옷입니다. 의의 옷입
니다. 빛의 갑옷입니다(롬 13:12).

2. 예수 그리스도의 대속적 죽으심과 부활을 믿으면 구원입니다.

1) 나 때문에 죽으심과 나 때문에 부활하심으로 받아야 합니다.
(요 5:24-) 여기에서 생명으로 옮기게 되었습니다.

① 믿는 동시에 사망의 위치에서 생명의 위치로 옮겨집니다.
죄 아래서 영원히 죽을 자가 영원히 예수 안에서 살게 됩니다. 이것은 영
적인 신비요 하나님의 역사입니다.

② 믿음이라는 영적인 매체가 있어야 합니다.
'믿는 자'입니다. 사도 바울도 강력히 증언하였습니다(롬 10:9-12). 믿는
자입니다. 예수 안에서 부끄럽지 않게 됩니다.

2) 믿음이 곧 구원이요 생명입니다.

① 이 믿음은 하나님의 선물이요 축복입니다(엡 2:8).

사람의 행위에서 난 것이 아니요, 인위적인 것이 아닙니다. 인간적인 자랑을 배제하기 위해서입니다.

② 이 믿음은 아무나 가지고 있는 것이 아닙니다.
(살전 3:2) "믿음은 모든 사람의 것이 아님이라" 하였습니다.
예수 그리스도의 부활 신앙을 가지는 자에게 주시는 축복입니다.

3. 믿음의 선진들을 통해서 믿음을 제시하시며 보여주셨습니다.

'산 자를 죽은 가 가운데 찾느냐 여기 계시지 않고 살아나셨고 말씀하시던 대로 갈릴리로 가셨다' 고 하였습니다.

1) 예수님은 살아나셨습니다.

① 죽음의 문제는 사람들이 제일 무서워하는 문제입니다.
모든 종교들이 죽음에 대해서 말하지만 영원히 해결하신 분은 예수 그리스도 밖에 없습니다. 예수 그리스도는 살아나셨고 제자들에게 나타나시어 세 가지로 축복을 주셨습니다(요 20:19-22).

② 의심하는 도마에게도 말씀하셨습니다.
믿음 없는 자가 되지 말고 믿는 자가 되라고 하셨습니다(요 20:17). 부활을 믿는 자가 되어야 합니다.

2) 부활의 예수님 증거에 믿음의 조상들의 예표가 나와 있습니다.

① 아브라함입니다.
롬 4장에서 바울은 믿음의 조상 아브라함을 언급했습니다. 이것이 믿음입니다(롬 4:17-23).

② 바라고 믿을 때에 생명이 있습니다.
요한 사도는 모세의 놋뱀을 예로 들었습니다(민 21:-, 요3:14).

십자가의 대속적 죽으심을 믿고 부활의 신앙으로 영생이 있게 되시기를 축원합니다.

결 론 : 예수님은 부활하셨습니다.

| 예수님 | # 부활의 신앙을 가진 사람들
(마태복음 28:1-10)

　모든 인생은 누구나 죽음 앞에서 무력합니다. 중국의 시황제는 늙고 죽는 문제를 해결하려 하였으나, 지금도 중국 서안에 있는 거대한 지하 병마총만 남긴 채 무력함을 보여주었습니다. 그러나 예수 그리스도는 십자가를 지시고, 대속적 죽음을 죽으시고, 장사 지낸 바 되었다가 3일 만에 부활을 하셨습니다.
　빌라도가 예수를 처형한 뒤에 일어난 사태들을 자세히 로마 황제에게 보고한 문서가 지금 터키의 성 소피아 사원에 보관되어 있는데, 전 50권으로 되어 있으며, 번역하여 "빌라도의 보고서"라는 책명으로 출판되었는데, 예수님의 활동과 죽음과 부활에 관한 것도 포함되었으며 병사들이 부활을 목격한 내용도 기록되었습니다. 예수 그리스도의 부활 사건은 제자들에게 다시 예루살렘으로 모이게 하였고(눅 24:28-34), 3년간 전하였던 복음이 헛되지 않고 이 땅에 교회가 세워지는데 결정적인 역할을 하는 계기가 되었습니다.
　예수 그리스도의 부활을 부인하고 허위라고 증명하려고 나섰던 사람이 역사상 많이 있었습니다. 그 중에 프랭크 모리슨(Frank Morison)이라는 사람은 무신론자로서 예수님의 허위성을 말하려고 성경을 읽어 내려가다가 마음이 변하게 되었고 오히려 부활을 전하게 되었는데, 「Who moved that stone?」(누가 돌을 옮겼는가?)라는 책입니다. 역사상으로 수많은 사람들이 예수님의 부활을 반증하려고 힘썼으나 실패로 돌아갔습니다. 왜냐하면 예수님의 부활은 사실이기 때문입니다. 예수 그리스도의 부활이 거짓이라면, 그 거짓을 위해서 무수한 순교자들이 태어났겠으며 지금도 세계 도처에서 행하여지고 있는 순교의 역사가 기록되겠는가? 부활 신앙으로만 가능한 사건들입니다.
　그러므로 예수 그리스도의 부활은 역사에서 일어난 사실이며 장차 모든 성도들의 부활의 첫 열매가 되셨습니다. 본문에서 몇 가지 은혜를 나눕시다.

1. 예수 그리스도의 십자가의 죽으심과 부활은 믿는 자에게 영원한 사망에서의 해방이요, 죽음으로부터 자유의 선언입니다.

　"…네가 먹는 날에는 정녕 죽으리라"(창 2:17) 했습니다.

1) 이제는 성도들에게는 예수님의 부활로 말미암아 부활의 소망을 갖게 되었는데, 예수님이 부활의 첫 열매로써 시범을 보이셨기 때문입니다.

① 예수를 믿는 자는 다시 사는 역사가 있다고 분명히 하셨습니다.

"예수께서 가라사대 나는 부활이요 생명이니 나를 믿는 자는 죽어도 살겠고 무릇 살아서 나를 믿는 자는 영원히 죽지 아니하리니 이것을 네가 믿느냐"(요 11:25)고 하셨습니다. 여기에 '아멘' 하는 신앙이 되어야 합니다. 영과 육이 잠시 분리되어 있다가 다시 결합하는 때 부활의 사건이 일어나게 될 것입니다.

② 만일 부활이 없다면 기독교 신앙을 가진 자들이 가장 불쌍한 인생일 것입니다.

대 사도 바울은 고린도전서 15장에서 이 사실을 분명히 역설하셨습니다. 그러나 예수 그리스도는 잠자는 자들의 첫 열매(The first fruit)가 되셨습니다. 아담 안에서 모든 이들이 죽겠지만 예수 안에서는 살게 됩니다. 사망이 사람으로 말미암았듯이 다시 사는 것도 사람으로 오신 예수 그리스도로 말미암아 이루어지게 되었습니다. 이것이 우리의 신앙이요, 기독교입니다.

2) 이제는 산자를 죽은 자 가운데서 찾는 일이 없어야 합니다.

"그가 여기 계시지 않고 그의 말씀하시던 대로 살아나셨느니라"(마 28:6) 하였습니다.

① 예수님께서 친히 부활하실 것에 대해서 여러 차례 예고하셨습니다.

그러나 제자들은 산다는 것에 대해서 아직 인식하지 못하였고 이해를 할 수 없었기에 옛 직업을 찾아서 다시 고향으로 떠나게 되었습니다. 그와 같은 제자들에게 예수님은 부활하신 후 나타내 보여주셨습니다(요 20:19-29).

② 부활을 믿는 자는 영생이 있습니다.

"오직 이것을 기록함은 너희로 예수께서 하나님의 아들 그리스도이심을 믿게 하려 함이요 또 너희로 믿고 그 이름을 힘입어 생명을 얻게 하려 함이니라"(요 20:31) 하였습니다.

3) 이제 우리는 부활하신 예수님만 생각하여야 합니다.
생활 속에서 부활하신 예수님만이 나타내보여야 합니다.
① 예수님은 고난을 겪으시고 죽으심으로 부활하셨습니다.
기독교는 고행주의는 아니지만 십자가를 지고 가는 종교입니다(마 16:24). 십자가 고난 끝에 부활의 영광이 있습니다.
② 예수님의 십자가 죽으심과 부활하심은 기독교의 총체입니다.
십자가와 부활이 없으면 기독교는 존재하지 않습니다. 부활을 바라보면서 고난을 이기고 순교했던 선진들을 보십시오. 히브리서에 분명하게 증거해 주었습니다(히 11:33-40).

2. 예수 그리스도의 십자가의 죽으심과 부활은 믿는 자들에게 새로운 삶의 시작이 되었습니다.
이제는 고향으로 하향하거나 무덤에서 배회하는 제자의 삶이 아닙니다(눅 24:13-).

1) 예수님의 부활 소식과 부활하신 예수님을 만난 제자들은 달라졌습니다.
① 이제는 낙심한 제자들이 아니었습니다.
예수님을 만났기 때문입니다. 교회 안에서 말씀을 통하여 예수님을 만난 사람들은 생활이 달라져야 합니다(몬 11절, 골 4:9).
② 내가 부활함과 같이 너희도 부활할 것이라는 주님 말씀에 제자들이 승리를 얻었습니다.
따라서 기독교 신앙은 세상에서 그 어떤 것도 당할 자 없습니다. 승리가 보장되었기 때문입니다.

2) 달라진 제자들과 같이 부활을 믿는 성도들도 달라져야 하겠습니다.
① 달라진 제자들의 모습을 보시기 바랍니다.
오순절을 겪으면서 확실히 달라지게 되었고 바뀌었습니다(막 16:9, 요 20:15, 눅 24:30, 마 26:34, 행 4:19, 막 14:50-52, 요 20:25-29).
② 달라지게 되었고 변화되어서 전도자가 되었습니다.
신앙이 달라지고 육적 생활이 변화되었습니다. 부활의 중인들입니다.

3. 예수 그리스도의 십자가의 죽으심과 부활은 믿는 자들에게 최후 승리의 부활을 약속하신 사건입니다.

인간의 죽음 문제가 해결되었습니다.

1) 부활에는 두 가지가 있습니다(계 20:5, 6).

① 첫째 부활입니다(살전 4:13-17).
믿는 자의 부활입니다. 최후 승리의 부활입니다.

② 두 번째 부활로써 심판의 부활입니다.
불신자들의 부활입니다. 불행한 부활로써 영영히 지옥 가는 부활입니다.

2) 우리는 모두 믿는 자로써 부활의 최후 승리자들입니다.

① 부활하신 예수님을 만나지 못하고 사는 인생은 불쌍한 인생입니다.
예수 안에만 생명이 있기 때문입니다(요일 5:11-12).

② 예수 안에서 우리는 영원한 부활이 약속되었습니다.
믿음의 결과는 영원히 사는 축복인바 여기에 속한 성도가 되시기를 축원합니다.

결론 - 우리는 생명의 부활에 참여할 사람들입니다.

> 예수님

예수 그리스도의 탄생을 전하라!
(마태복음 1:8-25)

　예수 그리스도의 탄생을 알리는 성탄절은 천년을 두 번이나 지나오면서 지금까지 국제 명절이 되었습니다. 세상에 어떤 이름을 가져다 대도 예수 그리스도의 이름과는 비교가 될 수 없고, 의미로도 견줄만한 이름은 없습니다. 많은 사람들이 지금까지 성탄의 뜻도 모른 체 떠들어 대고 시끌하게 지내오지만, 사실 더 중요한 것은 예수님이 나신 이 날을 다시 한 번 새기면서 그분을 영접해 드리는데 있습니다.
　"아들을 낳으리니 이름을 예수라 하라 이는 그가 자기 백성을 저희 죄에서 구원할 자라 하심이라" 하였습니다. 여기에 바로 성도들의 핵심과 중심적 의미가 담겨져 있습니다. 한낱 먹고 마시고 즐거워함으로 끝나는 명절이 아니라 예수 그리스도의 탄생은 영원한 영생의 문제가 달린 일입니다.

1. 성탄절을 맞이하여 바른 의미를 생각해 보겠습니다.
　예수께서 육신을 입고 이 땅에 탄생하신 이유가 무엇이겠습니까?
　여기에 우리의 바른 믿음과 바른 신앙의 자세가 모두 함축되어 있습니다.

1) 예수님이 우리를 위해 이 땅에 성육신하셨음을 믿고 고백해야 합니다.
① 우리와 똑같이 육신을 입고 오셨기 때문입니다.
　그러나 죄는 없으신 육신으로 오셨습니다(히 4:15). 이런 사실을 다음 성경구절에서 여러 번 밝혀 주셨습니다(요 1:1, 빌 2:6, 요 1:14, 히 4:16). 육신으로 예수님이 오셨습니다.
② 영원토록 우리와 함께 계시기 위해서 오셨습니다.
　"보라 처녀가 잉태하여 아들을 낳으리니 그 이름을 임마누엘이라 하셨으니 이를 번역한즉 하나님이 우리와 함께 계심이라 함이라" 하였습니다(마 1:23). 이 말씀은 위태로운 유다를 향해서 주신 말씀에서 비롯되었습니다(신 7장).
　유다 백성뿐만 아니라 이 세대에 모든 하나님의 백성에게 함께 하시기 위해서 보여주시고 오신 날이 성탄절입니다.

③ 우리(나)를 위해서 구원하시기 위해서 오셨습니다.
"아들을 낳으리니 이름을 예수라 하라 이는 자기 백성을 저희 죄에서 구원할 자"라 하셨습니다. 그래서 모든 죄와 율법에서 속량하신 분이십니다(갈 4:5, 엡 2:1,4).

④ 예수 그리스도는 만왕의 왕이시요 만주의 주로 오셨습니다.
이 날이 성탄절이요, 온 세상이 맞이하는 날입니다. 동방박사들은 이 예수께 경배하였습니다(마 2:7-12). 십자가에 못 박히실 때에도 왕으로써 팻말을 다신 채 죽으셨던 예수님이십니다(마 27:37).

2) 만왕의 왕이시요, 만주의 주가 되시는 예수님께서 오신 날을 바르게 지켜야 하겠습니다.
어떻게 바르게 지켜야 하겠습니까?

① 그분에 대해서 올바르게 인식해야 합니다.
그분에 대해서 바르게 알고 대해야 합니다. 예컨대 상대방에 대해서 이름에 흠가는 말을 한다면 큰 오류요, 실수요, 실례가 되듯이 많은 자유주의자들이나 이단자들뿐 아니라 불신세력들이 예수님의 이름에 흠이 되게 하는 일은 그쳐야합니다.

② 만주의 주가 되신 구세주는 오직 한분 밖에 계시지 않습니다.
곧 예수 그리스도요 십자가 위에서 대속적 죽음을 죽으신 분이십니다. 예수 그리스도의 이름에 바르게 신앙고백 하시기를 축원합니다.

2. 성탄절을 맞이하여 어떻게 해야 하겠습니까?

일반인들과 같이 무의미하게 떠드는 것이 아니라 구원받은 성도들로서 분명히 해야 할 일이 있습니다.

1) 그분의 성민으로써 마땅히 지켜야 할 일들이 있습니다.

① 경건하고 감사하게 예배하며 경배해야 합니다.
원래 '예배'라는 뜻은 (worth worship) '엎드린다'는 뜻입니다. 겸손히 꿇어 엎드려 예배하는 것을 뜻합니다.

동방박사들이 엎드려 경배하고 보배함을 열어서 예물을 드렸습니다. 많은 사람들이 예수께 경배도 드리지 않습니다.

② 기쁘게 찬양해야 합니다.
"박사들이 별을 보고 가장 기뻐하고 기뻐하더라"(마 2:10) 했습니다. 들에 양을 치던 목자들도 천사들과 함께 찬양했습니다.(눅 2:13) 땅에서는 기뻐하심을 입은 사람들 중에 평화로다 했습니다.

③ 정성껏 예물을 드렸듯이 예물이 있어야 합니다.(마2:11)
황금과 유향과 몰약을 예물로 드렸듯이 오늘날 믿음의 성도들은 믿음과 소망과 사랑의 예물이 있어야 합니다. 이 예물이 예수님이 애굽 피난길에 요긴하게 사용되었듯이 하나님께 드리는 헌금은 선교와 봉사와 구제에 귀하게 사용됩니다. 교회의 사명은 선교하고 전도하여 영혼을 건지는 데 있습니다.

④ 이제는 나가서 복음을 전해야 하는 것입니다.
온 백성에게 내릴 큰 기쁨의 좋은 소식이기 때문입니다(눅 2:10).
안나 할머니처럼 전해야 합니다(눅 2:36-38).

2) 우리는 성탄을 어떻게 보내고 있습니까?
① 본래의 뜻대로 올바른 성탄이 되게 해야 합니다.
현대사회의 성탄은 많이 빗나간 점이 있습니다.
② 성탄은 성탄절 되게 해야 합니다.
예수님이 태어나실 빈방 하나 없듯이, 이 시대가 예수님의 뜻과는 너무나 거리가 멀리 가는 때이기 때문입니다.

3. 성탄절에 하나님의 은혜를 생각해야 하겠습니다.

하나님의 은혜를 생각하며 보답하는 마음으로 살아야 합니다.

1) 하나님의 은혜를 감사해야 합니다.
① 감사하며 살아야 합니다.
많은 사람이 하나님의 은혜를 모른 체 지내고 있기 때문입니다.
어느 날 여름 더위를 피해서 고목나무 밑에 앉아 땀을 닦던 사람이 나무를 향해서 욕을 합니다. 기둥으로도 쓸 수 없고 화목으로 밖에 사용이 안 되겠군… 지나가던 현자가 나무랍니다. 당신이 지금 어디에서 쉬며 땀을 닦고 있소?
예수 그리스도의 존재를 바르게 알아야 합니다(롬 9:33, 벧전 2:7).
② 그분에 의해서 구원받아 하나님 백성이 되었거늘 사람들은 은혜를 잊어버리고 살아갑니다.

2) 이제부터 어떻게 살아야 할까요?

① 그분이 원하시는 뜻이 무엇인지 생각해야 합니다(마 5:13).
소금과 빛으로의 생활입니다.
② 이제 재림하시게 될 예수님 앞에 설 준비가 필요합니다.
이제 구세주가 아니라 심판주요, 만왕의 왕으로 오실 것입니다.
이 분에게 인정받는 심령들이 되시기를 축원합니다.

결 론 : 예수님의 탄생을 이렇게 전해야 하겠습니다.

> 예수님

큰 기쁨의 좋은 소식

(누가복음 2:1-14)

이 세상에는 많은 행사라든지 기념할만한 기쁜 날들이 있습니다.

개인적인 차원으로 가정을 비롯해서 기업과 국가적 차원들이 이 날을 기념합니다. 세계적인 국가 원수급들도 이 날은 서로 축하해주고 교류합니다. 지난번에 러시아 푸틴 대통령의 생일에 부시 대통령이 직접 가서 축하 케이크를 절단하는 모습이 뉴스에 방영된 적이 있습니다.

본문은 마태복음과 함께 예수님이 태어나실 때의 모습들을 정교하게 사실적으로 기록한 복음서입니다. 예수님은 우연히 태어나신 것이 아니고 구약시대에 기록된 예언대로 오셨습니다. 초림의 예수님도 그러하셨지만 이제 두 번째 재림주로 오시게 되는데 이때에도 예언대로 오시게 되는데 초림 때에도 주변에서 맞을 준비한 사람들이 영접하고 맞이하였듯이 재림 때에도 그러합니다.

초림으로 오신 예수님이 나셨을 때에 '큰 기쁨의 좋은 소식' 이듯이 모든 교회와 성도들은 지금 두 번째 오실 예수님이 '큰 기쁨의 좋은 소식' 입니다.

1. 큰 기쁨의 좋은 소식은 예고된 일이었습니다.

천사들이 목자들에게 나타나서 전하는 말이 "큰 기쁨의 좋은 소식을 너희에게 전하노라"(10절) 하였듯이 이 소식은 우연한 일이 아니라 시대 시대마다 구약에서 예언된 사건들이며 예수님 재림 때에도 천사장의 나팔 소리와 함께 강림하시게 될 것입니다(마 24:31).

1) 구약 성경은 신약을 예언하였습니다.

구약과 신약은 뗄래야 뗄 수 없는 관계에 있습니다. 구약 전체가 예수 그리스도의 오실 것과 예언으로 가득 차있습니다.

① 구원주로 오셔서 죄로 부끄러운 인생을 가리어 주시기 위해서 오실 것이라고 예언되었습니다(창 3:9 창 3:21 요 1:29).

오셔서 희생하시고 구원의 가죽옷, 의의 옷을 입혀 주셨습니다.

② 믿는 자에게 복을 주시기 위해서 오셨습니다.
에덴동산에서 추방되었고 복이 없는 인생들에게 예수님은 아브라함을 통해서 믿음을 제시하셨고 아브라함과 같이 믿는 자에게 복을 주시는데 영생의 복은 물론이고 축복도 약속하셨습니다(창 12:1-4, 22:18, 고후 8:9, 갈 3:9).

③ 구원의 지도자가 태어날 것을 예언하셨습니다.
예수 그리스도의 메시야됨의 예언이요, 예표요, 그림자입니다(민 24:17, 마 2:2, 계 22:16). 별, 홀이 모두 구원의 지도자로서의 예수 그리스도이심을 표현한 예언입니다.

④ 기적 중에 기적 같이 오실 것에 대한 예언입니다.
모든 생물들은 부정모혈로서 태어나게 됩니다. 여기에 번식이 있습니다. 혹 하등생물들 중에 예외가 있기는 하지만 인간은 철저한 부정모혈의 관계 속에서 태어납니다. 그런데 예수님은 순수한 처녀 마리아에게서 성령으로 잉태하셨고 태어나셨습니다(사 7:14, 마 1:21).

⑤ 예수 그리스도는 하나님이심을 예언하셨습니다.
육신을 입고 오신 예수 그리스도는 본래 하나님의 본체이십니다(사 9:6 요 1:1-3 빌 2:6).

⑥ 예수님께서 태어나실 곳까지 예언되었습니다.
다윗의 후손으로서(마 1:1) 다윗의 고향인 베들레헴에서 태어나시게 됨을 예언하였습니다(미 5:2). 이와 같이 예언된 대로 오셨습니다.

2) 기쁜 소식 예언이 이루어질 때까지는 긴 시간이 소요되었습니다.
하나님의 시간은 인간의 시간과 다르지만(벧후 3:8) 구약의 시간과 시간 속에서 예언된 기간은 긴 시간이었습니다.

① 위에서 보였던 사건들이 예언된 시간은 짧게는 B. C. 600년에서 길게는 B. C. 1,500년이라는 시간 속에서 예언되었습니다.

② 이 사실은 큰 기쁨의 사건이요. 사실이 되었습니다.
왜 큰 기쁨의 좋은 소식이라고 하였겠습니까? 그것은 하나님 편에서는 잃은 백성을 찾는 기쁨의 사건이요(눅 15:7), 인간은 멸망에서 구원 받게 되는 영생의 소망의 사건이기 때문입니다. 그래서 기쁜 성탄(Merry

Christ-Mas)라고 합니다. 이 기쁨이 개인과 가정과 교회 전체 위에와 나라 위에 임하기를 축복합니다.

2. 큰 기쁨의 좋은 소식을 맞이했던 사람들이 있습니다.

가이사 아구스도가 명한 호적법에 의해서 요셉과 정혼한 마리아와 함께 베들레헴으로 갔을 때에는 수많은 사람들이 있었습니다. 그래서 여관도 만원이었고, 예수님을 모실만한 곳이 없을 정도로 사람들이 많이 있었지만 초림으로 오신 예수님을 맞이했던 사람들은 많지가 아니하였습니다.

1) 큰 기쁨의 좋은 소식을 맞이했던 사람들은 극소수였습니다.

① 본문에서 보듯이 목자들이 있습니다.
한밤중에도 양을 지키는 자리에서 사명자의 길을 가던 사람들에게 천사는 나타나서 이 소식을 전하였습니다. 재림 때에도 사명자의 자리에 있는 것은 중요합니다(마 25:21).

② 동방박사들입니다(마 2:1).
비록 이방인들이지만 별을 연구하던 사람들이 예수님께 와서 경배를 드리게 되었고 보배합을 열어서 예물을 드림으로써 후에 애굽 피난 생활에 큰 도움이 되었습니다(마 2:14).

③ 성령의 지시로 예수님을 뵙게 된 의로운 사람 시므온입니다(눅 2:25).
큰 기쁨의 좋은 소식을 받은 사람이 되었습니다.

④ 100세가 넘도록 성전을 떠나지 않고 주야로 기도했던 안나입니다(눅 2:36).
성전 중심의 신앙생활을 하는 사람에게 두 번째 예수님은 오시게 될 것입니다.

2) 큰 기쁨의 좋은 소식을 옆에 두고도 현실에 눈이 어두워서 영접하지 아니하고 배척했던 사람들이 있습니다.

두 번째 재림 때에도 세상은 그러할 것입니다.

① 돈에 눈이 어두워서 예수님을 말구유에 낳게 한 여관 주인입니다.

② 권력에 눈이 멀어서 예수님이 어디에 태어날 것을 알면서도 영접치 못했

던 서기관과 바리새인들입니다(마 2:3).

3. 큰 기쁨의 좋은 소식은 하나님께는 기쁨이요 영광이며 택하신 사람에게는 평화입니다.

1) 잃어버린 백성을 다시 찾는 일이기 때문입니다(눅 19:10).

① 세 가지 비유에서 예수님의 오심이 하나님의 기쁨임을 조명해 주셨습니다(눅 15:1-).

② 그가 오심으로써 하나님과 막힌 담이 무너지게 되고 평화가 주어지기 때문에 택하신 백성들에게 기쁨이요, 평화입니다(눅 2:14).
이제는 지옥 갈 심판과 죄 문제가 해결되었습니다.

2) 기쁜 날에 이 소식을 들은 우리에게는 기쁨이 넘쳐야 하겠습니다.
이유 없이 기뻐하는 것이 아닙니다.

① 구세주가 나셨기 때문입니다.
구세주가 나셨기 때문에 이 복음을 위해서 감옥에 가도 기뻐하였습니다(빌 4:4).

② 우리 모두 기쁨의 인사를 해야 하겠습니다.
메리 크리스마스(Merry Christ-Mas)! 이 기쁨이 개인과 가정과 교회, 그리고 국가위에 넘치기를 축원합니다.

결 론 : 예수님의 탄생은 큰 기쁨의 좋은 소식입니다.

> 예수님

포도나무 비유와 성도
(요한복음 15:1-8)

유치부 아이들의 책은 글씨보다 그림이 더 많이 인쇄되어 있고, 그 글씨도 크게 몇 자 정도만 있고 나머지는 큰 그림들이 가득합니다. 고학년으로 올라갈수록 그림은 없어지고 글씨들로 가득 채워집니다. 이렇듯이 예수님은 우리에게 천국복음을 전하시면서 비유로 말씀하실 때가 많았습니다. 깨닫게 하기 위해서였습니다. 예수님과 그의 성도들의 관계(요 10:1-10), 탕자의 비유(눅 15:11-), 종말 때의 사건 비유(마 25:1-13), 천국의 비유(마 13장)에서 나타나는 것은 누구든지 예수 안에 있으면 정죄함이 없고(롬 8:1), 누구도 그 안에서 끊을 수 없다는 것입니다(요 10:28-29). 또한 그 사랑에서 끊을 수도 없습니다.

본문에서는 농부 되신 아버지와 포도나무의 원줄기인 예수 그리스도 그리고 그의 가지된 성도와의 관계를 설명하면서 가지가 열매를 맺어야 함을 강조해주시고 있습니다. "내 안에 거하라 나도 너희 안에 거하리라" 했습니다. 이것이 열매 맺는 조건입니다.

1. 예수 그리스도께서 성도와 맺은 관계는 피 흘려 속죄하신 관계입니다.

예수님은 우리를 위해서 십자가에서 대속적 죽음을 죽으시고 속죄해주신 분이십니다.

1) 죄를 속해주신 속죄관계입니다.

예수 안에서 우리의 영원한 속죄를 위해서 십자가에서 죽으셨습니다. 영원한 자유와 평화를 위해서 예수님이 대신 피 흘리시고 죽으셨습니다. 왜냐하면 피 흘림이 없은즉 사함도 없기 때문입니다(레 1-4장, 히 9:22).

① 십자가에서 피를 흘리심으로 우리의 구원을 완성하셨습니다(요 19:30).
'다 이루었다 하시고 영혼이 돌아가시니라' 하셨습니다. 우리를 위해 영원한 화평이 되셨고(엡 2:13) 평화를 주셨습니다.

② 우리의 구원을 완벽하게 이루셨습니다.
다른 속죄가 필요 없습니다(엡 2:1, 요 5:24, 롬 8:1).

2) 본문에서(2-3절) '깨끗케 하시느니라' 하셨습니다.

열매를 맺게 하시기 위해서는 깨끗케 하신 것입니다.

① 믿는 자는 이제 깨끗한 관계 속에서 열매가 풍성해야 합니다.

깨끗하다는 말씀은 헬라어 '카다리도'인데 하나님과의 관계에서 깨끗한 영적인 모습입니다. 조직신학에서 우리는 은혜의 관계, 은혜 언약시대에 있습니다. 다시 끊을 수 없는 하나님의 사랑의 관계 속에 있습니다.

② 살아있고 변치 않는 하나님의 말씀이 이를 증거 합니다.

유명한 신학자 가운데 헤르만 바빙크(Herman Bavinck)는 복음의 구원의 능력에 대하여 성경 구절을 이렇게 인용했습니다. 복음은 구원에 이르는 능력(롬 1:16), 생명 있고 영존한 말씀(벧전 1:25), 살아있고 운동력 있는 말씀(히 4:12), 그리고 하나님은 마음에 씨를 심으셨고(마 13:3), 믿는 자 속에 역사하는 말씀(살전 2:13)이라고 강조했습니다. 포도나무 비유에서 우리는 예수 안에 뗄래야 뗄 수 없는 관계성을 배우게 됩니다.

2. 예수 그리스도와 성도의 관계는 생명을 주시는 생명관계에 속합니다.

원줄기에서 가지로 생명이 이어가듯이 예수 안에서 만이 우리는 생명을 얻게 됩니다. "내 안에 거하라 나도 너희 안에 거하리라" 했습니다.

1) 원줄기에서 잘려진 가지는 생명을 이어받지 못한 죽은 가지에 불과합니다.

① 가지가 원줄기에 붙어있듯이 또한 우리는 예수 안에 있을 때에 영적 에너지가 공급되고 살 수가 있습니다.

철저하게 예수 안에 살아가는 일이 중요합니다. 그래서 바울 사도도 강조하기를 '예수 안에', '엔토 그리스도'를 강조했습니다.

② 가지는 원줄기를 통해서만 모든 영양을 공급받게 됩니다.

예수님의 피 흘리심의 은혜를 비롯해서 구원과 열매 맺는 생활이 여기에서 시작됩니다. "가지가 포도나무에 붙어 있지 아니하면 스스로 열매를 맺을 수 없음 같이 너희도 내 안에 있지 아니하면 그러하리라"(4절) 했습니다. 중요한 것은 "예수님 안에서 생명 관계 속에 있느냐"입니다.

2) 어떤 이유를 불문하고 예수 안에 붙어 있어야 합니다.

바로 여기에 생명이 존재하기 때문입니다.

① 환난, 시련, 시험, 핍박, 어떤 것이 다가와도 성도는 언제나 예수 안에 있어야 합니다. 데마는 세상을 향해 갔던 사람중에 대표입니다(딤후 4:10).
② 성경에서 예수님은 생명(Life)이라고 했습니다.
생명의 빛이요(요 1:4), 생명의 말씀이요(요 6:53-55), 예수님 안에서만 생명이 있습니다(요일 5:11-13). 예수님 안에서 생명 관계를 잘 맺어야 합니다.

3. 예수님과 성도와의 관계는 열매의 관계입니다.
1) 예수 안에서만이 영적 열매가 있습니다.
① 하나님은 열매를 요구합니다.
농장 주인이 열매를 요구하십니다. 열매를 맺지 않으면 제해 버리신다고 하셨습니다(마 3:10, 히 13:15). 많은 열매들이 있습니다(엡 1:12, 빌 1:11, 요 13:6, 약 3:17).
② 이 모든 열매들은 예수 안에서만 맺게 되는 성격입니다.
하나님이 기뻐하시는 열매는 다른 방법이 없습니다. 예수님 안에서만 허락된 열매를 요구하십니다. 죽은 가지나 열매 없는 가지가 아니라 풍성히 맺어있는 가지가 되어야 합니다.

2) 열매를 맺게 될 때에 하나님의 영광이 나타납니다.
"너희가 열매를 많이 맺으면 내 아버지께서 영광을 받으실 것이요 너희는 내 제자가 되리라"(18절) 했습니다.
① 열매를 맺게 될 때에 하나님께서 영광을 나타내십니다.
② "내 제자가 되리라" 하셨습니다.
"그의 열매로써 그 사람을 안다"(마 7:16)고 하셨습니다. 말로만이 제자가 아닙니다. 열매가 말해주는 일입니다.
③ 열매를 맺게 될 때에 축복과 응답이 있습니다.
"무엇이든지 원하는 대로 구하라 그리하면 이루리라"(7절) 했습니다.

열매가 풍성한 성도들이 되시기를 주의 이름으로 축원합니다.

구 원

거듭났습니까?
(요한복음 3:1-16)

세상의 모든 일에는 본질적인 것이 있습니다. 그래서 그 본질을 잃어버리거나 상실하게 되면 껍데기만 남게 됩니다. 겉이 아무리 화려해도 알맹이가 없다면 결국 쭉정이에 불과합니다. 기독교 신앙은 알맹이를 중요시하는데 물과 성령으로 거듭나는 문제가 바로 인생에 있어서 알맹이와 같은 일입니다. 세상에는 유명한 것일수록 가짜가 많이 있습니다. 그래서 명품일수록 가짜가 많이 있기 마련입니다. 지금은 PVC가 발달되어서 가짜 꽃을 비롯해서 가짜 식물이 많이 있습니다. 가짜 식물은 겉은 화려해도 그 속에는 생명이 없습니다. 물과 성령으로 거듭나지 아니하면 가짜 신앙과 같아서 생명이 없기에 천국에 들어갈 수 없습니다.

본문에서 예수님께서는 당시에 산헤드린 의원이었던 니고데모에게 '네가 물과 성령으로 거듭나지 아니하면 천국에 들어갈 수가 없다'고 하셨습니다. 이것을 중생(重生)이라고 말합니다.

교회에 나와도 중생하지 아니하였으면 껍데기 신앙만 가지고 가짜로 다니는 것입니다. 이런 사람은 천국에 들어갈 수 없다고 하신 것입니다. 껍데기 신앙을 가지는 것이 아니라 진짜 알맹이 신앙을 소유하기 위해서 몇 가지 기억해야 하겠습니다.

1. 예수 이름으로 모든 죄를 회개해야 합니다.

중생(born-again)은 회개에서부터 시작됩니다.

1) 지금까지 예수 믿기 전의 모든 죄들을 회개해야 합니다.

① 하나님은 회개할 때에 용서하십니다.

이사야 선지자를 통해서도 백성들에게 회개를 촉구하셨습니다. 죄를 지적하셨고(사 1:3-), 회개를 촉구하셨습니다(사 1:18).

요엘 선지자를 통해서도 죄를 지적하심과 함께 회개를 촉구하셨습니다(욜 2:12). 예수님의 지상에서의 공식적인 첫 설교가 '회개하라 천국이 가까왔느니라' (마 4:17)였습니다. 회개할 때에 용서가 있습니다(요일 1:8-9).

② 회개할 때에 용서하시며 깨끗케 해주십니다.

이를 위해서 예수님은 십자가 위에서 피 흘려주셨습니다. 그 피 흘리심이 모든 죄에서 깨끗케 하십니다(마 27:46, 히 9:12-22).

이는 주전 700년 전에 이사야도 예언했습니다(사 53:4-).

2) 예수 그리스도를 주심은 하나님의 전적인 사랑입니다.

하나님의 전적인 사랑 때문에 죄에서 사는 길이 열리었습니다.

① 아직 죄인 되었을 때입니다.

의인도 아니었고, 영웅도 아니었고 어떤 자격이 있어서가 아닙니다. 죄인 되었을 때에 십자가에 죽으심으로 사랑을 나타내 보이셨습니다.(롬 5:8)구약에서는 수많은 짐승이 죽었지만 신약에 와서는 예수 그리스도의 피가 용서합니다(히 9:12-14).

② 이는 새 언약이며 영원한 기업의 약속입니다.

이 약속 하에서 하나님께서는 회개하라고 촉구하시며 회개하는 자에게 용서와 함께 거듭남이 주어집니다.

2. 거듭남의 역사는 말씀을 들을 때에 성령의 역사로 되는 영적 체험입니다.

거듭남의 역사는 말씀을 통해서 이루어지는 영적인 일입니다.

1) 말씀을 귀담아 들어야 합니다.

거듭남은 말씀으로 이루어지는 현상이기 때문에 주의 말씀이 귀합니다.

① 말씀에서 이루어지는 영적 체험으로써 들을 때에 믿음이 생기게 됩니다(롬 10:17).

말씀을 들을 때에 영적으로 죽은 자가 회생하게 되고 살게 됩니다.(요 5:25, 겔 37:7-)

② 들을 때에 영적인 귀를 열어주시는 분은 성령이십니다.

그래서 성령께서 우리에게 약속대로 오셨습니다. 보혜사 성령께서 역사하실 때에 깨닫게 되고 듣게 되는 현상입니다(요 14:16, 26, 행 1:4-8).

2) 이 체험이 없으면 죄 사함이 불가능하며 천국에 들어갈 수가 없습니다.
이때에 성령께서 인(印)을 치십니다.

① 성령께서 너는 내 것이라고 인(Mark)을 치십니다.
지금은 인치는 시대입니다(겔 9:1-, 계 7:1, 엡 1:13).
거듭난 사람은 성령의 인 맞은 사람입니다.

② 교회에 나와도 이 체험이 없으면 알곡이 아니요 여전히 죄 가운데 있는 쭉정이에 불과합니다.
따라서 천국에 들어갈 수가 없습니다. 그래서 자기 신앙을 한 번 확인해야 합니다(고후 13:5).

3. 거듭나게 될 때에 비로소 하나님의 자녀요 양자의 특권이 주어지게 됩니다(롬 8:14-).

1) 거듭나지 아니하였으면 하나님의 자녀의 신분이 아닙니다.
거듭남을 통해서 신분 변화의 체험이 없기 때문입니다.

① 믿음으로 거듭나게 될 때에 자녀의 특권이 주어집니다.
이것이 성경의 약속이요 핵심입니다(요 1:12, 롬 8:14). 그래서 거듭나는 것은 성경의 핵심이요 중요한 일입니다.

② 거듭나지 아니하였으면 죄인 중에 있거니와 죄 값은 영원한 사망에 머므르고 있는 것입니다(롬 6:23).

2) 기독교 신앙은 이론적으로 끝나는 것이 아니고 체험적인 신앙입니다.

① 성령으로 거듭남의 체험이 말씀 속에서 이루어진 체험이 있느냐는 사실입니다.

② 아직 유효한 거듭남의 체험이 있어야 합니다.
성령으로 뜨겁게 역사하시는 이 체험이 성도들에게 있게 되시기를 주의 이름으로 축원합니다.

결 론 : 우리는 껍데기 신앙이 아니고 알맹이 신앙이어야 합니다.

구원 죄와 허물로 죽었던 인생을 살리셨도다
(에베소서 2:1-9)

세상에는 수많은 종교들이 있어서 사람들을 따르게 합니다. 여기에는 소위 하등종교도 있고 고등종교도 있습니다. 미신이나 샤마니즘도 있어서 사람들을 그릇가게 하는 집단들도 많이 있습니다. 그런데 많은 종교들이나 사람들은 기복적 신앙으로 그저 복이나 구하고 육신적인 안녕이나 구하는 것이 최고의 가치요 신앙인 것으로 착각합니다. 성경은 하나님 외에 다른 신이 없다고 분명히 말합니다. 열방의 우상은 사람들이 만든 것들입니다(시 115:4-). 그래서 더욱 가중죄(加重罪)에 빠지게 되었습니다. 죄가 죄를 낳게 되고 하나님과 영원히 분리되고, 영원한 사망에 이르게 되었습니다.

아담과 하와 이후에 계속되는 죄들이 원죄와 자범죄가 되었고 그 죄 값은 하나님과는 멀어지고 지옥형벌을 받게 되는데 이 죄는 수다한 비누나 잿물로도 씻을 수 없게 되었습니다(렘 2:22, 13:23). 죄 없다하면 거짓이요(요일 1:8) 이 죄는 모두에게 있으며(롬 3:10, 23), 죄 값은 사망입니다(롬 6:23). 죽을 수밖에 없는 자가 아니라 이미 죄 값으로 영적 사망을 당하게 되었습니다. 그러나 예수 그리스도의 십자가 대속적 죽으심을 믿음으로 구원을 받았고 다시 살게 되었는데 이 은혜를 다시 한번 생각해봅니다.

1. 우리는 모두가 죄로 말미암아 죽었던 사람들입니다.

육체적 죽음을 잠자는 것으로 표현하였습니다(요 11:11-12, 살전 4:13). 왜냐하면 다시 부활과 함께 깨어나는 시간이 있기 때문입니다. 따라서 여기에서 죽음이란 영원한 지옥 심판을 뜻합니다.

1) 지옥은 무서운 곳이며 영원히 그 불이 꺼지지 않습니다.
① 지옥은 영원히 불이 꺼지지 않으며 벌레 한 마리도 죽지 않는 무서운 곳입니다(계 20:10-15, 21:8. 막 9:48).
② 불신자들은 지옥을 피할 수가 없습니다.
   죽음 이후 불신자가 도달하는 형벌의 곳으로서 한번 가면 올 수도, 갈 수

도 없는 곳입니다(눅 16:26).
③ 세계의 모든 인종이 이곳에 집결합니다.
세계 어디에 살았든지 간에 불신자는 이곳에 모이게 됩니다. 천국 역시 마찬가지입니다. 모든 인종이 다 모입니다(계 7:9).
파스칼(Pascal)은 말하기를 신의 존재를 인정하지 않는 사람이 있는데 그가 그릇되었다면 무서운 과오를 범하게 되는 것이 되고 혹 그가 옳다고 해도 그가 얻을 것은 없다고 하였습니다.

2) 우리는 전적으로 타락되었던 사람들입니다.
우리는 죄로 말미암아 죽었습니다(창 2:17). 장로교회의 칼빈주의 5대교리에서 보시기 바랍니다.
① 전적무능력입니다(Total Inability).
② 무조건적 선택입니다(Unconditional Election).
③ 제한적 속죄입니다(Limited Atonement).
④ 효력 있는 은혜입니다(Irresistible Grace).
⑤ 성도의 궁극적 구원입니다(Perseverance of the saints).

2. 우리가 구원받게 된 것은 예수 그리스도의 십자가의 대속적 죽으심과 부활 때문입니다.

1) 구약에서 예언된 말씀들을 보시기 바랍니다.
① 예수 그리스도는 하나님 앞에서 우리 믿는 사람들의 의가 되셨습니다(창 3:21, 요 1:29).
짐승이 죽고 그 가죽옷으로 예표해 주셨습니다.
② 방주 사건이 바로 우리의 구원의 예표입니다(창 7-8장).
구원 받은 자는 방주와 같은 그리스도의 몸인 교회 안에 있어야 합니다. 그밖에 무지개 약속(창 9:12-13), 유월절 어린양의 사건(출 22장) 등 이 모두 메시아에 관한 약속이요 언약입니다.

2) 예수 그리스도는 구약의 예언대로 오셨고 십자가에 죽으셨습니다.
① 나 때문에, 내 죄를 용서하시고, 나를 살리기 위해서 죽으심을 믿고 마음

에 받아들여야 합니다.

② 막연한 고백이 아니라 실제적인 고백으로 이루어져야 합니다.

3. 이제 믿는 자는 확실히 구원을 얻게 되었고 살게 되었습니다.

1) 성경적으로 확증을 보시기 바랍니다.

① 사도 요한을 통해서 기록된 복음서를 보시기 바랍니다.
요 5:24에 분명히 약속하셨으며, 요일 5:11-12에서 더욱 확약이 이룩되었습니다(요 1:12, 3:16).

② 사도 바울을 통해서 약속한 말씀을 보시기 바랍니다.
믿는 자에게는 다시는 정죄함이 없습니다(롬 8:1). 죄에서 영원히 해방이요, 자유이기 때문입니다(갈 5:1). 이제는 본질상 진노의 자식이 아니라 하나님의 자녀요, 양자의 특권이 주어지게 되었습니다(롬 8:15).

2) 확실한 믿음 위에서 하나님의 자녀답게 살아야 합니다.

① 하나님의 자녀의 특권이 여기에 있습니다(롬 8:17).
하나님의 후사(상속권자)가 되었습니다. 따라서 십자가의 고난이 왔을 때에 십자가도 함께 지고 가야합니다.
예수님이 친히 명하신 말씀입니다(마 16:24).

② 이제 진노의 자식이 아니라 하나님의 자녀가 누리는 축복이 있습니다.
이는 예수님의 은혜입니다(고후 8:9).

고난주간에 다시 한번 은혜를 확인하시고 승리케 되시기를 축원합니다.

결 론 : 이제는 그리스도와 함께 산 자가 되었습니다.

구원 구원받은 성도의 옛 주소와 새 주소
(에베소서 2:1-9)

사람에게는 살고 있는 집이 있고 그 집에 대한 주소가 있습니다. 신분이 확실한 사람은 그 사람이 사는 주소가 확실하지만, 신분이 불확실한 사람은 주소역시 확실하지 않습니다. 실제 주소가 중요하듯이 이 주소의 개념은 그 사람이 살아가는 모든 활동 반경을 대변해 주기도 합니다. 왜냐하면 그 사람이 서 있는 위치가 어디냐는 문제이기도 하기 때문입니다.

성도의 주소와 불신자의 주소는 그 위치가 확실히 다르게 됩니다. 성경에서도 영적이고 신령한 면에서 이 사실을 밝혀 주고 있습니다. 빌레몬서의 주인공인 오네시모는 과거의 주소가 무익한 사람이었으나, 예수를 믿고 주소가 유익한 사람으로 달라지게 되고 교회에서 사랑받는 유익한 일군으로 바뀌게 되었습니다(골 4:9- 몬 11절).

본문에서 사도 바울은 본문을 비롯해서 모든 시대, 모든 그리스도인들에게 과거 주소와 현재 주소를 밝히 보여주었습니다. 예수를 모를 때에 살던 과거 주소와 예수를 믿고 살게 된 구원받은 현재 주소는 확연하게 달라지게 되었습니다(고후 5:17, 골 3:10). "그런즉 누구든지 그리스도 안에 있으면 새로운 피조물이라 이전 것은 지나갔으니 보라 새것이 되었도다"(고후 5:17) 했습니다.

이 시간에 예수 안에서 옛 주소와 새 주소를 비교하시기 바랍니다.

1. 멸망으로 가던 옛 주소를 회고해 보시기 바랍니다.

예수 믿기 전에 불신자 때에는 아래와 같은 주소를 가지고 살았습니다.

1) 그 때에는 이 세상 풍속을 좇아서 살았습니다.

"그때에 우리는 이 세상 풍속을 좇아 살았다"고 하였습니다(2절). 이 세상 풍속이란 하나님을 등지고 죄악의 풍습을 따라 사는 것을 뜻합니다. 그래서 구원받은 성도는 이 세대를 본받지 말라고 하였습니다(롬 12:2).

① 옛 주소는 멸망으로 가는 이 세상 풍속을 따라 생활하는 것입니다.

마귀가 지시하는 대로 죄악의 어두움 속에서 사는 것을 뜻합니다. 부끄러운 줄 모르고 사는 어두운 세상 생활입니다.

② 공중의 권세 잡은 자를 따라 가는 생활입니다.
　불순종의 아들들 가운데서 역사하는 악한 영을 따라서 사는 생활이었습니다. 아담과 하와가 이 영에 속았습니다(창 3:1).

③ 전에는 우리도 육체의 욕심을 따라 지내게 되었습니다.
　그래서 육체의 소욕과 멸망의 길로 부지런히 달렸습니다. 이것이 옛날 생활의 주소인데 탕자의 생활입니다(눅 15:11-).

④ 본질상 진노의 자식이었습니다.
　아담과 하와 이후에 인간은 죄와 허물을 계속 대물림하게 되었고, 죄 값으로 소망이 없이 멸망케 되었습니다. 이것이 옛날 예수를 알기 전의 주소입니다.

2) 옛 문패로, 옛 주소대로 살아가게 된다면 결과가 어떻게 됩니까?

① 사망이요 영원한 멸망입니다.
　죄의 대가가 사망이기 때문입니다. 죄 값이 얼마나 무서운 결과인가를 성경이 말씀해 줍니다. 그 죄 값이 영원한 사망입니다(롬 6:23, 요 3:36, 계 21:8, 22:15).

② 따라서 세상에서 가시적인 부요함에 현혹되지 말고 내 영적 주소에 문패를 확인하는 것이 인생의 제일 중요한 일입니다.
　부요함, 지위와 권세는 천국을 보장해 주지 않습니다. 어리석은 부자 이야기를 보아야 합니다(눅 12:20-21, 눅 16:19-31).

2. 구원받은 사람은 예수 안에서 주소가 바뀐 사람입니다.

1) 주소가 바뀌었으니 모든 일들이 달라지게 되었습니다.

① 긍휼이 풍성하신 하나님께서 속죄하셨고 하나님의 자녀가 되게 하셨습니다(4절).
　하나님의 자녀가 되었습니다(요 1:12-). 하나님의 자녀라는 문패가 달리게 되었습니다.

② 이것은 하나님의 아들 예수 그리스도가 대속적 죽음을 죽음으로써 이룩하신 사실입니다.

예수 안에서만이 구원이요, 생명이 보장됩니다(요 11:25).
③ 그런데 이 믿음은 하나님의 선물입니다(엡 2:8).
믿음으로써 구원받아 하나님의 자녀로 주소가 바뀐 것 역시 하나님께서 믿는 자에게 주시는 선물이었습니다. 인간적인 것이 아니기 때문에 자랑할 것이 없습니다.

2) 주소가 바뀐 사람은 그 주소지에 예수님이 계십니다.
① 내 주소지에는 예수님이 문패의 주인이 되십니다.
내 속에 주인이(신) 주님이 계시기 때문입니다(갈 2:20). 이 사실을 확인해야 하겠습니다.
② 내 집 주소에는 언제나 예수님이 계시게 해야 합니다.
지금도 주님이 밖에서 두드리고 계신 사람이 많습니다(계 3:20).

3. 예수 안에서 새 주소로 바뀐 사람은 생활이 바뀌어야 합니다.
예수를 믿기 전에나 후나 달라지지 않는다면 문제가 있습니다.

1) 믿는 성도는 생활이 달라져야 합니다.
① 이제는 땅엣 것만 추구하는 것이 아니라 위엣 것을 찾아야 합니다.
지식에까지 새롭게 되어야 합니다(골 3:1-10).
② 행동에서 언어생활까지 바뀌어야 합니다.
성도이기 때문입니다(엡 4:29).

2) 새 주소로 바뀐 사람은 감사가 최고의 언어입니다.
① 성도의 생활은 언제나 감사로 일관해야 합니다.
감사는 천국 용어이기 때문입니다. 감사로 일관하시기 바랍니다.
② 감사는 행동으로 보여야 합니다.
말과 행동은 같아야 하기 때문입니다. 많은 사람이 감사가 없는 시대입니다(눅 17:11-19). 감사로 충만하게 되시기를 바라고(살전 5:18) 언제나 달라진 그리스도인의 문패가 되시기를 축원합니다.

결론 - 우리의 주소는 바뀌었습니다.

참, 잘 오셨습니다!

전도 · 선교

(누가복음 15:1-7)

오늘 우리는 오늘을 위해서 오래도록 준비해온 날을 맞이했습니다. 이른바 새생명 축제(New Life Festival)가 그것입니다. 하나님께서 창조하시고 축복을 주셔서 하나님의 품안에서 살아야 할 인간이 하나님의 품을 떠나서 마귀에게 속하여 죄를 짓고 마귀가 이끄는 대로 살다가 결국 영원히 지옥으로 가게 되어 있습니다. 하나님은 그 잃어버린 백성을 찾으시기 위해서 계속해서 주의 종들을 통해서 부르시고 동분서주하시고 계셨습니다.

오늘 본문 말씀은 죄에 빠져 하나님을 떠난 인간들을 찾아서 예수님이 이 땅에 오시게 되었는데 그러한 사실을 비유로써 말씀해 주셨습니다. 새생명 축제의 날을 맞이하여 본문을 통하여 몇 가지 생각해 봅니다.

1. 하나님은 잃어버린 백성을 찾고 계십니다.

잃어버린 백성을 찾으시는 모습이 어제오늘의 이야기가 아닙니다.

1) 하나님께서 그의 백성들을 찾으심을 보시기 바랍니다.

① 에덴동산에서부터 시작하셨습니다.

범죄하고 무화과나무 밑에 숨어있을 때부터입니다(창 3:9). "네가 어디 있느냐" 하셨습니다.

② 그리고 죄를 부끄러워하는 그들에게 가죽옷을 지어 입히셨습니다.

무화과 나뭇잎은 금방 말라서 입을 수 없는 옷이지만 가죽옷은 영구한 옷입니다(창 3:21). 그런데 이 옷은 짐승이 희생함으로써 만들어지는 옷인데 예수님이 양으로 오셨습니다(요 1:29). 그리고 십자가에서 대속적인 죽음을 죽으셨습니다(요 19:30).

2) 잃어버린 하나님의 백성을 찾으시기 위한 희생이셨습니다.

① 우리가 아직 죄인이었을 때 입니다(롬 5:8).

우리는 의인도 아니요, 성현이나 유명인이 아닙니다. 모두가 죄인들이요

죄가 없는 사람은 세상에서 한 사람도 없다고 이미 선언한 죄인들입니다
(롬 3:10,23, 요일 1:8-9). 그리고 그 죄 값은 사망인 사형선고를 이미 받
은 상태의 인간입니다(롬 6:23).
② 하나님께서 잃어버린 백성에 대한 크신 사랑과 열망을 볼 수 있습니다.
하나님께서는 오늘도 우리에게 가서 빨리 잃어버린 백성을 찾아보라고
말씀하시는데, 이미 돌아온 구원받은 백성에게 말씀하신 명령이 되었습
니다(겔 33:1, 딤후 4:1, 행 1:8).

2. 하나님께서 제일 기뻐하시는 일은 집을 잃은 백성이 다시 하나님 품에 돌아올 때입니다.

1) 본문에서 3가지 비유로써 하나님의 마음을 표현해 주셨습니다.
① 잃어버린 양 한 마리를 다시 찾았을 때의 모습으로 말씀해 주셨습니다.
어깨에 메고 돌아오게 됩니다.
② 잃어버린 드라크마를 다시 찾았을 때의 기쁨입니다.
만나는 사람마다 자랑하며 이야기하게 된다고 하였습니다.
③ 두 아들 중에 둘째가 집을 나갔다가 허랑 방탕한 이후에 다시 돌아오게
되는데 이때에 아버지는 큰 잔치를 배설하게 되었습니다.
이것은 하나님의 마음을 말씀해주신 것입니다. 목욕을 시키고 제일 좋은
옷을 입히고 가락지를 끼우고 송아지를 잡고 풍악을 울리며 잔치를 하게
되었습니다.

2) 이것은 하나님의 기쁨이요 천국 잔치입니다.
① 한 사람이 돌아오게 될 때에 천국에는 잔치가 벌어집니다.
집을 나간 백성이 돌아오게 되었고 잃은 자식을 다시 찾게 되었기 때문
입니다.
② 이것은 또한 하나님의 기쁨입니다.
육신의 부모도 자식을 잃었을 때에 그 얼굴 표정을 보셨습니까?
하물며 영원하신 하나님께서 그의 형상대로 지으신 그의 백성(창 1:26)
들을 기다리시는 마음이 얼마나 애타시겠습니까? 비유의 말씀은 하나님

의 마음을 말씀해 주신 것입니다. 그러므로 먼저 믿은 성도들은 하나님의 마음을 헤아려 빚진 자의 모습으로 전도해야 합니다(롬1:14).

3. 참, 잘 오셨습니다!.

오늘 새생명 축제(New Life Festival)를 맞이해서 어떤 경로를 통해서 누구 손에 이끌려 오셨든지 간에 참 탁월한 선택이시며 잘 오셨습니다.

1) 그것은 영원한 영생이기 때문입니다.

① 예수를 믿으면 영생을 얻습니다.
하나님의 자녀가 되는 특권이 있습니다(요 1:12). 혈통으로나 육정으로나 사람의 뜻으로 난 것이 아니라 하나님께로부터 다시 태어나게 되는 역사입니다.

② 잃어버린 하나님의 모든 축복을 다시 회복하는 길입니다.
아버지 하나님의 품을 떠난 후 잃어버린 것들을 다시 회복하는 축복이 있으니 복 중에 복이 됩니다.

2) 잘 오셨습니다.

① 하나님께서 제일 기뻐하십니다.
(7절)"내가 너희에게 이르노니 이와 같이 죄인 하나가 회개하면 회개할 것 없는 의인 아흔 아홉을 인하여 기뻐하는 것 보다 더하리라

② 이 선택을 잃지 말고 끝까지 영생에 이르도록 자라나야 합니다.
이제 영생에 이르는 나무를 심었으니 영생의 결과를 보아야 하겠습니다(벧전 1:9).
여기에 구원과 축복이 예비 되었습니다. 영생과 축복이 여러분의 것이 되시기를 축원합니다.

결 론 : 오늘은 천국에 잔치가 베풀어진 날입니다.

전도·선교

주님이 명하신 냉수 한 그릇의 가치
(마태복음 10:40-42)

목이 말라본 사람은 물 한 방울의 가치가 얼마나 큰 가를 알게 됩니다. 명작 중에 명작인 '벤허(Arius Benhur)'에 나오는 장면 가운데 하나인데, 벤허가 정적이자 친구인 발레리우스 그라티우스(Valerius Gratius)에게 모함 받아 노예로 전락되어서 광야 길을 가는데 예수님께서 목마른 벤허에게 물을 주시게 됩니다. 훗날에 벤허가 예수님이 십자가를 지시고 가시는 길목에서 물을 드리려 하지만, 끝내 드리지 못하는 장면이 스쳐 지나가게 됩니다.

성경에는 물에 관한 진리의 선포가 많이 기록되었습니다. 요한복음 4장에서 수가성 여인과의 대화를 비롯해서 주로 사도 요한을 통해서 생수로 표현하였습니다(요 4:13-14, 요 6:53-55, 요 6:35, 요 7:37, 렘 2:13, 사 55:1- , 계 21:6, 계 22:17, 요 17:37).

본문은 예수님께서 제자들에게 교훈하신 말씀인데 작은 소자 중에 내 이름으로 냉수 한 그릇을 주는 자는 그 상을 반드시 받는다고 약속하신 말씀입니다. 본문에서 몇 가지 은혜를 나누어 봅니다.

1. 우리는 주님의 이름으로 소자들에게 복음의 생수를 주어야 합니다.

세상은 과학의 발달과 모든 생산이 옛날보다 훨씬 좋아진 환경 가운데 살지만 목말라서 헤매는 인생으로 더욱 넘치는 목마른 시대에 살아가고 있습니다.

1) 사람들은 하나님을 떠나서 누구나가 목마른 시대입니다.
생수의 근원되는 하나님의 복음이 필요합니다.
① 물이 없어 갈하거나 양식이 없어서 기근이 아닙니다.
아모스 선지자를 통해서 선포하셨던 말씀입니다. 물이나 양식이 문제가 아니라 하나님의 말씀이 갈한 때입니다. 이런 때에 중요한 것은 생수의 근원되시는 예수 그리스도가 저들에게 필요한 것입니다(렘 2:13).
② 세상적이고 세속적인 물은 다시 갈증이 나게 합니다.
물질문명이 발달해서 밤의 거리가 네온사인 불빛으로 화려하게 수놓은

세상이지만 언제 죽을지도 모르는 나방이나 벌레들이 불빛으로 모여 들다가 죽게 되듯이 목적의식도 없이 타락해 가는 세상입니다. 예수님 당시에도 로마의 속국으로 있던 유대인들이 목말라서 헤맸지만 바리새파나 에세네파, 사두개파는 백성들의 목마름을 해결해 주지 못하였습니다(마 22:23-30). 마태는 세리로써 예수님께 오게 되었고(마 9:9, 10:3, 눅 6:15, 행 1:13), 삭개오도 예수님을 영접하게 되었습니다(눅 19:1-10).

2) 지금 시대도 예수님 당시와 같은 원리를 보여주는 때입니다.

화려한 문명 앞에서 목말라하는 시대이기 때문에 절대적으로 복음이 요구되고 필요한 시대입니다.

① 예수님 복음 외에는 다른 복음이 없기 때문입니다.

교회는 이런 시대에 목마른 인생들에게 복음의 생수를 마시게 해야 합니다. 물질문명이나 과학은 영원한 생명이 될 수가 없기 때문입니다. 예수 복음 밖에 없습니다(요 4:13-14).

② 인생들에게 영원한 생수는 예수 그리스도입니다.

영원한 생수로써 성령을 약속해 주셨습니다(요 7:39). 우리 주변의 소자된 백성들에게 복음을 전해야 합니다. 이 복음만이 기쁜 소식이 되기 때문입니다.

2. 세상에서 주의 복음을 전하는 주의 제자를 귀하게 여겨야 합니다.

세상 모든 일을 버리고 목마른 자들에게 영생의 물을 주기 위해서 인생을 버리고 투자하는 사람들이기 때문입니다.

1) 교회에서라도 성도들은 목회자를 귀하여 여겨야 합니다.

① 교역자를 영접하는 것은 주님을 영접하는 결과입니다.

왜냐하면 주의 종의 입에는 주의 말씀이 있고 말씀을 통해서 생수가 흘러나오기 때문입니다. 여기에서 말씀을 받는 자세, 심방 받는 자세들이 바르게 나오게 되고, 바른 신앙생활이 정립이 됩니다.

② 목회자를 귀하게 여기는 개인이나 가정에서 바른 신앙이 나오게 되고 그 신앙에서 복이 임하게 됩니다.

2) 주님은 교회를 통해서 생수를 공급하시게 됩니다.
교회는 우물과 같고, 생수의 강줄기와 같은 존재입니다.
① 우리 교회가 바로 생수의 수원지와 같은 곳입니다.
  우리 교회에서 생수를 마시기 바랍니다. 풍성히 흐르고 있습니다.
② 목마르신 분들이 있습니까?
  교회에 흘러가는 생수를 귀하게 여기고 마시므로 해갈되시기 바랍니다.
  우리 교회 강단은 생수가 풍성한 강단이기 때문입니다.

3. 목양적인 측면에서 사도권과 성도, 그리고 복음은 뗄래야 뗄 수 없는 필수 관계 속에 있습니다.

1) 이것은 목양적인 사명이며 교회의 축복입니다.
그래서 목자는 양을 위해 있고, 양은 목자와 함께 존재합니다.
① 주님은 목자장이 되시고, 목자들은 목양을 위임받았습니다(요 21:15).
  여기에 생수가 흐르게 되어 있고, 원리적으로 볼 때에 여기에 축복이 있습니다(마 6:22-27).
② 양은 양의 위치에서 생수를 받아야 하겠고, 목자는 목자적인 입장에서 공급해야 되는 사도적 사명입니다.
  주님이 맡기셨기 때문입니다.

2) 이스라엘 백성(여호수아)에게 말씀하셨습니다.
① 3단계 교회질서입니다(수 1:1-18).
  1단계는 여호와께서 여호수아에게 말씀하십니다(1-9절). 2단계는 여호수아가 백성들에게 말하고 전달했습니다(10-15절). 3단계는 백성들이 여호수아에게 응답했습니다(16-18절). 이것이 생수가 나오는 교회요, 축복입니다.
② 목자와 양의 관계는 초대교회의 사도들과 성도들과의 관계입니다.
  여기에서 생수가 강수같이 흐르게 됩니다. 이런 교회가 되시기를 축원합니다.

결론 - 영원히 목마르지 않는 강이 있습니다.

전도·선교 복음 전도자의 참예자(동승자)
(고린도전서 9:16-23)

사람은 이 세상을 살아가면서 시간과 지식과 육적인 힘과 에너지를 어딘가에 쏟으면서 살게 되어 있습니다. 이따금씩 시간과 모든 에너지를 쏟을 곳이 없어서 인생을 방황하는 사람들이 있음을 봅니다. 세상에 이름 모를 들풀이나 공중에 날아가는 새 한 마리까지도 우연한 일이 없을진대 만물의 영장으로써의 사람의 존재며 더욱이 믿는 성도의 존재는 천하보다 귀한 존재요 가치가 있음을 보게 됩니다. 엘리야는 갈멜산에서 바알 선지자와 아세라 선지자와의 영적 싸움에서 이기고 호렙산에 와서 하나님께 죽기를 간구할 때에 하나님께서는 엘리야에게 더 큰 사명을 맡겨 주셨습니다(왕상 19:4-).

예수 그리스도 안에 있는 하나님의 백성들인 성도는 어디에서 무엇을 하든지 이 땅에 존재하는 사명이 있습니다. 크다고 하는 뜻을 가진 사울 때에는 사람을 죽이는 자였으나, 작다는 이름의 뜻을 가진 바울은 전도자로서 사람을 살리는 사도가 되었습니다. 위험한 일을 무릅쓰고 불구덩이에 들어가서 불을 끄며 사람을 건져내는 소방관과 같이 믿음의 성도의 사명은 사도 바울 뿐 아니라 믿는 모든 성도의 사명이 전도요, 선교이기에 바울은 목숨까지도 아까워하지 않고 전도자의 길을 걸어갔습니다(행 20:24, 딤후 4:6-7).

다시 전도, 선교자의 사명을 확인하는 시간이 되고 사명자로서의 길을 걷게 되기를 바랍니다.

1. 성도가 왜 전도해야 하는가?

1) 영적 생명을 살리는 일은 복음 밖에 다른 길이 없습니다.
정상적인 소방관이라면 불이 난 집에 생명이 있고, 홍수가 나서 떠내려가는데 건지려 하지 않겠습니까? 죽어가는 환자가 수술만 하면 살게 되는데 외과 의사가 구경만 하겠습니까?

① 생명을 살리는 일은 십자가 복음 밖에 다른 길이 없습니다.
사도 바울은 동분서주하며 생명을 살리는데 일평생을 바쳤습니다. 십자가 복음에만 영생의 길이 있기 때문입니다(요 14:6, 행 4:12).

② 예수 그리스도만 우리의 죄를 위해서 죽으셨고, 생명의 부활을 하셨기 때문입니다.

하나님의 어린 양이 되셨고(요 1:29), 제물이 되셨으며(히 9:12-15), 우리를 위해 내어줌이 되고 의롭다 하심을 위해서 다시 살아나셨습니다(롬 4:25).

2) **지금도 이 사실을 모른 채 죄악의 물결에 지옥을 향해서 떠내려가는 사람들이 대부분입니다.**

홍수가 나서 떠내려가고 해일이 일어나서 죽어가는 숫자보다 죄의 물결에 의해 지옥으로 떠내려가는 자가 더 많이 있습니다.

① 지옥 간 사람이 세상에 교회와 성도들에게 호소하는 소리를 들을 수 있는 교회가 되어야 합니다(눅 16:29-).

이때에 말했습니다. "세상에는 모세와 선지자들이 있으니 저들에게 들을찌니라." 교회는 전해야 합니다.

② 예수 믿고 확신이 있는 구원받은 사람들은 외쳐야 합니다.

구더기도 죽지 않는 불못이 있다고 전해야 합니다(막 9:48,49). 예수님께서 열두 제자를 보내시듯 먼저 믿은 우리를 세상으로 보내셨습니다(마 10:12).

2. 전도는 교회(성도)에게 주신 지상명령입니다.

전도를 왜 해야 하느냐고 한다면 지상명령 중에 명령이기 때문에 주님의 명령을 수행하는 것이 전도입니다.

1) **예수님이 가시면서 유언으로 주신 것이 전도입니다(행 1:4-11).**

유언은 매우 중요한 일입니다.

① 반드시(must) 해야 하는 것이 전도입니다.

그래서 엄히 명령한다고 하였고(딤후 4:1-5), 파수꾼의 생명처럼 해야 한다고 하였으며(겔 33:1-) 빚을 갚아야 하는 채무자의 심정으로 하라고 하였습니다(롬 1:14).

② 먼저 믿기 시작한 그리스도인은 생명을 살리는 전도와 선교에 최선을 다해서 힘써야 합니다.

2) 한 영혼의 가치가 천하보다 귀하기 때문입니다(마 16:25-26).
유물론적인 가치관에서 보면 한 생명을 흔하게 여길 수 있으나 성경은 그렇지 않습니다.
① 우리는 이 시간에 깨달아야 하겠습니다.
생명의 영원한 영생의 길이 복음 밖에 없기 때문에 복음을 전해서 살게 해야 합니다.
② 예수님은 선한 사마리아 사람의 비유에서 가르치셨습니다(눅 10:30).
이 말씀은 인본주의적 가치가 아니라 영적인 가치관에서 주신 말씀입니다. "가서 너도 이와같이 하라" 하셨습니다.

3. 전도하기 위해서는 전도하는 방법을 알아야 합니다.

1) 전도의 방법의 제1은 실천입니다.
"예수 믿으십시오." 라고 실천해야 합니다.
① 예수님의 마음을 품으면서 전도해야 합니다.
예수님이 가시면서 주신 말씀을 상기하시기 바랍니다(마 28:18-20).
② 전도가 이루어지기 위해서 효과적인 기도가 중요합니다.
마귀의 소굴에 매여 있는 사람을 건지려면 영적인 능력이 필요하기 때문입니다. 그래서 능력이 요구됩니다(고전 2:4-5, 고전 9:22). 여리고 성을 돌듯이 기도로 돌아야 합니다(수 6:14).

2) 영혼 구원 후에는 상급이 있습니다.
상급 받기 위해서 전도하는 것은 아니지만 주님은 약속하셨습니다.
① 영혼을 구원하면 기쁨이 있습니다.
해방 후의 기쁨입니다. 그래서 시간도, 물질도, 에너지를 쏟아서 전도하게 됩니다.
② 금생과 내생에 상급이 크다고 하셨습니다(단 12:2 눅 18:29-30).
하나님이 기뻐하시는 전도인의 사명을 다하는 교회가 되시기를 축원합니다.

결 론 - 우리 모두 이웃과 세계를 향해서 예수 믿으라고 외칩시다.

> 전도·선교

전도와 선교의 미래를 보라
(사도행전 16:6-10)

언제나 그러하듯이 연말연시가 되면 사람들은 개인이든, 회사든, 국가든 간에 한해를 회고하면서 새로운 해를 설계하고 계획을 세웁니다. 미래에 많이 사용되는 단어가 소망(Hope), 꿈(Dream), 비전(Vision), 미래(Future), 전망(View)이라는 용어들입니다. 그러나 계획을 세우고 해도, 그 계획대로 세상사가 모두 이루어지는 것은 아닙니다. 사람이 마음으로 자기의 계획을 세울지라도 그 걸음을 인도하시는 분은 여호와라고(잠 16:9)하였습니다. 이와 유사한 성경의 교훈은 많이 기록되었습니다(시 127:1, 잠 16:3).

본문은 대 사도 바울의 선교역사에서 아시아 방향으로 가려했으나, 하나님의 구원계획이 아시아가 아닌 유럽으로 방향을 전환시키는 본문입니다. 에릭 사우어(Erich Sauer)는 세계구속의 여명(The Dawn of World Redemption)에서 하나님의 구원 계획을 분명히 설명했습니다. 우리는 이 세대에 하나님의 세계 구원사에 있어서 사용 받는 민족이요, 교회요, 성도가 되어야 합니다.

1. 하나님의 구원계획에 쓰임 받아야 하겠습니다.

하나님의 인간 구원의 역사는 하루아침에 이루어진 것이 아니라 분명한 예정하심이 있어서(엡 1:13-14), 구원의 차서대로 이루어지게 됩니다(롬 8:29-30).

1) 먼저 구원받은 사람들을 일꾼을 삼으시고 사용하십니다.
위대하신 하나님의 섭리에 따라서 모든 일들이 진행됩니다.
① 시대 시대마다 하나님의 구원계획에 사용된 일군들이 있습니다.
예컨대 노아 시대에는 노아를 사용하셨고(창 6-8장), 예레미야 시대에는 예레미야를 사용하였고 부르셨습니다(렘 1:4).
② 하나님의 뜻대로 부르시고 하나님의 뜻대로 사용하십니다.
아모스는 뽕나무 농사일을 하다가 부름 받았습니다(암 1:1-1:14). 아모스의 아들 이사야 선지자는 성전에서 기도하다가 부르심을 받게 되고(사

6:7), 유다의 4명의 왕에 걸쳐서 선지자로써 쓰임 받게 되었습니다.

2) 하나님의 구원계획에는 사명자를 사용하십니다.
각양각색의 사람들에게 사명을 주신 이는 하나님이시며 사용하시는 분 역시 하나님이십니다.

① 구약에서도 다양한 직종의 사람들을 사용하셨습니다.
음악가, 정치가, 군인, 농사하는 농부, 목동에 이르기까지 사용하셨습니다. 모두가 하나님의 구원 계획에 쓰임 받은 사람들입니다.

② 신약에서도 다양한 직종의 인물들을 사용하셨습니다.
예수님의 제자들 역시 어부들이요, 세리요(마 4:18, 약 2:14) 바울은 핍박자요 율법에 능한 선생이요, 철학자였습니다. 이들 모두가 하나님의 구원계획에 사용 받았습니다.

③ 하나님의 구원 계획은 지금도 세계 도처에서 교회사, 미래, 지금까지 여러 단체나 개인, 국가적 차원에서 쓰임 받고 있습니다.

2. 하나님의 구원계획은 역사 이래 지금까지 유효합니다.
지금도 부지런히 세계선교에 박차고 있으며 이 복음이 땅 끝까지 전파되면 세상은 끝이 옵니다(마 24:14).

1) 하나님의 구원 계획은 상상을 초월해서 역사 하여 왔고 지금도 역사하고 있습니다.

① 아프리카 오지 마을에서부터 초현대판 도시에 이르기까지 복음은 전파되고 있습니다.(계 7:1-9)
이스라엘 12지파 상징적인 숫자인 144,000을 비롯해서 이방인들의 숫자를 셀 수 없는 구원이 예언되었습니다(계 7:1).

② 구원계획인 전도와 선교에 동참하는 일은 우리 모두에게 있어서 구원받은 사람이라면 모두의 사명입니다(마 18:18-20).
성령이 임하셨으니 이제는 전도요, 선교입니다(행 1:8).

2) 구원의 비밀은 하나님만이 아십니다.
본문에서 볼 때에 하나님의 계획과 바울의 생각은 달랐습니다(사 55:8).

아시아 보다 유럽이 우선순위이었음을 보게 됩니다.
① 마케도니아 빌립보 지역에서 사람을 만나게 하셨습니다.
사람을 만나게 하시는데 루디아를 만나게 하시고, 옥사장을 개종시켜 믿게 하셨습니다. 결과적으로 빌립보 교회가 세워지게 되었습니다.
② 구원계획과 일들은 하나님만이 아십니다.
만남과 사건의 모든 배경에 하나님이 계십니다. 그러므로 우리는 힘써서 전도하며 선교해야 합니다. 존 스토트(John. R. W. Stott)는 「현대 기독교」라는 책에서 '선교는 지상명령이다' (The Great Commission)라고 했습니다(요 20:21). 이것이 또한 교회의 사명입니다.

3. 우리는 전도하고 선교해서 영혼 구원하는 환상을 보아야 합니다.

환상은 꿈이요, 미래의 계획이요, 장차 나타날 사건입니다.

1) 바울은 본문에서 환상을 보게 됩니다.
① 우리 주변에는 빨리 와서 우리를 구원해 달라고 부르짖는 사람들이 많습니다.
② 교회가 해야 할 최첨단 일은 선교의 사명입니다.

2) 우리 교회가 해야 할 일입니다.
① 기도가 선결되어야 합니다.
전도와 선교는 영혼구원이기 때문에 기도가 필수적입니다(막 9:29).
② 믿음입니다. 믿음으로만 가능합니다. 믿음이 없이는 할 수 없습니다.
③ 희생입니다(요 12:24).
십자가 희생 없이는 역사도 없습니다. 시간, 물질 등 반드시 희생뿐입니다.
④ 선교, 전도는 성령으로만 가능한 일입니다.
성령 충만 받아 이 세대에 하나님의 구원계획에 모두 참여하시기를 축원합니다.

결 론 - 많은 사람을 옳은 대로 인도해야 합니다(단 12:2).

> 국 가

우리를 부르셨습니다
(고린도전서 1:1-9)

대한민국의 젊은이들은 연령이 차면 국가의 부름을 받습니다. 부르신 목적은 국방의 의무를 감당하기 위해서입니다. 그래서 정상적인 체력이 갖추어진 젊은이들이 군에 입대하게 됩니다. 얼마 전에 뉴스에 환경 미화원을 뽑는데 대학 졸업자들이 줄을 서고, 체력 단련 시험이 중요한 과목이었음을 보게 되면서 그 만큼 실업자 문제가 심각한 모습임을 본 적이 있습니다.

사도 바울은 본문에서 고린도 교회의 성도들에게 말씀을 전하면서 서론 부분의 인사말을 통해서 3번씩이나 부르셨다는 말씀을 강조했습니다. '부르다'는 영어 성경에서는 'Called'로써 불렀다는 과거형으로 기록되었습니다. 그런데 과거에 우리를 부르신 때에 어떤 시험(Test)을 통과해서 부르시고 합격한 것이 아니라 죄인이었고(롬 5:8), 제일 나약한 존재들이었을 때에(고전 1:26) 부르시고 천국의 시민권자가(빌 3:20) 되게 하셨으니, 이 비밀이 매우 큰 사건이며(엡 5:32) 은혜입니다(엡 5:32). 이 비밀 속에는 이런 비밀이 숨겨져 있습니다.

1. 우리(나)를 불러서 천국의 시민권자로 삼아주셨습니다.

고린도 교회 지역에서도 그리고 2000년이 지난 이 세대의 이 지역에서도 시간과 공간을 초월해서 하나님이 부르셨습니다.

1) 부르시고 자녀가 되게 하셨습니다.

하나님의 부르심은 세상적인 잣대나 척도로 부르심이 아닙니다.

① 믿음의 법으로 되는 비밀입니다.

세상적인 법으로나 잣대로 되는 것이 아닙니다. 오히려 자기 땅에 오매 자기 백성이 영접치 아니했습니다. 영접하고 믿는 사람에게 주어지는 축복입니다(요 1:11-12). 사도 바울은 죄인 중에 괴수가(딤전 1:15) 하나님의 은혜로서 믿음으로 구원을 받게 되었다고 했습니다.

② 하나님의 자녀는 양자와 같은 비밀입니다.

이제는 믿는 자에게 종이 아니요 양자로써의 자녀의 특권이 주어지게 되었습니다(롬 8:14). 마치 돌 감람나무에다가 참 감람나무를 붙여서 참 감람나무가 되게 하는 비밀로 설명하셨습니다(롬 11:17-). 이제는 외인도 아니요 손도 아니요 오직 성도들과 동일한 시민권자요 하나님의 권속이 되었습니다(엡 2:19-).

2) 부르시고 자녀 삼으시며 성도라고 부르십니다.

① 하나님의 자녀이기 때문에 성도입니다.
"성도라 부르심을 입은 자니라"(2절) 하였습니다. 성도(sanctified)라 함은 거룩되게 부르심을 입고 구별되었다는 뜻입니다. 모든 죄인 중에서(롬 3:10, 23) 부르시고 죄 값대로 사망을 당하게 되었을 때에(롬 6:23), 그리고 본질 상 진노의 자식이었을 때에(엡 2:3) 부르시고 구원하셨습니다. 마치 애굽에서 출애굽 시킨 것과 같은 영적인 원리입니다(출 12:13). 그들은 광야 교회(행 7:38)에 있었지만 우리는 신약 교회입니다.

② 성도는 부르심을 입었기 때문에 계속 거룩한 생활로 일관해야 합니다.
물론 구원받아도 완전성화(完全聖化)가 아니고 점진적인 성화이지만 점점 거룩한 생활로 이어지는 생활이 필요합니다. 어린이가 성장하듯이 성장해야 합니다(고전 13:11). 고린도 교회 역시 이런 면이 필요했듯이(고전 3:1) 우리에게도 필요합니다.

2. 우리를 부르시고 천국의 일군으로 삼으셨습니다.

바울은 하나님의 뜻을 따라 그리스도 예수의 사도로 부르심을 입었다고 했습니다.

1) 자격이 있어서 일군이 된 것이 아닙니다.

일군이 된 것 역시 하나님의 전적인 은혜로 된 것입니다.

① 하나님께서 임의로 부르셨습니다.
예수님은 이 사실을 비유로써 말씀해 주셨습니다(마 20:1-). 일찍 부르심을 입은 사람이나 늦게 부르심을 입은 사람이나 같은 일군입니다. 예레미야는 어릴 때에 부르심을 입었고(렘 1:4), 모세나(출 3:1) 이사야 역시 부르심을 입었습니다(사 6:7).

② 그래서 성경에는 이렇게 말씀하셨습니다.
비밀 맡은 자(고전 4:1), 새 언약의 일군(고후 3:6), 하나님의 일군(고후 6:4) 신실한 일군(골 1:7), 복음의 일군(딤전 4:6), 부끄러울 것이 없는 일군(딤후 2:15)들입니다.

2) 여기에는 충성이 따라야 합니다.
충성 밖에 없기 때문입니다(고전 4:1-2).
① 일찍 부르심을 입었든 늦게 부르심을 입었든 충성해야 합니다.
그것이 보답입니다.
② 게으르거나 불충하면 책망을 받게 됩니다.
마 25:14의 달란트 비유에서와 눅 13:6의 므나 비유를 보시기 바랍니다.

3. 우리를 부르시고 주님의 증인으로 세워 주셨습니다.
예수님의 마지막 유언은 '증인이 되라' 는 것이었습니다(행 1:8, 마 28:18-20).

1) 우리는 주님의 증인입니다.
① 예수님이 구세주이심을 사람들에게 증거하는 일입니다.
② 예수님이 우리를 의롭게 하시기 위해서 죽으시고 부활하셨다고 전하는 일입니다(롬 4:24-25, 요 14:6).

2) 어떤 증인이 되어야 합니까?
① 증인이 중요합니다.
진실한 증인(잠 4:25), 충성된 증인(계 1:5), 고난의 증인(벧전 5:1)입니다.
② 증인에게는 상급이 약속되어 있습니다(딤후 4:7).
우리를 부르신 목적이 여기에 있음을 깨닫고 부르심에 충성되기를 축원합니다.

결 론 - 우리는 하나님이 부르신 자들입니다.

위기 때에 이사야가 발견한 것
(이사야 6:1-13)

[국가]

인류 역사의 위대한 발견과 그것을 발견하게 된 배경은 평범한 때가 아니라 어떤 위기가 왔을 때 그 위기를 탈출하고자 하는 노력과 돌파구에서 나타나게 되었음을 보게 됩니다. 예컨대 흑사병에서 페니실린을 발견하였고, 신앙의 자유와 바른 신앙을 찾아 몸부림칠 때에 아메리카 대륙(America)을 발견하게 되었으며, 1930년대 미국은 경제 불황 속에서 그 탈출구로 뉴욕 맨해튼에 있는 102층의 위용을 자랑하는 엠파이어스테이트 빌딩(Empire state building)을 건축하게 되었습니다. 성경에서 유대인이 악한 자 하만에 의해서 몰살당할 위기에 있을 때에 에스더와 모르드개의 불굴의 신앙이 나타나게 되었고(스 4:16), 죽으면 죽으리라는 신앙의 명제가 되었습니다.

본문에서 유다 왕이 죽은 위기 때에 이사야 선지자는 성전에 올라가게 됩니다. B. C 790-739년까지 52년을 유다 왕으로서 보편적으로 잘 다스린 유다의 10대왕이 죽는 위기 때에 있었던 사건입니다(대하 26:1-23).

8·15 광복절을 61번째 맞이하는 이 땅의 우리는 이사야가 발견한 영적인 위대성을 정치, 경제, 사회, 외교, 국방 등 모든 일에 불안전한 위기를 즈음해서 반드시 다시 발견하고 더 나은 미래를 보아야 할 때입니다. 본문에서 은혜를 나누어 봅니다.

1. 왕은 죽었지만 하나님은 살아 계시고 역사 하십니다.

이사야는 기도하다가 성전에 계신 하나님의 역사를 발견했습니다. 지금도 위기 때이지만 역사 하시는 하나님의 역사를 보아야 합니다.

1) 이사야는 성전에서 하나님의 살아 계심을 보았습니다.

왕이 죽은 위급한 때에 발견한 것이기 때문에 이 깨달음이 중요했습니다. 하나님은 언제나 성전에 계시며 성전에서 역사하셨습니다(합 2:20, 미 1:2, 시 11:4).

① 그 옷자락이 성전에 가득하였다고 하였습니다(1절).

하나님의 영광이 성전에 가득한 모습은 하나님의 임재요 축복의 모습입니다. 왕상 8:10-11에서 솔로몬 성전에도, 계 15:8에서 사도 요한이 보았던 하늘 성전에도 같은 현상이고, 천사들이 경배하는 모습이 동일합니다.

② 기도하다가 발견하였습니다.

성전은 기도하는 곳입니다(사 56:7). 예레미야는 시위대 뜰에 갇혀 있을 때에 하나님께 기도하였고, 바울은 옥중에 갇혀 있는 위기 때에 기도하게 되었고 기적이 일어나게 되었습니다(행 16:25). '기도하며 찬미하매' 하였습니다. 옥사장이 구원받게 되었고, 빌립보 교회가 세워지는 기적이 일어나게 되었습니다.

2) 성전에서 기도할 때에 지금도 하나님께서는 역사 하십니다.

기도하게 될 때에 하나님의 살아 계심을 체험하게 됩니다.

① 구약의 성전은 지정된 장소요 솔로몬 성전이었습니다.

그래서 지정된 장소에 기도하려고 찾아가게 되었습니다(행 8:26- , 행 2:9-10). 그들은 세워진 성전을 찾아서 기도하였습니다.

② 신약 시대에는 성전 개념이 달라지게 되었습니다.

보이는 지상 건물이 성전이 아닙니다. 솔로몬 성전, 스룹바벨 성전, 헤롯 성전도 무너지게 되었지만, 무너지지 않는 성전을 말씀했습니다. 예수님이 성전이시요(막 14:58, 요 2:19-20). 예수님을 모신 성도들이 성전이라고 명명하셨습니다(고전 3:16, 6:19, 고후 6:16, 엡 2:21).

성전 안에서 기도하다가 위기 극복의 길이 제시되었듯이 8·15 광복절 61주년에 우리는 한국 교회 전체가 기도로 다시 돌파구를 찾아야 합니다.

2. 왕이 죽은 위기 때에 하나님 앞에서 자기 자신의 죄인 된 모습을 발견하였습니다.

하나님 앞에서 기도하다가 본연의 자기 정체성(identity)을 찾게 된 것입니다. 우리는 다시 한 번 대한민국의 정체성, 교회의 정체성, 성도 개개인의 정체성을 다시 회복할 때입니다.

1) 하나님 앞에서 자기 자신의 부정된 모습을 발견하였습니다(5절).
① 하나님 앞에서 자기 자신의 부정되고 더러운 모습을 보아야 합니다.
우리는 예배할 때마다 이 모습이 되어야 합니다(눅 19:8-). 삭개오가 자기를 발견하였습니다(눅 5:1-). 베드로가 자기 자신을 발견하였습니다.
② 하나님 앞에 나온 사람은 자기를 볼 수 있어야 합니다.
거울이라는 매개체를 통해서 나를 보듯이 하나님 말씀 앞에서 자기를 볼 수 있어야 합니다(고전 10:6-11).

2) 하나님 앞에서 자기를 발견한 사람과 그렇지 못한 사람의 차이는 천양지차로 다릅니다.
① 자기 자신을 발견한 개인이나 국가는 위대하게 쓰임 받았습니다.
이사야를 비롯해서, 베드로, 바울, 요나 등 많은 사람들이 자기를 발견한 사람입니다.
② 오히려 자기 자신을 발견하지 못한 사람은 기회를 잃어버리고 낙오자가 되었습니다.
이사야는 회개하였고 크게 쓰임을 받았던 선지자입니다. 우리는 지금 우리 자신을 발견할 때입니다.

3. 왕이 죽은 위기 때에 이사야는 자기의 사명을 발견하였습니다.

성전에서 기도하다가 맡게 된 사명이요, 자기 발견입니다.

1) 하나님이 부르시는 사명의 음성을 듣게 되었습니다.
"주여, 내가 여기 있나이다 나를 보내주소서" 하였습니다.
① 이사야는 해야 하는 사명을 받게 되었습니다.
예수를 만난 사람들은 반드시 자기의 사명을 발견해야 합니다. 이 나라가 세계를 향해서 해야 하는 사명도 있습니다.
② 유다 나라를 향한 이사야의 사명이 있듯이 교회의 사명, 성도의 사명이 매우 큽니다.
한국 교회의 사명은 세계 열방을 향해서 복음 전하는 일입니다.

2) **지금 국가적으로 어려운 때이지만 하나님의 음성을 들을 때입니다.**

① 누가 일하겠습니까?

이사야의 귀를 가질 때입니다. 사회가 부르고 있으며, 세계가 한국을 부르고 있습니다.

② 이사야의 대답이 내가 해야 하는 대답이 되어야 합니다.

부르심에 응답하는 개인과 교회가 되어야 합니다(마 4:18, 마 9:37-38).

8 · 15 해방을 즈음해서 다시 한 번 민족과 세계 앞에 쓰임 받는 우리가 되기를 축원합니다.

결론 - 위기 때에 다시 기적이 나타납니다.

> 국 가

하나님의 백성된 시온의 딸아
(스바냐 3:14-17)

넓은 바다에는 언제나 크고 작은 파도와 물결이 있게 되고, 육지에는 크고 작은 산이나 언덕이 있습니다. 1969년 미국의 우주인 암스트롱과 어윈대령이 성조기를 꽂고 최초로 인간의 발자국을 남기기 전에는 달은 하나의 시적인 구절이 나올만한 존재였지만 그 달도 역시 골짜기가 있고, 높은 산이며, 모래 언덕과 구릉으로 된 하나의 흙덩이에 불과했던 것입니다.

한 나라가 흥망성쇠의 역사 속에는 망할만한 이유가 있고, 흥할만한 이유가 있었음을 보게 됩니다. 대한민국이 지금처럼 부유한 때가 과거에는 없었지만 이렇게 부유함과 축복을 주신 배경은 교회 때문이요, 교회를 통한 세계 선교의 목적이 있기 때문입니다. 해방 직후에 이 땅에 온 미국 선교사 존 크레인(John Clean-한국명 구레인)은 말하기를 "조선 사람은 하나님께 특별하신 은총을 받은 백성입니다. 왜냐하면 그 이름이 조선(Chosen People)이 아닙니까?"라고 했다고 전합니다.

모든 일들이 혼돈과 가치관이 왜곡되는 시대에 우리는 다시 한 번 3·1절을 즈음해서 하나님 말씀으로 돌아가서 이 나라와 교회가 나아가야 되는 길을 바로 찾아야 할 때입니다. 본문은 유다 백성들이 어려움과 혼란의 위기 때에 스바냐 선지자를 통해서 '시온의 딸'이라고 지칭하면서 택하신 백성인 '시온의 딸아 노래하라'고 외쳤던 말씀입니다. 유다 백성 뿐 아니라 이 세대를 살아가는 모든 하나님의 백성들에게 주시는 의미가 크다고 봅니다. 왜 기뻐해야 하고, 즐거워해야 한다고 했을까요? 몇 가지 이유를 보겠습니다.

1. 성도들에게는 죄와 허물에 대한 사하심이 있기 때문입니다.

죄와 허물에 대한 용서와 자유가 주어졌습니다. 아담 이후에 주어진 죄 뿐 아니라 유다인이 바벨론에 포로 되어 가게 된 죄 까지도 용서와 사하심이 있습니다.

1) 이스라엘 백성과 같이 이 세대의 성도들의 죄를 용서하십니다(15절).
"여호와가 너의 형벌을 제하였고" 했는데 이는 예수 안에서 용서와 사함을 보여주신 것입니다.

① 택하심 받은 백성의 복입니다.
죄 사함이 곧 복이라고 하였습니다(시 32:1, 롬 4:7, 시 103:2, 3).

② 회개하고 자복하게 될 때에 용서하십니다.
무조건 용서가 아니라 회개와 자복을 전제로 하신 말씀입니다. 예수님도 첫 음성이 "회개하라 천국이 가까웠느니라"(마 4:17)하였습니다.
성경은 회개를 촉구하십니다. 개인에게도, 국가에게도 회개하라 하십니다(마 4:17, 느 8:9-1, 시 51:1-, 요일 1:8-9).

2) 모든 죄를 회개하고 그 죄의 생활에서 돌아서야 합니다.
모든 죄에서 돌아서게 될 때에 개인도, 국가도 살길이 열리게 됩니다.

① 본문을 주신 배경을 보면 유다왕 요시야가 가장 어린 나이인 8세 때에 왕위에 올라서 우상을 타파하고 온 백성에게 하나님께 회개 운동을 벌일 때에 주어진 말씀입니다.
요시야의 활동에 대해서는 성경에 자세히 기록되었습니다(왕하 22:1-23:1-22 대하 34:1-35:1-26). 이때에 스바냐 선지자는 "시온의 백성아 시온의 딸아 기뻐하라" 하나님께서 죄를 사하셨기 때문이라고 외쳤습니다.

② 다시 한 번 3 · 1절을 즈음해서 모든 교회와 백성들이 회개할 때입니다.
그 길만이 살길입니다. 불신앙과 반목과 다툼과 사치와 낭비 그리고 방종과 우상숭배와 사회 구석구석의 죄를 놓고 회개해야 합니다. 여호와께로 돌아가는 길만 이 살 길입니다(호 6:1). 유다의 소망은 하나님께 있듯이 이 나라 대한민국의 소망은 하나님께 있습니다. "… 오라 여호와께로 돌아가자" 했습니다.

2. 하나님께서 선민된 성도를 지켜주시고 보호해 주시기 때문입니다.

세상은 환란과 시련이 많은 곳입니다. 바닷가의 파도와도 같이 큰 것 작은 것, 할 것 없이 많습니다.

1) 많은 대적들이 진을 치고 있습니다.

"여호와여 나의 대적이 어찌 그리 많은지요 일어나 나를 치는 자가 많도소이다" (시 3:1)했습니다.

① 환란 가운데서도 하나님은 하나님 백성인 시온의 딸을 지켜주십니다(15절).

"너의 원수를 쫓아내셨으며 이스라엘 왕 여호와가 너의 중에 있으니 네가 다시는 화를 당할까 두려워하지 아니할 것이라" 했습니다.

이 나라의 기독교 역사 가운데 위기가 많았지만 하나님은 교회와 성도들을 지켜주셨고, 보호해 주셨습니다.

② 하나님은 성도들 뿐 아니라 이 국가도 지켜주십니다(시 17:8).

"나를 눈동자 같이 지키시고 주의 날개 아래 감추사 나를 압제하는 악인과 나를 에워싼 극한 원수에게서 나를 보호하소서" 했습니다. 사망의 음침한 골짜기와(시 23:4) 눈물골짜기(시 84:4)에서 지켜 주십니다.

2) 하나님의 지켜 주심을 믿고 안심하고 믿음으로 승리해야 합니다.

내가 사는 것이 아니고 하나님의 보호와 지켜 주심이 있습니다.

① 성경의 약속들을 보시기 바랍니다(사 41:10, 43:1, 마 28:20).

변함없는 약속의 말씀입니다. 세상의 약속은 무너지나 하나님의 성도와 선민에 대한 약속은 변치 않습니다.

② 성도와 선민의 힘은 이 말씀에서 근거가 되어야 합니다.

하나님을 경외하고 믿는 것이 곧 힘이 됩니다. 우리의 이름이 하나님의 손바닥에 모두 기록되었기 때문입니다(사 49:14-16). 스바냐 선지자는 백성들에게 이 말씀을 붙들고 힘내라고 외쳤습니다.

3. 성도와 시온을 향하신 하나님의 사랑은 변치 않으시기 때문입니다.

시온이 누구입니까? 택하신 이스라엘이요 신약에 와서는 성도를 가리켜 시온이라고 하였습니다. "…너를 잠잠히 사랑하시며 너로 인하여 즐거이 부르며 기뻐하시리라 하니라"(17절) 했습니다.

1) 부모가 자녀를 기뻐하듯이 그의 백성도 하나님이 기뻐하십니다.

① 타인에 의해서 무슨 소리를 들어도 부모는 자식을 사랑하며 기뻐하듯이 성도 역시 하나님께 사랑스러운 존재입니다.
말씀으로 낳았기 때문입니다(약 1:18).

② 믿음을 선물로 주시고(엡 2:8), 그 믿음으로 자녀 삼으셨습니다(요 1:12). 그가 먼저 우리를 사랑하셨고 택하셨습니다(요일 4:19, 요 15:16). 우리가 의로워서가 아니라 아직 죄인 되었을 때입니다(롬 5:8).

2) 하나님의 이 사랑은 영원히 견고합니다.

누구도 그리스도의 사랑에서 끊을 자 없습니다(롬 8:35-39).

① 유다 백성에게 강해지라 하듯이 지금 우리 나라 대한민국은 하나님의 사랑을 다시 한 번 인식해야 하며 모든 성도들이 확신해야 합니다(출 8:28).

② 성도인 나를 보시기를 기뻐하시게 해야 하고 대한민국이 유다인처럼 기뻐하시는 나라가 되게 해야 합니다.
"너로 인하여 즐거이 부르며 기뻐하시리라 하리라" 했습니다.
개인이든 교회든 이 나라 모두가 하나님 앞에 이런 존재가 되시기를 축원합니다.

결론 - 우리는 영적인 시온의 백성입니다.

| 국 가 | # 일어나라 빛을 발하라
(이사야 60:1-5)

역사상 이 땅에서 흥망성쇠를 하였던 나라들이 많이 있습니다. 과거에 강력한 나라들이 지금은 힘이 없는 국가들이 많이 있습니다. 이란과 이라크의 중심국이었던 옛 바벨론이라든지 성경시대의 로마제국이나 지금은 중국과 러시아 사이에 있는 징기스칸의 나라 몽골 등이 한 때 역사를 제패하였던 국가들입니다. 지금은 미국이 세계를 제패하고 있지만 역사는 얼마나 흘러가게 될지 알 수 없습니다. 개인도 그러하지만 국가의 흥망성쇠가 하나님께 그 주권이 있기 때문입니다. "여호와께서 집을 세우지 아니하시면 세우는 자의 수고가 헛되며 여호와께서 성을 지키지 아니하시면 파수꾼의 깨어 있음이 헛되도다"(시 127:1)고 하였습니다.

본문에서 이사야 선지자는 옛날 유다백성이 어렵게 되었고 스스로 낙심하여 하나님께서 우리를 버리시며 잊어버리셨다고 할 때에 내가 너희를 내 손바닥에 기록해놓으셨다고 하면서(사 49:16) 본문에 다시 일어나 빛을 발하라고 강하게 촉구하시는 말씀입니다. 작금 이후로 이 나라 대한민국이 각 분야에서 위기 가운데 있다고 봅니다. 우리 모두 일어나서 빛을 발해야 할 때입니다. 이 말씀을 통하여 다시 일어나 빛을 발해야 하겠습니다.

1. 일어나야 하는 동기가 분명합니다.

여러 가지 국제적 사건이나 상황이 좋지 않지만 실망과 낙심 가운데 있을 때가 아니라 일어나야 하는 이유가 분명합니다.

1) 여호와의 영광이 비추일 때가 되었기 때문입니다.

상황이 위기라도 여호와께서 함께 하시면 호기가 됩니다.

① 예를 들어 몇 군데 성경에서 보게 됩니다.

홍해바다 앞에서도 그들은 일어나게 되었습니다(출 14:2-), 요단강 앞에서도 그들은 일어나게 되었습니다(수 1:2), 히스기야왕은 위기 때에 일어나게 되었고 강력하게 역사하는 왕이 되었습니다(왕하 18-20장). 일어나 빛을 발해야 하는 이유는 하나님이 함께 하시기 때문입니다.
② 성경은 고난 가운데 있는 백성에게 새로운 길이 열리게 했습니다.
그리고 일어나 빛을 발하라고 말씀하십니다. 우리나라는 지금 전반적으로 모든 분야에서 아우성입니다. 이때에 교회가 다시 일어나서 빛을 발해야 할 때입니다.

2) 예수 그리스도는 오늘날에도 분명히 임마누엘 되십니다.
임마누엘은 하나님이 우리와 함께 계신다는 뜻입니다.
① 임마누엘의 배경을 보시기 바랍니다.
이사야 9장에서 유다가 어려움에 있을 때에 메시야를 약속하시면서 약속한 말씀이 임마누엘입니다.
② 그 임마누엘의 약속된 예수 그리스도는 육신을 입고 이 땅에 임하셨습니다(마 1:23).
그리고 모든 것을 이룩하시고 세상 끝 날까지 함께 하시겠다고 약속하셨습니다(마 29:20). 그러므로 전 교회와 함께 이 나라가 일어날 때가 되었습니다. 하나님이 우리의 임마누엘 되시기 때문입니다.

2. 지금은 온 세상이 어두움으로 가득한 때입니다.
온 이스라엘 천지에 어두움이 가득 차있듯이 우리 주변에도 어두움이 가득합니다.

1) 어두움이 가득한 때이기 때문에 빛이 필요합니다.
① 영적인 세계에서도 보이는 세계에서도 어두움이 짙게 깔려있는 세상이 되었습니다.
이런 때에 성도들이 일어나야 하겠고 교회가 일어나야 합니다. 초대교회와 같이 다시 한국사회에 필요한 시기가 되었습니다.
② 정치, 경제, 교육, 사회 어디든지 어두운 세상입니다.
옛날 헬라의 철인 '디오게네스'는 대낮에 등불을 켜고 다녔다고 하는데 지금이야말로 일어날 때입니다. 이 사명이 한국교회에 있고 성도들 자신들에게 있습니다.

2) 예수님은 이 세상에 빛으로 오셨습니다.

① 예수님은 생명의 빛으로 오셨습니다(요 1:4).
예수님 안에 있으면 어두움에 다니지 않습니다. 우리나라가 예수 안에 있게 해야 합니다. 그 길만이 이 나라가 살 길이 되기 때문입니다.

② 생명의 빛 되신 예수님은 지금도 비추어주십니다(요 9:1-5).
나면서부터 소경된 자도 보게 하였습니다. 19세기 영국이 산업혁명으로 세상이 어두울 때에 옥스퍼드 대학(Oxford University) 중심으로 일어났던 경건운동, 성령운동이 이 땅에서도 다시 일어나야 합니다. 이것은 교회와 성도들이 해야 할 사명이요 몫입니다.

3. "나라들은 네 빛으로, 왕들은 비치는 네 광명으로 나아오리라" 하였습니다(3절).

1) 메시야 되시는 예수 그리스도를 통해서 역사하실 것입니다.

① 그 약속대로 메시야가 유대 땅에 오셨고 지금 그 복음의 핵심이 성령으로 이 나라에서 역사하십니다(미 5:2).

② 유다는 작은 나라였지만 메시야가 오셨듯이 이 한국은 작은 존재이지만 하나님이 쓰시는 국가가 될 것입니다.

2) 우리는 예수 그리스도 밖에 소망이 없습니다.

① 복음을 전하는 선교의 주체국이 되었기 때문입니다.
세계 선교의 사명이 이 나라에 있기에 소망이 있습니다.

② 우리는 다시금 일어나서 사명을 다해야 합니다.
세계를 향해서 빛을 발해야 하는 국가입니다. 우리 모두가 일어나서 빛을 발하는 국가가 되기를 축원합니다.

결 론 : 앉아있지 마십시오. 일어나야 합니다.

> 국 가

우리가 간직해야 할 자유
(갈라디아서 5:1)

개인이나 국가가 다른 단체들에게 제일 귀한 것이 있다면 "생명"이요, 다음으로 말한다면 "자유"라고 할 것입니다. 그래서 미국 독립전쟁 때 독립 운동가였던 패트릭 헨리(Patrick Henry)는 자유가 아니면 죽음을 달라고 외치게 되었고 미국이 독립했습니다. 미국 16대 대통령 에브라함 링컨은 흑인 노예들의 자유를 위해서 싸웠고 자유를 주었습니다. 우리는 1945년 해방이 될 때까지 36년간 일본의 핍박 밑에서 곤욕을 치르게 되었습니다. 수많은 생명이 죽게 되었고 예배당이 불타고 순교자가 발생했습니다. 성씨를 없애려고 하였고 말까지 빼앗아 가려고 했습니다. 수많은 애국지사들과 신앙의 선조들이 곤욕을 치르거나 죽었습니다.

백범 김구 선생이나 월남 이상재 선생 같은 분들은 일제에 맞서 싸웠습니다. 그리고 1945년 8월 15일 독립을 하게 되었습니다. 1948년 5월 31일 제헌국회시에 이승만 박사에 의해서 이윤영 의원은 기도하게 되었고 기도로 제헌국회가 시작된 나라가 되었습니다. 미국 선교사 존 크레인(Dr. John Curtis Crane) 한국명 구례인 목사는 "조선 사람들은 하나님께 특별한 은총을 받은 백성들입니다. 그래서 그 이름이 조선이 아닙니까?" 했습니다. 조선을 영어로 쓰면 'Chosen people' 입니다. 이제 광복 60주년이 되었지만 북한 공산주의자들이 버티고 있고 아직도 이 나라에는 자유가 필요한 곳이 많이 있습니다. 아직도 미완성인 이 땅의 자유를 소원하면서 몇 가지 은혜를 나누어 봅니다.

1. 본문은 성도들이 세상에서 얻을 자유의 가치를 말씀해 주셨습니다.

성도는 세상에서 자유가 필요합니다. 어떤 자유들이 필요하겠습니까?

1) 온갖 죄로부터의 자유가 필요합니다.

마귀가 자유를 빼앗으려고 노리고 있기 때문입니다(벧전 5:8). 갈라디아 교회 성도들 역시 자유를 빼앗기는 순간들이 있었습니다. 영적 자유입니다. 죄로부터 영적 자유를 얻으려면 어떻게 해야 합니까?(요 8:3).

① 예수님 안에 있어야 합니다.
   예수님은 진리이시기 때문에 진리가 자유케 합니다. 예수 안에 있을 때에 자유 합니다(요 8:10).
② 성령의 역사하시는 말씀 안에 있어야 합니다.
   성령께서는 말씀 안에서 우리에게 자유를 주십니다. 말씀을 믿고 따라야 합니다(롬 8:1-2). 구약에서는 도피성의 제도를 통해서 교훈해 주셨습니다(민 35:1-34). 예수님은 지금도 우리를 위해서 간구하십니다(롬 8:26-34).

2) 외압으로부터의 자유입니다.
① 정치적 자유입니다.
   지정학적인 위치에서 한반도는 역사적으로 어려웠고 지금도 어려운 중에 있습니다. 그래서 아직도 이 나라는 미완성의 자유의 나라입니다.
② 경제적인 자유입니다.
   경제적 여건 역시 강대국들의 틈에서 어렵습니다.
③ 문화적인 자유입니다.
   특히 타락 문화가 경제나 정치의 입김에 의해서 이 땅을 장식하는 세상이 되었습니다. 우리의 살 길은 오직 하나님께 있습니다(시 127:1).

2. 자유는 하나님께서 주시는 축복입니다.
영적이고 신령한 자유를 비롯해서 자유는 하나님이 주십니다.

1) 예수님은 진리로 이 땅에 오셨습니다.
① 진리 되시는 예수님이 우리를 자유케 하십니다.
   우리가 복음을 위해서 선교하며 살아야 할 이유도 여기에 있습니다. 이스라엘 역사가 그랬듯이 우리나라 역시 선교의 사명에서 자유가 온 것입니다.
② 진리를 따르는 민족에게 자유와 행복이 옵니다.
   중동의 틈에서 버티고 살아온 이스라엘의 역사를 뒤돌아 볼 때에 우리의 입장과 비교가 됩니다. 하나님께서 자유케 해주셔야 됩니다.

2) 대한민국이 지정학적으로 살 길은 오직 하나님께 있습니다.

① 하나님은 우리나라를 사랑하십니다.
    약한 민족이요, 선민이기 때문입니다(사 41:14, 43:1, 신 7:6-7).
② 사용하시기 위해서입니다.
    하나님의 영광을 위해서 사용하시기로 되어있다면 순종해야 합니다. 이 나라가 살 길은 하나님께 순종해서 쓰임을 받아야 합니다.

3. 한번 자유를 빼앗기면 회복하기 어렵습니다.

그래서 한번 주신 자유를 빼앗기지 않게 해야 합니다. 본문에서 갈라디아 교회에게 강조한 말씀입니다

1) 자유 할 때에 자유를 지켜야 합니다.

① 한번 잃으면 회복하기 어렵습니다.
    성경은 여러 곳에서 교훈해 주었습니다(히 12:16, 삿 16:3). 에서와 삼손이 그 좋은 예가 됩니다.
② 대한민국의 자유 역시 바로 지켜야 합니다.

2) 지금 우리는 성경을 통해서 교훈을 얻을 때입니다.

① 하나님께서는 어느 시대든지 성경에서 경고해 주었습니다.
    주신 자유를 귀히 여기며 살아야 합니다.
② 역사 이래로 하나님 뜻 안에서 벗어나서 살 길은 없었습니다.
    한국교회도, 대한민국도 참된 자유로 밝아지기를 원합니다. 이 광복절에 하나님의 축복이 함께 하시기를 축원합니다.

결 론 : 세상에 자유만큼 축복은 없습니다.

| 성 령 |

보혜사 성령을 받으라
(요한복음 14:16-18)

　세상 모든 일들 가운데는 그 본질이 있고 지엽적인 문제가 있습니다. 다른 말로 하면 알맹이가 있고 껍데기가 있다는 뜻입니다. 지엽적인 일이 아무리 화려하게 보여도 알맹이가 없다면 헛일입니다. 구약성경에서 예언된 대로 예수님은 이 땅에 오셨고 십자가에서 대속적 죽음을 죽으시고 무덤에서 3일 만에 다시 살아나시고 40일간 제자들과 함께 계시다가 승천하시게 되는데 예수님이 가신 후에 제자들의 능력이나 힘으로는 예수 그리스도의 구속의 복음을 전할 수가 없음을 예수님도 잘 아셨습니다.
　그래서 예수님은 가시기 전에 3가지의 약속을 하시는데 첫째, 내가 세상 끝 날 때까지 너희와 함께 있으리라는 말씀과(마 28:20), 내가 다시 너희에게로 오리라는 말씀(행 1:9-11)과, 보혜사 성령을 너희에게 보내 주리라는(요 14:16-18, 26) 말씀이었습니다. 예수님이 승천하신 후에 제자들이 믿고 모여서 기도하게 될 때에 약속의 성령이 오시게 되었고 제자들은 변화되었으며 성령을 힘입어 복음이 전해지고 주의 교회가 온 세상에 세워지며 지금까지 오게 되었습니다. 오늘은 성령께서 강림하신 강림주일입니다. 다시 한번 성령을 충만히 받는 시간이 되기 원하면서 본문에서 은혜를 받습니다.

1. 성령을 받아야 합니다.
　왜 성령을 받아야 합니까?

1) 성령을 받아야 하는 이유는 분명합니다.
　이것은 극히 일부 사람들의 그릇된 성령운동이 아닙니다. 성령 받지 아니하면 기독교 신앙이 성립될 수가 없습니다.

① 성령을 통하지 않고는 예수를 믿을 수가 없습니다(고전 12:3).
　우리의 구원 사역은 성삼위일체 하나님의 역사로 이루어지는데 성부 하나님의 예정하심과 창조, 예수 그리스도의 대속적 죽으심을 성령께서 감동감화하시고 믿게 해주십니다. 성령께서 역사 하시지 아니하고는 예수

를 주시라 할 수 없습니다. 따라서 성령을 받지 아니하면 비그리스도인 (non-christian)입니다.(롬8:9)

② 성령은 우리를 거듭나게 하십니다.
거듭나게 하시는 성령이십니다(요 3:5). 육으로 난 것은 육이요, 성령으로 난 것은 영입니다. 거듭나게 하시는 일을 성령께서 하십니다.

③ 성령께서 오시면 인을(印) 쳐서 하나님의 백성임을 확인시켜 주십니다.(엡1:3, 4:30, 겔9:1-6, 계7:1-4, 9)

④ 성령께서 오셔서 죄와 의에 대해서 심판에 대해서 깨닫게 하시고 가르쳐 주십니다(요 16:8).
그리고 진리 가운데로 이끌어 주십니다.

2) 성령 받지 아니하면 사명을 감당할 수 없습니다.
우리가 행하는 일들은 영적인 일입니다. 영적 싸움에서 이기도록 이끌어 주십니다.

① 성령은 진리의 영이기 때문에 말씀을 깨닫게 하시고 생각나게 하십니다.

② 영적으로 참된 교회의 일군이 됩니다.
성령 받지 아니하면 참된 주의 일군이 될 수가 없습니다. 사도들 역시 성령 받기 전과 받은 후가 달랐습니다(행 4:19). 최초의 안수집사 역시 성령 받는 것이 자격이었습니다(행 6장).

2. 성령이 임하시면 권능을 받습니다.
그래서 예수님은 승천하시기 전에 당부하셨습니다(행 1:4-8).

1) 성령의 능력으로 각종 권능의 역사들이 나타납니다.
여러 가지 기적들이 나타나게 되는데 마치 엘리야의 능력이 엘리사에게 입히우듯이 역사가 나타납니다(왕하 2:14).

① 사도들에게 각종 기적이 일어나서 예수님이 하시던 일이 나타나게 되었습니다.
약속이 이루어졌습니다(요 14:12). 앉은뱅이가 일어나고(행 3:1), 희한한 일들이 일어나게 되었습니다(행 19:11-12).

② 지금도 이런 치유와 기적은 나타납니다.
믿고 기도할 때에 약속하신 주님의 말씀입니다. 이렇게 되리라고 약속해 주셨습니다(막 16:17, 약 5:15).

2) 성령께서 이렇게 역사 하시는 목적은 어디에 있는지요?
① 예수 그리스도 복음을 전파하기 위한 목적입니다.
성령으로 말미암지 아니하고는 이 복음을 전할 수가 없기 때문에 오셔서 이런 능력을 보여주십니다.
② 따라서 성령 받지 아니하고는 우리가 이 세상에서 아무 것도 행할 수 없음을 알아야 합니다.
성령 받지 아니하면 빈 수도꼭지만 가지고 있는 것과 같습니다. 성령 받고 하나님과 연결될 때에 진정한 그리스도인으로 살게 됩니다.

3. 성령 충만한 교회가 되어야 합니다.

1) 성령 받을 때에 이런 일을 했습니다.
① 기도하게 될 때에 성령이 임하시게 되었습니다.(행1:14)
성령께서 기도하는 자들에게 임하시게 됩니다. 기도해야 합니다. 여기서 성령께서 역사 하십니다.
② 회개할 때에 성령이 임하셨습니다.(행2:38)
③ 안수하게 될 때에 성령이 임하셨습니다.(행19:1-7)
성령 받기 위하여 안수했습니다.

2) 성령 받은 그리스도인이 되어야 합니다.
① 성령 받지 아니하고는 하나님의 뜻을 알 수 없습니다.
성령 받아야 합니다. 성령 받게 될 때에 진짜 그리스도인이 됩니다.
② 성령 받지 아니하면 교회에 나와서도 비그리스도인이 됩니다.

여러분 모두가 성령 충만 받기를 축원합니다.

결 론 : 성령 받았습니까?

| 성 령 | # 주님이 택한 그릇의 모습
(사도행전 9:15)

　모든 사물은 하나님이 창조하신 모습대로 존재하며 존재의 목적이 있습니다. 자연 생태계의 모양과 존재 목적을 비롯해서 인간의 모양과 존재 목적까지 모두가 하나님이 지으신 대로입니다. 겉모습과 모양도 중요하지만 속에 존재하는 목적이 또한 중요합니다. 겉에 나타난 모양은 후패하고 낡아지고 나중에는 없어지게 되기 때문에 청년의 때가 중요합니다(고후 4:16, 전 11:9-12:1).
　본문에서 성경은 하나님의 사람을 그릇으로 비유했습니다. 사울이 핍박자요 교회를 무너뜨리는 자였으나 주님은 그를 택하셔서 만백성 앞에서 복음을 위해서 쓰시는 그릇으로 택하셨다고 했습니다. 큰 집인 교회에는 여러 가지 그릇의 모습이 있는데(딤후 2:20), 겉모양이 중요한 것이 아니라 속내막이 중요합니다. 주님의 그릇인 우리는 속 모습이 어떠해야 하는가를 말씀을 통해서 생각하며 은혜를 받게 됩니다.

1. 성령의 사람으로서의 주님의 그릇은 겉사람이 아니라 속사람입니다.

　육체적 모습이나 겉사람은 계속적으로 변질되며 쇠퇴해가기 때문입니다.

1) 성령의 사람은 육체적 변화가 아니라 속사람의 변화가 일어난 사람입니다.

① 바울이 예수님을 영접하고 변화되었는데 그렇다고 그의 육체나 겉모양이 변화된 것은 아닙니다.
　외형적인 모습은 예수를 믿기 전에나 예수를 믿은 후에나 별 차이가 없습니다. 변화된 것은 속사람입니다. 그래서 육체의 화려한 모든 것은 오히려 풀과 같고 그 영광은 풀의 꽃과 같다고 하였습니다(벧전 1:24). 사울의 속사람이 변화되어서 주님이 쓰시는 그릇이 되었습니다.

② 주님이 쓰시는 그릇으로써 변화되는 것은 영적인 모습입니다.
　육에 속해있던 사람이 영에 속한 사람으로 변화된 것입니다. 이런 사실을 성경은 분명히 밝혀주고 있습니다(롬 8:5). 그래서 사울이 아니요, 바울이며 핍박자가 아니라 복음전도자요 예수님께서 쓰시는 그릇이라고

하신 것입니다. 영적으로 변화되어 쓰시는 그릇이 되어야 합니다. 교회에 오랫동안 출석하였어도 영적인 변화가 없다면 주님의 그릇은 아닌 경우가 많습니다.

2) 사울의 눈에서 비늘 같은 것이 벗겨지게 되었습니다.

"즉시 사울의 눈에서 비늘 같은 것이 벗어져 다시 보게 된지라"(17-18절).

① 주님의 그릇이요 일군이요 쓰임받는 사람으로써의 기초를 말씀해 주십니다.

비늘 같은 것이 그의 눈을 멀게 하였고 어둡게 하였으니 예수를 믿지 못하게 되었고 불신 속에서 핍박하였던 것입니다.

② 이제는 벗겨져야 합니다.

그래야 신령한 믿음의 세계를 보게 되고 믿게 됩니다. 교회 안에는 아직 이 비늘 같은 것이 가려져서 하늘의 신령한 세계를 볼 수 없기 때문에 헌신 봉사를 할 수 없는 사람들이 있습니다. 이른바 "영맹"이라고 합니다. 기독교는 체험의 종교입니다. 체험하게 될 때에 무익했던 사람이 신실하고 사랑받는 사람, 주님의 그릇으로 변화가 됩니다(몬 1:11, 골 4:9).

2. 성령의 사람으로써의 주님의 그릇은 기도를 통해서 역사가 나타납니다.

아나니아가 사울에게 안수 기도하게 될 때에 역사가 나타났습니다(17절).

1) 주님의 그릇인 일군과 기도는 불가분의 관계입니다.

본문에서도 모두 기도 중에 일어난 사건들입니다(10, 11, 17절).

① 신구약 성경에서 하나님께서는 언제나 기도 가운데 역사하심을 봅니다.

기도의 사례들을 보시기 바랍니다(창 24:63, 삼상 7:5, 왕상 18:36, 왕하 19:15, 20:1, 마 4:1-).

② 기도에는 반드시 응답이 준비되어 있습니다.

하나님은 언제나 응답을 준비하시고 기도하게 하십니다. 그래서 주님의 그릇은 언제나 기도의 사람들입니다. 기도는 언제나 만능열쇠(Key master)와 비교가 됩니다.

2) 신약시대에도 성령께서는 언제나 기도로 역사하십니다.
기도하게 하시고 기도 속에서 역사하였습니다.
① 개인 신앙이든 교회 성장이든 간에 기도 없이는 될 수 없습니다.
② 아나니아는 기도의 사람입니다.
기도의 사람이기에 그렇게 사용하셨습니다. 바울 역시 기도의 사람으로서 위대하게 쓰임 받았습니다. 고후 12:1, 갈 1:17 등에서 바울의 기도의 흔적이 보입니다.

3. 성령의 사람으로서의 주님의 그릇은 성령의 인도를 따라서 행하는 사람입니다.

오순절 이후(행 2:1) 성령이 역사하신 이후에 주님의 그릇들의 모습입니다.

1) 주님의 그릇은 곧 성령의 사람입니다.
① 아나니아가 사울에게 안수할 때에 성령으로 충만했습니다.
초대교회 최초의 안수집사는 성령 충만의 조건입니다(행 6:1).
② 성령충만은 성령의 인도를 따라서 사는 사람입니다.
선교 역시 성령의 인도하심 따라서 행하였습니다(행 8:26-40, 행 16:6). 바울도 빌립도 모두 주님의 그릇이기 때문입니다.

2) 주님의 그릇이 아닌 사람은 성령을 거스르게 됩니다.
① 진정한 일군이요 그릇이 될 수가 없습니다(행 5:1, 3).
도리어 거스른 자가 됩니다(갈 5:16-17).
② 사울왕의 경우를 보시기 바랍니다.
하나님의 신으로 인도 받을 때와 하나님의 신이 떠난 후의 결과는 다르게 됩니다(삼상 18:10). 그래서 다윗은 하나님의 신이 떠나지 않기를 기도했습니다(시 51:11). 주님의 그릇은 외부적 조건이 아니라 내부적 조건임을 알고 주님의 그릇들이 모두 되시기를 축원합니다.

결 론 : 주님의 그릇들이 되시기 바랍니다.

| 성령 | # 꿈을 통해 역사하시는 하나님
(창세기 37:3-11)

꿈은 영어로 '밤에 수면 중에 나타나는 꿈(Dream)' 과 '머릿속에 미래를 설계 해보는 이상(Vision)' 으로 분류할 수 있습니다. 성경에는 하나님 백성들에게 꿈을 통해서 하나님의 뜻을 보여주셨고, 요엘 선지자는 신약 시대의 성령께서 오시면 꿈을 꾸며 이상을 가지게 된다고 예언했습니다(욜 2:28).

성경에도 꿈을 통해서 하나님께서 역사 하셨지만 오늘날에도 분명히 때로는 꿈을 통해서 하나님께서 말하시는 때도 있음을 봅니다.

본문은 야곱의 열한 번째 아들 요셉이 어릴 때에 꾼 꿈의 이야기요, 그 꿈 때문에 고난도 많이 겪었지만 결국은 하나님께서 보여주신 꿈대로 되었음을 창세기에서 보게 됩니다(창 37:11, 15-18).

본문을 통해서 몇 가지 은혜를 나누는 시간을 갖고자 합니다.

1. 성도에게는 하나님의 축복에 대한 꿈이 있어야 합니다.

현재는 없고 힘들다고 해도 미래에는 반드시 축복이 있다는 꿈이 있어야 합니다. 그래서 히브리서에는 믿음의 정의를 내려주셨습니다(히 11:1).

1) 이 꿈은 하나님께서 주시는 것입니다.

왜 꿈을 주시겠습니까? 하나님께서 그의 백성들에게 역사하시는 뜻을 이루게 하시려고 주십니다(창 41:25-43).

① 이상도 없고 꿈도 없을 때에 어렵게 된 사람도 있었습니다.

사울에게 사무엘의 사후에 매우 어렵게 된 것은 꿈도 없고, 이상도 없었기 때문이었습니다(삼상 28:6-). 사울 왕은 결국 신접한 여인에게 가서 점을 치는 타락의 길로 더욱 빠지게 되었습니다.

② 하나님은 하나님의 일을 하실 때에 꿈과 계시로써 하셨습니다.

성경에서 수많은 일들을 보게 됩니다(창 20:6, 28:12, 31:10, 40:5, 41:1-, 삿 7:13 왕상 3:5, 단 2:1 마 2:1-2:13). 시대 시대마다 중요한 일들을 꿈에서 보이셨고 역사 하셨습니다.

2) 다른 환상도 있고, 계시도 있거늘 왜 꿈으로 보여주실까요?

① 다른 계시나 이상과 같이 꿈도 역시 하나님의 방법이라는 것입니다.

하나님께서 일하시는 한 방법 중에 하나입니다.

심리학자 프롬은 "꿈이란 잠자는 상태에서 일어나는 모종의 정신적 활동을 보여주는 의미 섞인 일시적인 표현이다." 하였습니다. 특히 동양문화에서는 밤에 나타나는 꿈을 중요시 여겼음을 성경 기사에서도 볼 수가 있습니다.

② 또한 성도에게는 믿음의 꿈이 있어야 합니다(Vision).

현재 기도하는 것이 내게 없다고 해도 기도하게 될 때에 이루어지는 믿음의 꿈(Vision)이 있어야 합니다. 야베스가 기도할 때에 응답 받은 것과 비교됩니다(대상 4:9-10).

전남 섬 마을에 어린 아이 하나가 하나님께 편지로서 공부하게 해달라고 기도편지를 보냈습니다. 우체부는 이 편지를 여러 통 받다가 결국 육지의 큰 교회에 목사님에게 알리게 되었고 그 교회에서 공부를 시켜서 스위스 바젤대학(Bazil University)에 유학했습니다. 우수한 성적으로 졸업해서 돌아와 한국 신학대학의 조직신학교수가 된 사람이 있습니다. 그분이 오영석 교수입니다.

믿음의 꿈이 있을 때에 이루어집니다. 세속적인 표현으로 신세타령만 하는 것이 아니라 믿음의 꿈이(Vision) 중요합니다.

2. 성도에게 주신 꿈과 이상(Dream & Vision)은 인생에 대한 설계도와 같습니다.

1) 한 개인이나 국가에 대한 설계도 내지는 세계 역사에 대한 하나님의 원대하신 설계도가 있습니다.

① 하나님은 이 설계도를 개인이나 국가에 대해서 적용하십니다.

예정론(Predestination)이나(엡 1:3-14) 다니엘서와 요한계시록에 나타난 미래 계획에서 하나님의 뜻을 볼 수 있습니다.

② 구약에서도 신약에서도 꿈에 대한 이야기들이 하나님의 설계도였고 그대로 되었습니다.

요셉의 일대기는 그 가운데 나타난 한 예라 볼 수 있습니다(창 50:16,

50:19). 꿈대로 되었던 요셉의 역사관입니다.

2) 성도는 언제나 믿음 안에서 꿈과 미래의 설계가 있어야 합니다.
① 믿음의 선진들에게 주셨듯이 우리 성도들에게도 주시기 원합니다.
믿음의 꿈을 가지시기 바랍니다. 인생의 밑그림이 예수 그리스도 안에서 그려져야 합니다.
② 꿈이 주어졌음에도 무시하게 될 때에 곤욕을 치른 왕이 있습니다.
예수님을 십자가에 못 박은 본디오 빌라도입니다(마 27:19). 그의 부인의 꿈 이야기를 무시했다가 2000년 간 수억의 성도들에게 정죄 당하게 되었고 지금도 사도신경을 통해서 정죄당합니다.

3. 성도에게 주신 꿈과 이상의 현장에는 고난과 역경도 통과해야 합니다.

1) 아름다운 꿈과 이상이 실현되는 현장에는 고난의 배경도 있습니다.
① 고난이 있어도 잘 극복해야 합니다.
페니(Peny)는 "십자가 없이 영광도 없다(No cross, No crown)"고 하였습니다. 욥을 생각해야 합니다(욥 23:10).
② 요셉이 그냥 요셉이 아닙니다.
고난 가운데서 꿈까지 이기고 승리한 요셉이기에 요셉을 예수님의 모형이요, 그림자라고 일컫게 됩니다.

2) 꿈도 있고 이상도 있으나 고난을 제외시킨다면 성공할 수 없습니다.
① 성도의 꿈은 하나님이 주신 설계도임을 인식해야 합니다.
눈물을 흘리며 씨를 뿌릴 때에 꿈이 해결되었습니다(시 126:1-6). 또한 요셉이 보여준 성도의 생활입니다.
② 성도의 꿈이 이루어지기 위해서 기도를 많이 필요로 합니다.
기도 끝에 응답이기 때문입니다(겔 36:39, 렘 33:1-3, 마 7:7, 갈 6:9).

꿈을 꾸는 성도들이 되시기를 축원합니다.

결 론 - 성경은 성도에게 꿈이 있게 합니다.

| 성 령 |

지켜야 할 사람의 본분
(전도서 12:9-14)

하나님께서 지으신 모든 피조물들은 제각기 각 개체마다 이 땅에 지으심과 존재의 목적이 있습니다. 그런데 인간이 타락되어 자연이 파괴되고, 드디어는 자연까지도 하나님의 아들 예수 그리스도를 기다리게 되었습니다(창 3:17-19, 롬 8:19-). 일반적인 자연뿐 아니라 하나님의 형상대로 지으심을 입은 인간은 우연적인 존재가 아니라 분명하신 하나님의 뜻과 목적이 있습니다. 따라서 자연의 한 부분으로서 세월만 흘러가는 인생의 삶이 아니라 하나님의 뜻하심과 목적에 바르게 서 있어야 합니다.

전도서를 통해서 솔로몬의 간증과 함께 모든 인생들이 지켜야 하는 하나님 앞에서의 본분을 말씀해 주셨습니다. "일의 결국을 다 들었으니 하나님을 경외하고 그 명령을 지킬지어다 이것이 사람의 본분이니라 하나님은 모든 은밀한 일을 선악 간에 심판하시리라." 하셨습니다. 짧은 인생을 살아가는 모든 인간들에게 주시는 교훈인바 본문에서 은혜를 받게 됩니다.

1. 인생사에서 제일 으뜸 되는 본분은 하나님을 경외하는 일입니다.

인생사에서 할 일이 많고 하는 일들이 제각기 다르더라도 제일 중요한 일은 하나님을 경외(Fear)하는 일입니다.

1) "하나님을 경외하고"(13절) 라고 분명히 하셨습니다.
왜냐하면 여호와를 경외하는 것이 지식의 근본이기 때문입니다(잠 1:7). 여호와를 경외한다는 말은 여러 가지 뜻이 있습니다.

① '두려워한다' 는 뜻으로써 영어 성경에는 Fear로 번역 되었습니다.
하나님은 사랑과 긍휼의 하나님이시지만 영원히 심판의 하나님이시며 공의의 하나님도 되십니다. 그래서 무섭게 심판하시는데 노아의 홍수심판이나(창 7-8장), 소돔과 고모라의 심판을 보여 주셨고(창 19장), 말세 때에도 심판이 예고되었습니다(히 9:27, 벧후 3:7, 계 1:7). 정신 차리고 바른 경외가 이루어져야 하겠습니다.

② 경외한다는 '존경한다, 굽힌다, 예배한다, 엎드린다' 는 뜻이 있습니다.
경외하는 사람은 예배의 사람입니다. 예배의 표식(標識)은 엎드리는 겸손입니다. 현대에 와서 예배가 너무나 변질 되어가는 시대인데 정신 차리고, 깨달아야 합니다. 가인과 아벨의 사건이며(창 4장), 예수님의 예배에 관한 교훈을 들어야 합니다(요 4:24).

2) 인생의 제일 되는 목적은 여호와 하나님께 영광이요, 영원토록 그를 즐거워하는 것이라고 하였습니다(소요리문답 제1문).

① 하나님께서 인생을 지으신 최고의 목적입니다.
하나님께서 영광을 받으시기 위해서입니다(렘 2:19, 잠 9:10, 14:27, 3:9-10, 렘 32:39, 시 128:1-6, 잠 15:16). 그 속에 하나님께서 주시는 축복이 있습니다. 아브라함의 경우를 보시기 바랍니다(창 22:1-14).

② 성경은 반드시 말씀으로 가르쳐 주셨습니다.
인생의 본분이 이 일이기 때문입니다. 장로교 헌법에 예배를 엄하게 가르치고 있습니다. 예배 의식 항목을 보시기 바랍니다. '주의 날, 정한 시간과 장소에서 모든 성도들이 함께 정중한 의식을 갖추어 예배를 드리며 하나님 말씀을 들어야 한다' 고 하였습니다. 그런데 오늘날 예배가 너무 세속화 되었고, 약해졌습니다.

2. 여호와를 경외하는 것은 그 명령을 준수하는 것입니다.

"그 명령을 지킬찌어다 이것이 사람의 본분이니라"(13절) 하였습니다.

1) 하나님께서는 하나님의 계심을 명령을 통하여 보여 주셨습니다.

하나님께서 살아계시기 때문에 그의 명령 역시 지켜야 합니다.

① 세상 일에는 법이 있듯이 인생사의 법은 하나님을 경외하는 일입니다.
그래서 인생은 기본적으로 하나님을 경외해야 합니다.

② 하나님의 법을 지킬 때에 행복이 약속되었습니다.
하나님께서 주신 법을 지키는 것은 행복입니다(신 10:13). 결코 무거운 짐이 될 수 없습니다.

2) 준수하게 될 때에 축복이 약속되었습니다.

① 약속을 보시기 바랍니다(신 6:19, 4:40, 28:1-14).
모두가 축복의 약속이요 행복의 약속입니다.

② 하나님의 법은 신약시대에 와서도 유효합니다.
신약시대에는 믿음의 약속입니다. 믿을 때에 구원이 약속되었고 복이 주어지고 면류관이 있습니다(요 1:12, 3:16, 마 16:27, 살전 2:13, 딤후 4:7, 고전 9:25, 벧전 5:4, 계 2:10, 22:12). 말씀을 따라가시기 바랍니다.

3. 여호와를 경외하는 사람은 하나님께서 온 세상을 심판하신다는 사실을 기억하고 믿어야 합니다.

"하나님은 모든 은밀한 일을 선악간에 심판하시리라"(14절) 하였습니다.

1) 선한 것에 대한 심판도 있습니다.

주를 위해서 일했던 영적인 일들을 하나님은 모두 기억하시고 심판하시어 갚아 주실 것입니다.

① 하나님께서 은밀한 중에 갚으신다고 하셨습니다(마 6:1-5).
마 25:14-21 달란트 비유에서 가르쳐 주셨습니다.

② 크던지 작던지 하나님은 갚아 주시는데 작은 소자에게 베풀었던 물 한 잔도 기억하십니다(마 10:42).

2) 악한 것은 악한 것대로 심판하십니다.

그래서 지옥이 반드시 있습니다.

① 악한 자도 하나님이 모두 보십니다(욥 11:11).
하박국은 의문시 하였으나(합 1:13) 하나님이 아십니다.

② 칭찬과 책망이 모두 하나님께 로서 옵니다.
때가 되면 감추인 것도 드러나게 됩니다(고전 4:5). 그러므로 믿음의 사람들은 믿음의 법칙에서 끝까지 믿음을 준행해 나가게 되시기를 축원합니다.

결 론 - 하나님은 살아계시며 그의 말씀 역시 유효합니다.

| 성령 | 놀랍고 장엄하신 하나님의 은혜
(로마서 5:12-21)

우리가 어떤 특이할만한 자연경관이나 신비로운 사건들 앞에서 대개 놀라운 표정으로 놀랍다(Wonderful), 위대하다(Great), 장엄하다(Magnificent)라는 표현을 하게 되는데 미국의 국립공원인 그랜드 캐년(Grand Canyon)에 가보면 이런 감탄사가 나오게 됩니다. 첫 우주 비행사였던 소련의 유리 가가린은 공중에 올라가서 불신앙적인 언사를 했지만, 미국의 유인 우주인 암스트롱이나 어윈 대령은 "참 아름다워라 하나님의 지으신 세계여"라고 찬송했습니다.

그와 같은 우주나 자연의 단면을 보고도 놀랍다고 하는데 본문에서 바울은 하나님의 영원하신 인간에 대한 구원 계획을 보고 하나님의 구원사적인 사실 앞에서 장엄한 표현으로 외치고 있습니다. 바울이 전한 놀랍고 장엄하고 위대한 하나님의 구원 계획 앞에서 작자미상이지만 189장의 찬송이 절로 나오는 사순절 기간입니다. 아담 안에서 죄와 허물로 죽었던 우리를 살리셨고(엡 2:1) 죄의 지배하에 있었지만 이제는 놀랍게도 예수 안에서 모두가 해결되었습니다. 따라서 본문에서 놀라운 복음의 소식을 나누게 됩니다.

1. 잃어버린 하나님의 형상을 다시 회복하는 은혜와 축복입니다.

태초에 창조하실 때에는 하나님 보시기에 그렇게 좋았고 아름다웠던 존재가 타락하여 흉물스럽게 변했습니다(창 1:27-28, 시 139:14, 롬 3:10, 23).

1) 첫 사람 아담 안에서 하나님께 불순종하여 타락되었습니다.

에덴동산에서 추방되었고 저주의 길이 되었습니다.

① 먹는 날에는 정녕 죽게 되어 있습니다(창 2:17).
이것이 불순종이었고 그 불순종의 죄는 죽음이었습니다.

② 따라서 성도가 성도되는 것은 하나님께 대해 무조건 순종이요, 불순종은 죽는 길입니다.
불순종해서 죽은 사람들을 보시기 바랍니다. 아담이 죽었고(창 3:1), 아간이 죽었으며(수 7:24), 사울 왕은 불순종해서 왕위에서 추방되었고 비

참한 최후를 맞이하게 되었습니다(삼상 15:22, 23, 31:1-). 하나님의 아들 예수 그리스도는 '아니요'가 없고 '예'만 있다고 하였고(고후 1:18-19), 그가 아들이시라도 순종을 배웠다고 하였습니다(히 5:8).

2) 불순종의 결과는 비참하여 모든 것을 잃게 됩니다.

아담과 하와의 예에서 밝히 드러나게 되었습니다.

① 하나님의 형상을 잃게 되었습니다.

그때부터 죄가 들어오게 되었습니다. 그리고 에덴에서 추방당하게 되었습니다(창 3:24).

② 남자는 땅을 파고 농사를 짓게 되었고, 땀을 흘려야 살아가며 여자는 해산의 수고가 따라야 했습니다(창 3:16-17).

이 모두가 죄값으로 따라온 결과였습니다.

3) 하나님은 인간을 다시 살리시는 작업을 하셨습니다.

바로 예수 그리스도의 복음입니다.

① 무화과나무의 잎이 아니라 가죽옷이 등장하게 되었습니다(창 3:8,21)

가죽옷은 짐승이 죽을 때 나오는 결과입니다. 예수님은 제물된 양과 같이 양의 죽음이 되었습니다(요 1:29).

② 죽으시고 끝이 나신 것이 아니고 다시 살아나셨습니다.

우리의 허물과 죄 때문에 대속적 죽음을 당하셨고 의롭다 하심을 위해서 살아나셨습니다(롬 4:24). 그리고 믿는 자에게 영생과(요 3:16) 하나님의 자녀(요 1:12), 다시 정죄가 없으며(롬 8:1), 영원한 생명이 되셨고(요일 5:11-13), 변치 않는 우리의 구원이 되셨습니다(요 5:24). 이 얼마나 장엄하고 위대한 일이겠습니까?

2. 이제는 죄의 사람이 아니라 하나님의 사람이 되었습니다.

예수께서 십자가를 지시고 죽기 전에는 우리가 여전히 죄의 사람이었습니다. 그러나 이제는 달라졌습니다.

1) 믿음의 선진들이 고백했습니다.

① 바울의 고백을 보시기 바랍니다(롬 1:1).

이제는 죄의 종이 아니라 예수 그리스도의 종입니다. 종은 종인데 예수 그리스도 의 자유의 종입니다. 이것은 야고보 역시 마찬가지였습니다(약 1:1).

② 이제 우리는 귀 뚫린 종입니다(출 21:1-6).
귀 뚫린 사건에서 신약시대의 예수 그리스도 안에 있는 그리스도인의 모습을 보여 주셨습니다.

2) 이제는 불의의 병기가 아니라 의의 병기가 되었습니다.
① 의의 병기가 되었습니다(롬 6:13).
우리 역시 이제는 의의 병기들로서 살아야 합니다.
② 이제 우리는 옛 사람이 아닙니다.
완전히 바뀌어진 신분과 함께 신비로운 백성들입니다. 깨진 놋 조각에 불과한 요강이 불 속에 들어갔다 나올 때에 좋은 그릇이 된 것과 비교가 됩니다. 놀라운 사실입니다.

3. 예수 그리스도 안에서 영원한 자유와 해방이 있습니다.

일생에 매여 있던 종들이었다고 하였습니다(히 2:15).

1) 죄와 허물로 묶여 있었고 마귀의 종이었습니다.
그 결과는 지옥형벌입니다.
① 예수님이 진리로써 해방시켜 주셨습니다(갈 5:1, 요 8:32).
② 예수 안에서 영원한 생명을 얻게 되었고, 영생입니다(눅 15:24, 롬 5:18).

2) 이제는 놀랍게도 완전히 바뀌었습니다.
사탄, 심판, 지옥이라는 단어가 아닙니다.
① 영생, 축복, 상급, 은혜라는 단어로 바뀌었습니다.
천국백성이기 때문입니다.
② 바울은 이 사실을 깨닫고 감탄사를 연발하게 되었습니다(롬 8:35).
우리 모두 이 은혜 속에 있기를 축원합니다.

결론- 우리는 감격스럽습니다.

| 성도의 삶 | 인생을 깨닫는 지혜로움
(시편 90:1-12)

역사 가운데 등장했던 인물들의 인생론에 관한 교훈들이 많이 있습니다. 인생을 살아본 사람들의 경험에서 나오는 인생에 관한 학적 표명이 인생론입니다. 유명한 철학자 플라톤(Plato)의 인생론은 커다란 동굴 속에서 펼쳐지는 자아의 세계를 이데아(idea)로 말하였고, 러시아의 문호인 톨스토이(Tolstoy)의 인생론에는 나그네가 산길을 가다 커다란 짐승에게 쫓겨서 절벽 아래 낭떠러지에서 도움을 구하던 중, 위에서 떨어지는 토종꿀에 매료되어 생명을 지탱하는 칡넝쿨이 생쥐에 의해서 갉아 먹히는 줄도 인식하지 못하는 것으로 표현하였습니다. 아파트 값이 천정부지로 뛰고 모든 인생의 에너지와 관심을 경제에 쏟아 부어가지만 또다시 연말이 찾아와서 생명이 위협 받는지도 모른 채 정신없이 살아가는 현대인들에게 성경은 인생을 통해서 일깨워 주고 있습니다.

본문의 주인공 모세는 애굽에서 40년, 미디안 광야에서 이드로의 양을 치며 40년, 그리고 사명자로 부르심 받아 40년을 지나며 120세를 살지만 결국은 하나님을 경외함이 인생의 지혜로운 자임을 밝혀줍니다.

1. 인생은 짧고 유한하지만 하나님은 영원하신 분이십니다.

1) 하나님은 어떤 분이신가?

피조물인 인간이 창조주 하나님께 관해서 알 수는 없지만 성경은 우리에게 가르쳐 주었습니다.

① 하나님은 자존하신 하나님이십니다(출 3:14).
하나님이 모세에게 이르시되 "나는 스스로 있는 자니라" 하셨습니다.
반대로 열방의 우상은 사람이 만든 수공품입니다(시 115:4).
모든 만물이 생기기 전에 하나님은 영원하신 분이심을 우리에게 말씀해 주셨습니다(시 90:2).

② 그래서 하나님은 시간과 공간을 초월하신 분이십니다.
일컬어서 알파와 오메가요 처음과 나중이며 시작과 끝이 되십니다(계 1:8, 21:6).

천년이 하루요, 하루가 천년 같이 역사 하시는 분이십니다(벧후 3:8). 예수 그리스도는 어제나 오늘이나 영원하도록 동일하신 분이십니다(히 13:8, 요 11:25). 시인 워즈워드는 '하나님은 나이가 없다' 고 찬미하였습니다.

2) 그러나 인간의 존재는 이 세상에서 제한적이며 한계가 뚜렷합니다.

① 아담과 하와로 시작된 인간은 1000세를 넘지 못합니다.

므두셀라의 969세가 최고였고 노아 홍수 이후에는 120년으로 제한되었습니다. 그래서 세상은 잠시입니다(시 90:3).

② 인생의 생사화복은 하나님께 있습니다.

젊어도 하나님이 부르실 때에 가야되고 극노인이라도 하나님이 부르실 때까지는 세상에 더 존재해야 합니다. 인생은 70-80이지만 하나님은 영원하신 분이십니다.

2. 인생사는 고통의 시간으로 구성되었습니다.

아담 이후에 죄 때문에 오는 현상들입니다(창 3:17-19).

1) 짧고 빠른 인생사에도 고통과 슬픔이 가득한 세월입니다.

① '수고와 슬픔뿐이니 우리가 신속히 날아가나이다' 하였습니다.

어떤 시인이 글을 썼는데 '인생은 없고 없다가 없어진다' 하였습니다. 어릴 때에는 철이 없고, 청년 때에는 정신이 없어지고, 장년기에는 틈이 없고(바빠 사느라), 노년에는 형편이 없고 마지막에는 힘이 없다' 라고 하였고 '갓난아이 때에는 우유 병에 끌려 다니고, 어릴 때에는 과자에 끌려 다니고, 젊어서는 이성에 끌려 다니고, 장년기에는 돈에 끌려 다니고, 늙어서는 질병에 끌려 다니고, 그 후에는 무덤으로 끌려간다' 하였다는데 무덤 이후에 예수 없는 인생은 마귀에 의해서 지옥으로 끌려갑니다.

② 짧은 인생 살면서 편한 날이 없습니다.

신속히 가며 수고와 슬픔뿐입니다(90:9). 나그네 인생이기 때문입니다(창 47:9).

2) 세상에서 영화로운 것도 금방 지나고 슬픔도 지나갑니다.

① 신속히 지나가기 때문입니다.
모든 인생은 풀이요 영광은 풀에 핀 꽃과 같이 금방 낙화됩니다(벧전 1:25).

② 그러므로 짧은 인생사에서 세상에 소망을 두지 말고 영원하신 하나님 나라에 두어야 합니다.
세상에서 영원히 살 줄 알았던 어리석은 부자가 되면 곤란합니다(눅 12:21, 16:24).

3. 짧은 인생이지만 지혜로운 인생이 되라고 하십니다.

1) 인생의 참 지혜와 지식은 하나님을 바로 아는데 있습니다.
'우리 날 계수함을 가르치사 지혜의 마음을 얻게 하소서' 하였습니다.

① 인생의 참 지혜와 지식이 무엇이겠습니까?
성경이 우리에게 가르쳐 주었습니다(잠 1:7, 9:10).

② 하나님을 경외하며 예수 믿음 안에 살아가는 것입니다.

2) 인생의 참 지혜는 세상에 소망을 두지 않고 영원한 천국에 최종적인 소망을 두고 사는 것입니다.

① 하나님은 인생들에게 예수 그리스도를 통해서 영원한 천국을 예비해 주셨습니다.(요14:1-6)
그 천국은 필설로 표현치 못할 곳입니다.(계21장-22장)

② 여러분은 어떻게 달려왔으며 또 어떻게 달려가고 있습니까?
이 세상의 임금들이 꽃으로 꾸며 쓴 면류관은 광채를 잃을 날이 옵니다. 그러므로 영원한 천국의 백성들로 승리케 되시기를 축원합니다.

결 론 : 인생을 생각해야 합니다.

| 성도의 삶 | 심지가 견고한 결단의 신앙
(이사야 26:1-7)

인간적인 결심이나 계획들은 약하기 쉽습니다. 베드로가 예수님을 부인하지 않겠다고 호언장담하였지만 보기 좋게 실패의 쓴 잔을 마셨듯이(마 26장) 인간의 결심은 약합니다. 그러나 성령이 임하시게 되고 변화 받은 베드로는 완전히 달라진 모습이었습니다(행 4:19). 지금 우리는 변화 받은 모습대로 심지를 견고히 해야 할 때입니다. 이사야 선지자를 통해서 주시는 이 말씀 속에서 다시 한번 결심해야 하겠습니다.
"주께서는 심지가 견고한 백성을 평강에 평강으로 지키시리니 이는 저가 주를 의뢰함이니라" 하였습니다.

1. 하나님께서는 그의 백성이 믿음이 견고해지기를 원하십니다.

뿌리가 견고한 나무라야 태풍과 비 앞에서도 견고하게 서가듯이 신앙생활 역시 심지가 견고해질 때에 세파에도 견고하게 세워져 가기 때문입니다.

1) 하나님의 자녀들이 심지가 견고해져야 합니다.
견고한 마음입니다.

① 하나님께서는 심지가 견고한 사람들을 위대하게 사용하셨습니다.
요셉의 경우입니다(창 39:8-13). 어떤 경우에라도 심지가 견고한 요셉의 신앙입니다. 다니엘과 세 친구들의 경우입니다(단 1:8-9, 3:18, 6:10). 그들은 먹는 문제에도, 우상 앞에서도 기도하지 못하게 하는 위험한 함정에서도 견고한 믿음에 서있었던 사람들로써 하나님께서 크게 사용하셨습니다. 그러므로 어떤 위치에서나 문제에서도 견고함이 중요합니다.

② 하나님께서는 이런 사람들을 더욱 크게 사용하셨습니다.
세상의 불신앙과 타협하지 않고 견고한 믿음을 세우는 사람들입니다. 애굽과 같은 세상이요, 바벨론과 같은 세상인지라 우상과 죄악이 가득한 세상이지만 요셉이나 다니엘과 그 친구들과 같은 견고한 믿음으로 세상을 이기는 사람입니다. '너희가 세상에서는 환난을 당하나 담대하라 내

가 세상을 이기었노라' 고 예수님은 말씀해주셨습니다(요 16:23).

2) 천국 백성이기에 죄를 멀리해야 합니다.
이방인이 아니라 이스라엘 백성이듯이 우리는 세상에 있지만 천국백성들이기에 죄악을 이겨야 합니다.

① 요셉과 같이 이겨야 합니다.
신약시대에 와서 야고보는 성도들에게 경고해주었습니다(약 4:4). 세상과 짝한 것이 하나님과 원수가 됩니다. 그래서 구별된 생활이 요구됩니다(롬 12:2).

② 세상과 구별된 생활은 결심과 결단이 요구됩니다.
왜냐하면 하나님 백성이기에 미워하기 때문입니다(요 15:18-19). 여기에 믿음이 요구되고 결단이 요구됩니다.

2. 성도는 세상과 구별되기에 힘써야 합니다.

레위기 11장에는 이스라엘 성민이 먹을 것과 먹지 못할 것에 관해서 구별해 놓으셨습니다. 그리고 구별되게 살라고 강력히 말씀했습니다(레 11:44).

1) 구별하라고 하십니다(레 11:44).

① 성도이기 때문입니다.
말과 행동 모든 생활에서 구별되어야 합니다(벧전1:16). 베드로 사도 역시 강력하게 강조하였습니다. '기록되었으되 내가 거룩하니 너희도 거룩할찌어다 하셨느니라'

② 왜냐하면 하나님의 자녀이기 때문입니다.
결단과 결심은 성령 안에서 이루어져야 합니다. 성령께서 힘과 능력을 주실 때에 가능합니다.

2) 성도는 세상 사람이 아니라 하나님 백성입니다.

① 이것이 교회에 주신 명령입니다.
2006. 11. 30일자 모일간지에 '왜 우리는 교회를 떠나서 성당으로 갔나' 라는 글에서 그들을 인터뷰한 결과 술과 담배, 그리고 제사문제와 헌금 중에서 십일조에 관한 일이었습니다. 그 글을 읽고서 나는 성경을 모르

는 백성들이 행하는 일들이라고 보았습니다. 이 모든 일들은 성도라면 구별해야 하는 문제들입니다.

② 거듭나지 못한 백성들은 세상과 짝해서 살기 때문에 결심도 없고 결단도 없습니다.
성도는 서로를 권해야 합니다(히 10:24).

3. 성도의 의인의 길은 하나님께서 인도하십니다.

심지가 견고한 백성의 길은 하나님께서 인정해 주십니다.

1) 인생의 길이 내게 있지 않음을 기억해야 합니다(시 127:1, 잠 16:1).
내게 있는 듯이 착각하지 말아야 합니다.

① 하나님께 맡기고 의뢰하는 길만이 영원히 사는 길입니다.
그래서 다윗도 반석이라고 고백하였습니다(시 18:1-7). 본문에도 하나님은 견고한 반석이라고 말씀했습니다.

② 그래서 주께서는 의인의 길을 평탄케 하십니다.
건강, 직장, 사업, 자녀교육 모두 하나님께서 견고케 하시고 평탄케 해주실 때에 평탄케 됩니다.

2) 마음에 결단하시기 바랍니다.
세상과 짝해서 살게 되면 소망이 없습니다.

① 세상 줄을 놓아도 하나님께는 소망이 있습니다.
오히려 세상 것을 버려야 하나님께서 붙들어 주십니다.

② 이스라엘 유다 백성들에게 이사야를 통해서 교훈해 주신 말씀이 바로 이 말씀입니다. 견고하게 서시기 바랍니다.
그리할 때에 하나님의 견고하신 손으로 붙들어 주실 것입니다. 이 신앙으로 승리하시기를 축원합니다.

결론 : 다시 한번 마음의 심지를 견고하게 해야 합니다.

성도의 삶 하나님을 바라보아야 합니다
(호세아 12:1-6)

모든 식물들은 햇빛이 비추는 방향을 향해서 바라보며 자라납니다. 실내에 있거나 굴속에 있더라도 해가 비추는 방향을 향해서 뻗어가게 됩니다. 마찬가지 원리로서 믿음의 사람은 이 세상에서 언제나 하나님을 바라보아야 합니다. 어려운 문제가 있다고 하더라도 그 때마다 의의 빛이 되시는 하나님을 바라보아야 합니다. 어려운 때에 도움을 구하러 애굽으로 내려가는 자는 화가 있을 것이라고 경고하셨습니다(사 31:1-).

본문에서는 호세아 선지자를 통해서 주시는 교훈입니다. 호세아 선지자는 하나님의 말씀을 받들어 음란한 고멜과 결혼하게 되고 그 고멜이 은혜를 모른 채 계속 타락하게 되는데 여기에서 하나님과 이스라엘 백성들의 관계를 설명해 주셨습니다. 은혜를 모른 채 계속되는 배반과 배신의 연속적인 모습에서 우리 인생들의 모습을 보게 됩니다. 하나님은 독생자 예수님까지 십자가에 피 흘리게 하시고 그 피 값으로 사셨습니다(행 20:28, 고전 6:20, 고전 7:23, 계 5:9). 이 은혜를 잊어버리고 다른 곳을 바라본다면 이것이 이 세대에 곧 고멜일 것입니다. 하나님의 사랑과 긍휼과 자비의 은혜를 생각하며, 본문에서 몇 가지 은혜를 나누어 봅니다.

1. 구속받은 성도는 바람을 먹으며 동풍을 따라가면 곤란합니다.

성도는 바람을 먹으며 동풍을 따라가지 말라고 하셨습니다(12:1). "에브라임은 바람을 먹으며 동풍을 따라서"라고 하였습니다.

1) 하나님 백성이기에 모든 생활이 중요합니다.

① 하나님 백성은 아무 것이나 먹으며 아무 데나 따라 다니며 밀려다니면 곤란합니다.
하나님께서 거룩하시기 때문에 거룩하라고(벧전 1:16) 말씀하셨습니다. 그래서 시대의 바람을 따라서 살지 말아야 합니다(롬 16:2).

② 성도는 생활이 정해진 말씀 안에서 살도록 힘써야 합니다.

기록된 말씀 밖을 벗어나지 않도록 힘써야 합니다(고전 4:16). 여기에 축복과 저주, 그리고 흥망성쇠의 갈림길이 있습니다(신 10:13). 여기에 성도 개인이나 국가의 축복과 흥함이 약속되었습니다. 그런데 이스라엘 백성들은 말씀을 받고도 그릇된 길로 행하여 멸망의 길을 자초하고 있기 때문에 호세아를 통해서 권고하시고 있습니다.

2) 하나님의 백성은 말씀을 먹고살아야 하는 존재입니다.

에브라임이 동풍을 먹고살게 되었으니 불행한 일입니다. 12지파 중에 실제적인 장자는 요셉이요(대상 5:1) 요셉의 둘째 아들인 에브라임이 더 큰 축복을 받게 되는데(창 48:17-20) 이런 축복을 받은 에브라임이기에 이스라엘의 대표로 말씀해 주시면서 '에브라임은'이라고 하신 것입니다.

① 유대인 성도 뿐 아니라 이방인 중에서 부르심을 입은 성도는 살아 계신 하나님의 말씀을 먹고살아야 합니다.

이것이 성경입니다(마 4:4, 신 8:3). 때가 되면 말씀의 기근이 온다고 하였습니다(암 8:11).

② 바람은 어느 시대든지 부는 유행이요, 사적인 것이기 때문에 이것 가지고는 영적으로 살 수가 없습니다.

2. 차자였지만 장자 위에 올라온 야곱을 기억하라고 하셨습니다.

야곱도 그렇지만 에브라임 역시 그랬습니다(창 48:17-20).

1) 야곱에 관해서 보시기 바랍니다.

① 차자로 태어났습니다(3절).

그래서 형 에서의 발뒤꿈치를 붙잡고 나왔습니다. 그 뒤로 장자권을 얻기 위해서 벌인 일들을 보시기 바랍니다(창 25:33, 32:32).

② 조상 야곱은 하나님 앞에서 신앙적이고 믿음의 사람이었습니다.

그래서 문제를 문제로 보지 않고 신앙으로 승리한 사람입니다. 그런데 지금 호세아 시대에 유다는 그렇지를 못하고 있습니다.

2) 야곱의 하나님은 지금도 영적으로 우리 이스라엘의 하나님이 되십니다.

① 하나님과 겨루어 이긴 자요, 환도뼈가 부러지고 위골되었던 사람입니다

(창 32:32).
이만큼 영적인 사람이 되어야 됩니다. 지금 이스라엘 백성들에게 촉구하고 있습니다. 하나님을 떠나면 살 길이 없습니다.

② 이스라엘 유다가 어렵게 된 것은 하나님을 떠났기 때문입니다.
부르짖는 길이 있는데도 엉뚱하게 다른 길로 나가고 있습니다. 애굽이나 바벨론이나 앗수르가 그들의 살 길이 아닙니다. 이것은 대한민국과 한국 교회에 주신 큰 교훈입니다.

3. '택한 이스라엘아 돌아와서 하나님만 바라보라'고 하신 말씀입니다.

개인도 국가도 살 길은 하나님께 있습니다. 여기에 소망이 있습니다. (6절) "너는 말씀을 가지고 여호와께로 돌아가서" 하셨습니다.

1) 더 이상 외도하지 말고 말씀을 따르라고 하십니다.

① 이스라엘을 도우시고 살리시는 분은 하나님이시라고 하셨습니다.
마치 창녀촌과 같은 세상에 소망을 두지 말라고 하십니다. 여기에 개인도, 국가의 살 길도 있다고 하셨습니다.

② 더욱이 이스라엘 국가적인 차원에서도 하나님을 의지해야 합니다.
대한민국의 살 길은 하나님께 있습니다. 마지막 세상 끝날 즈음에 한국 교회를 통해서 세계 선교에 쓰임 받는 축복의 나라입니다.

2) 하나님은 밑바닥에서부터 대한민국을 축복해 주셨습니다.

① 이제 사명 따라서 하나님을 바라보아야 하겠습니다.
지하자원이 없어도, 국가가 작아도, 하나님은 사용하십니다. 우리는 하나님께서 축복하시는 나라입니다

② 3·1절을 즈음해서 이 나라의 향방은 하나님께 있음을 알아야 합니다.
이스라엘 역사가 그랬듯이 이 나라의 과거와 현재 그리고 미래가 하나님께 있습니다. 야곱을 사랑하시던 하나님의 음성이 이 나라에도 다시 들려지게 되기를 축원합니다.

결 론 : 바람 따라서 살지 말고 말씀 따라 살아야 합니다.

| 성도의 삶 |

어떤 냄새인가?
(고린도후서 2:14-17)

　이 세상은 어떤 냄새로 가득 차있다고 할 것입니다. 사람보다 짐승들의 후각은 훨씬 더 발달되어서 아프리카 초원의 야생동물들은 언제나 냄새에 민감하게 코를 벌렁거리며, 귀를 기울이며 신경을 곤두세우게 됩니다. 사람은 짐승들보다 후각이나 청각, 시각이 훨씬 덜합니다. 공중의 매는 눈의 밝기가 사람보다 8배나 더 밝고, 먹이를 채려고 땅으로 돌진하며 하강할 때에는 시속 300km로 순간동작이 이루어지기 때문에 웬만한 먹이감들은 속수무책으로 당한다고 합니다. 사람들이 먹는 음식문화 역시 시각과 미각에 의해서 냄새가 좋아야 맛도 나기 마련입니다. 현대에 와서 화장품이 발달되었는데 화장품 하면 단연 냄새가 좋아야 합니다.
　본문에서 사도 바울은 그리스도인들에게 '냄새'(smell)라고 말씀하였습니다. 그리스도인의 생애 가운데 인품, 인격이 어떠하느냐에 따라서 냄새가 달라지기 때문에 그리스도인의 마음이나 인격은 중요합니다. 예수 믿는 그리스도인의 말, 행동들이 모두 냄새와 같다는 뜻입니다. 예수 믿는 우리의 생활 냄새가 어떠한지 말씀을 통해서 조명해 보아야 하겠습니다.

1. 냄새는 그 모든 것을 나타내게 됩니다.
　냄새를 맡게 되면 그 냄새로써 그 물건이나 사물을 보지 않고도 알 수가 있다는 뜻입니다.

1) 냄새가 그 사물에 대해서 나타내 보입니다.
　두리안은 두리안 냄새요, 백합화는 백합화 냄새가 나게 됩니다.
　① 냄새는 멀리까지 퍼지는 특성이 있습니다.
　그래서 짐승들이나 물고기들도 특정한 냄새로 이동하는 일이 있게 됩니다. 그리스도인들이 좋은 냄새를 내야하고 중직자들이 냄새가 좋아야 할 이유가 이러합니다. 신앙은 좋은데 냄새가 고약하다면 곤란한 일입니다(왕상7:21-22). 솔로몬 성전의 두 기둥 야긴과 보아스의 기둥 위에 백합화 형상을 아로새겼습니다. 교회의 기둥은 백합화처럼 냄새가 좋아야 합니다. 교회 시대에 우리에게 주시는 뜻이 매우 깊습니다.

② 성경에는 기도를 향이라고 비유하였습니다(계 8:3-).

향은 냄새요, 보이지는 않지만 멀리까지 퍼지게 됩니다. 기도한다는 사람들은 역시 냄새가 좋아야 하며, 그 향이 멀리까지 가게 되는데 천국에까지 그 향이 천사에 의해서 하나님께 보고가 됩니다. 기도한다면서 냄새가 악취가 난다면 다시 생각해볼 일입니다.

2) 냄새는 감출 수가 없습니다.

좋고 아름다운 냄새도 감출 수가 없지만 악취도 감출 수가 없습니다.

① 예수님의 행하심이 온 수리아에 퍼지니라(눅 4:14, 37, 5:15)

예수님은 어떤 일을 행하실 때에 조용히 행하셨으나 타인들이 소문을 퍼지게 하였습니다. '퍼지니라' 하였습니다.

② 장로들이나 바리세인들의 소문은 나쁘게 퍼지게 되었습니다.

아무리 감추려 해도 감출 수가 없이 2003년이 지난 지금까지 퍼지게 되었습니다(마 28:1-, 마 2:16). 이것이 역사의 냄새입니다. 냄새는 국경이나 인종을 초월해서 퍼지게 됩니다.

2. 좋은 냄새가 풍겨지는 그리스도인이 되어야 합니다.

1) 두 종류의 냄새가 있습니다.

① 생명에 이르게 하는 냄새가 있습니다.

예수 냄새요, 생명에 이르는 냄새입니다. 배고픈 사람이 밥집 앞을 지날 때에 식욕을 더하게 되듯이 예수 냄새는 그 믿는 자에게 생명을 주게 됩니다. 영원한 생명에 이르는 생명의 냄새입니다.

② 이 냄새를 맡게 되면 살게 됩니다.

생명이기 때문입니다.(요14:6) 이 냄새를 풍겨야 합니다.

2) 이 세상은 사망에 이르는 냄새로 가득 합니다.

그 냄새는 타인도 죽고 본인도 죽게 됩니다.

① 죄악의 냄새입니다.
　마치 불이 났을 때에 불보다 더 위험한 화학적 냄새에 의해서 질식하듯이 이 세상은 그릇된 문화라는 이름 하에 수많은 인생이 죽습니다.
② 사망에 이르는 냄새가 가득한 세상입니다.
　영국과 중국의 아편전쟁 때, 중국이 큰 피해를 보고 홍콩을 내어주었다가 100년만에 다시 찾았는데 아편보다 더 나쁜 문화들이 세상에 가득합니다. 조심할 때입니다.

3. 우리는 모두 그리스도의 향기들이 되어야 합니다(15절).

이 냄새는 자신도 타인도 살게 되는 냄새입니다.

1) 그리스도인은 어디에 있든지 냄새를 내야 합니다.

① 그리스도인이기 때문에 자동적입니다.
　한국인에게서는 마늘 냄새가 나고, 서양인에게서는 노린내가 나게 됩니다. 그리스도인은 그리스도의 냄새가 나야 합니다.
② 그리스도인은 세상에 그 어떤 냄새보다 더 강합니다.
　백합, 라일락, 샤넬 냄새보다 더 좋은 냄새입니다. 어디에서든지 예수님 냄새를 나타내야 합니다.

2) 하나님 앞에서나 사람 앞에서나 향기로 살아야 합니다.

① 하나님께서 향기를 받으십니다(출 29:41, 30:34).
　하나님께서 받으시는 냄새가 되어야 합니다.
② 사람에게도 좋은 냄새가 되어야 합니다.

이 냄새가 생활 속에서 어디에서나 나타낼 수 있게 되시기를 축원합니다.

결 론 : 우리는 어디에서나 예수 냄새입니다.

> 성도의 삶

하나님께 칭찬 받는 사람의 모습
(고린도전서 4:1-5)

사람이 살아가면서 칭찬과 칭송의 사람과 비난과 배척의 사람과는 살아가는 모습이 차이가 많이 나타나게 됩니다. 그래서 잦은 책망보다는 칭찬이 더욱 효과적인 교육 방법이기도 합니다.

다윗은 하나님 보시기에 합당한 자로 성경에서 소개하는데(행 13:22) 그 역시 다윗의 생애에서 크게 작용하였음을 말씀해 주시고 있습니다.

본문에서 하나님의 칭찬에 관해서 소개해 주시고 있습니다. 사람에게서도 칭찬을 받아야 하겠지만 하나님께 칭찬 받는 인생이 더욱 중요합니다. 하나님께 칭찬 받는 사람은 어떤 사람인지 본문에서 찾아보겠습니다.

1. 성도는 하나님께서 칭찬하시는 위치에 있어야 하겠습니다.

속담에 '자기 사랑 자기가 받는다' 는 말도 있듯이 하나님께서 칭찬하시는 사람은 하는 일들이나 행동이 어딘지 모르게 다릅니다.

1) 인간은 창조 때부터 칭찬을 듣고 살도록 지으심을 입었습니다.
그래서 칭찬을 들으면 기분이 올라가고 책망을 받으면 내려가게 됩니다.
① 칭찬 듣기 원하면 칭찬 듣는 자리에 있어야 합니다.
예컨대 예배 행위에서 보았을 때에 같은 예배이지만 가인과 아벨은 믿음의 위치에서 달랐습니다(창 4:1, 히 11:4).
② 존경받고 사랑 받는 자리에 있으면서도 뒤에서 욕을 먹을 일만 한다면 그 사람은 칭찬을 받지 못합니다.
예컨대 초대 왕 사울은 처음에는 칭찬 듣는 사람 편에 속해 있었지만 세월이 갈수록 정반대의 사람으로 변질되었습니다(삼상 10:23, 9:1, 7, 10:22, 11:12, 삼상 15:35, 행 13:22).

2) 내가 지금 어떤 대열에 서있느냐가 중요합니다.
또한 내 곁에, 내 주변에 어떤 류의 사람이 있느냐도 영향이 크다고 할 것입니다.

① 예수의 비밀을 맡은 충성스러운 사람이 되어야 하겠습니다(1절).
　비밀을 맡은 자요, 하나님의 일군이기 때문입니다. 대사도 바울도 승리자요, 사명자였습니다. 일하는 사람이 될 때 그 칭찬이 찾아오게 됩니다.

② 맡은 자에게 구할 것은 충성이라고 하였습니다.
　사람들 중에는 칭찬을 받으며 일하는 사람이 있고 비난을 받으며 일하는 사람도 있거니와 셋째는 무관심의 사람도 있습니다. 충성스러운 사람을 하나님께서 칭찬하시며 기뻐하신다고 하셨습니다(시 101:6, 잠 25:13).

2. 성도는 하나님의 사랑을 받은 만큼 타인을 칭찬해 주는 사람이 되어야 합니다.

칭찬과 격려가 인색하지 말아야 하겠습니다.

1) 타인을 향해서 칭찬하고 배려하는 신앙이 중요합니다.

　참 성도의 모습이기도 한 일입니다.

① 긍정적인 사람이 되어야 합니다.
　부정적인 사람은 칭찬도 배려도 인색하게 됩니다. 특히 한국 사람의 성품 중에서 이 부분이 약한 부분이기도 합니다.
　칭찬이란 말은 헬라어로 칼레오인데 그 뜻은 '이름을 불러준다' 는 뜻이 있습니다. 이름을 친근히 불러주면서 칭찬해야 합니다. 주께서도 내 이름을 부르십니다.

② 하나님께서도 친근히 이름을 부르셨습니다.
　하나님께서 이름을 부르시면서 다가오시는 현장을 보시기 바랍니다(창 3:9, 12:1, 22:1, 출 3:4, 삼상 3:6, 행 9:4).
　이름과 직분이 곁들여 질 때에 더욱 친근한 모습이라고 봅니다.

2) 성도는 하나님의 지대하신 사랑을 받은 사람들입니다.

　하나님의 칭찬과 사랑과 관심사로 여기까지 왔습니다.

① 내가 하나님의 사랑과 칭찬과 관심을 받은 만큼 남에게 칭찬과 배려와 사랑을 아끼지 말아야 하겠습니다.
　예수님은 황금률(Golden Rule)을 통해서 말씀해 주셨습니다. 그러므로 남에게 무엇을 대접을 받고자 하는 대로 남을 대접하라 이것이 율법이

요, 선지자라 하였습니다.(마7:27)

교회 안에서 이 은혜가 풍성해야 합니다. 서로 격려하고 사랑하고 칭찬해주는 교회가 되어야 합니다. 그러나 서로 물고 먹으면 피차 멸망한다고 하였습니다(갈 5:15).

3. 성도는 최종적으로 하나님께 칭찬 듣고 사랑 받는 것이 중요합니다.

본문에 '그 때에 각 사람에게 하나님께로부터 칭찬이 있으리라' 하였습니다.

1) 깊이 감추인 것이 드러나게 될 때가 옵니다.
사람들의 칭찬은 지나가게 되지만 하나님의 칭찬은 영원합니다.
① 예수님은 은밀한 것도 갚으신다고 하셨습니다.
은밀하게 보시는 하나님이 갚으십니다(마 6:1-7).
② 주님이 칭찬하시고 격려하시는 것은 영원합니다.
조금 후에 없어지는 성격이 아닙니다(마 25:21).
주님께 서게 될 때에 칭찬 듣도록 힘써야 하겠습니다.

2) 하나님께서는 본인에게 뿐 아니라 자손에게도 갚아주신다고 약속하셨습니다(출 20:5).
① 칭찬과 은혜와 축복이 자손에게까지 내려가는 축복이 약속되었습니다.
다윗은 축복과 승리의 대표성이지만(마 1:1) 여로보암은 그릇된 대표성을 띠게 됩니다(왕하 17:21).
아비의 것이 자식에게까지 내려가게 됩니다(욥 21:19).
② 하나님께서 칭찬하시는 사람이 되어야 합니다.
인정받는 사람이 중요합니다(고후 10:18, 행 6:1-4, 행 10:1-).
순종의 사람이 되고 자기 맡은 사명에 충실한 사람이 되고, 남을 배려하는 사람이 되어야 하겠습니다(마 25:31-46).

하나님께 칭찬 듣는 성도들이 되시기를 주의 이름으로 축원합니다.

결론 : 예수 그리스도 안에서 칭찬이 중요합니다.

성도의 3대 기초 신앙
(데살로니가전서 5:16-18)

〔성도의 삶〕

사람이 살아가는 이 세상은 모든 일에 기초가 중요합니다. 건물이나 어떤 구조물이 건축될 때에도, 기초가 중요하고, 군사훈련이나 운동선수의 기초 뿐 아니라 영어나 수학 등 학문의 범위 역시 그 기초가 중요합니다.

사람이 살아가면서 매사에 기초가 중요한 것은 기초가 약하면 무너짐이 심할 것이기 때문입니다. 마찬가지로 신앙생활 역시 기초가 매우 중요한 것은 신앙의 기초 역시 든든할 때에 올바르게 세워져 갈 수 있기 때문입니다(마 7:24-29). 신앙생활은 기초가 바르게 되어야 견고한 신앙 가운데 세우게 되는데, 추수 감사절을 즈음해서 우리는 신앙의 기초가 '감사'요, 이 감사는 신앙의 눈높이를 가름하는 잣대와도 같기 때문에 중요합니다.

사도 바울이 전한 이 복음을 통해서 우리는 다시 한 번 신앙의 기초를 견고하게 세우게 되기 위해서 몇 가지 은혜를 나누게 됩니다.

1. 성도의 기초 신앙은 항상 기뻐하는 신앙입니다.

"항상 기뻐하라"고 하였습니다. 구원받은 것에 대한 감사는 물론이요 하나님께서 언제나 함께 하시는 것에 대한 감사인바 바울은 옥중에서도 기뻐하게 되었습니다.

1) 성도는 언제나 기뻐해야 할 일이 따르게 됩니다.

그 기뻐해야 할 일을 찾아서 언제나 기뻐하는 것입니다.

① 기뻐할 일들을 보시기 바랍니다.

주변에는 언제나 기쁨이 있는가 하면 슬퍼할 일들도 있습니다. 그러나 기뻐할 일들도 많이 있게 됩니다. 슬픈 쪽으로 기울지 말고 기쁜 쪽으로 방향을 잡아야 합니다. 바울은 옥중에서도 기뻐하였고 찬송하였습니다(행 16:25, 빌 4:4). 원망하거나 불평하지 아니하였습니다. 오히려 기쁨으로 신앙을 나타내 보여주었습니다.

② 생활 속에서도 우울한 일들이 있겠지만 오히려 신앙으로 극복해 나가면

서 기뻐하는 것입니다.
여기에서 성도의 진정한 인품과 인격이 나타나게 됩니다. 그리스도인이기 때문에 삶에서 풍기는 인품이나 품격이 중요합니다.

2) 성도는 언제나 생활에서 그리스도인의 발자취를 남기도록 힘써야 하는데 이것이 기쁨의 근간이 됩니다.

① 바울은 옥이라는 특수 환경 가운데서도 기쁨을 외치고 있습니다.
세상적인 개념의 성공이 성공이 아니라 믿음 안에서의 성공이 진정한 성공임을 알아야 하겠습니다. 세상적으로 성공한 일이 제각기 다르기 때문에 어디에다가 목표를 두고 성공이라고 하겠습니까?
윤영길씨의 칼럼에 이런 글이 있습니다. 왜 나이를 묻습니까? 라는 질문 앞에서 "물리학자로 유명한 아인슈타인 박사는 26세에 광양자설, 브라운 운동이론, 특수 상대성 원리를 발표하였고, 천재 음악가 모차르트는 11세에 교향곡을 발표하였고, 알렉산더 대왕은 20세에 왕위에 올라서 헬라 문화를 세계화 시켰다. 세계의 부호인 빌 게이츠는 19세에 대학을 포기하고 창립하여 부호가 되었으며, 레이건 대통령은 70세에 재선에 성공하였고, 등소평은 90세에 중국을 시장 경제로 이끌었다. 나이는 하나의 숫자에 불과합니다. 우리는 어디에 기준을 둘 것인가?"

② 믿음의 사람들은 생애를 그리스도와 함께 언제나 웃고 사는 것이 중요합니다.
비록 풍성한 것들이 없을지라도 하나님 자신으로 인해서 기뻐하는 신앙이 기초가 되어야 합니다(합 3:17). 기독교 신앙의 본질은 예수 그리스도입니다.

2. 성도의 기초 신앙은 항상 쉬지 않고 기도하는 생활입니다.

성경은 쉬지 않고 기도할 것을 가르치고 있습니다(눅 18:1, 골 4:2). 언제나 기도 생활이 중요한 것은 신앙의 기초이기 때문입니다.

1) 기도는 성도의 생활이어야 합니다.
어떤 기도를 해야 합니까? 성경의 가르침을 보시기 바랍니다.

① 믿음의 기도입니다.
　　기도와 응답은 언제나 믿음에 있다고 하였습니다. 기도와 믿음을 보시기 바랍니다(막 9:23, 마 21:22, 약 5:15, 약 1:5, 요 11:40).
② 인내의 기도입니다.
　　기도하고 나서 금방 열매나 응답이 없다고 낙심치 말아야 합니다. 예수님의 교훈을 보시기 바랍니다(눅 18:1-8).
③ 간절한 기도입니다.
　　기도에 관한 간절한 구절을 보시기 바랍니다(눅 22:44, 눅 11:8, 마 7:7).
④ 남을 용서하는 기도입니다.
　　용서하며 기도하라고 하였습니다(마 18:21-36, 마 6:9, 마 5:23). 기도에는 용서와 화해가 따라야 합니다.

2) 성도는 마음을 비우고 기도해야 합니다.
① 내 뜻이 아니라 아버지 하나님의 뜻을 위해서 기도해야 합니다.
　　예수님도 겟세마네 동산에서 그리 하셨습니다(마 26장).
② 기도에는 응답이 약속되어 있습니다.
　　기도해 보시기 바랍니다. 위로부터 주시는 응답이 약속되었습니다.

3. 성도의 기초 신앙은 감사로 일관되어야 합니다.

범사에 라는 말은 '모든 일 안에서' 라는 뜻이 있습니다.

1) 감사의 조건을 생각하여 목록을 만들어 보세요.
　　불평 불만 보다 감사의 제목이 더 많을 것입니다.
① 감사해 보시기 바랍니다.
　　내가 지옥 갈 사람이 아니라 천국 갈 백성이라는 것부터 시작해서 감사해 보세요. 미래의 꿈과 믿음을 가지고 감사해 보세요. 모두가 감사의 조건들입니다.
② 감사는 표현이 중요합니다.
　　입으로, 소리로, 찬송과 기도로 재물로 표현해 보세요. 바울은 옥에서도 감사의 표현을 하였습니다.

2) 하나님께서는 성도에게 감사의 표현을 요구하십니다.

　마음까지도 아시지만 표현을 요구하십니다.

① 마음으로 감사해 보세요.

　축복과 기쁨이 있게 됩니다. 감사를 입으로 시인해 보세요. 여기에 역사가 있습니다(롬 10:10).

② 1/10 감사의 사건을 기억하시기 바랍니다(눅 17:11-18).

　10명이 모두 은혜를 입었으나 1명만 감사하였습니다.

　감사가 메마른 시대에 신앙의 기초인 감사가 풍성한 성도가 되시기를 축원합니다.

결 론 - 감사에는 더욱 큰 축복이 있는데 이것이 신앙의 기초입니다.

| 성도의 삶 | **내게 예물을 가져 오라**(성도의 영적 투자)

(출애굽기 25:1-2)

하나님께서 지으신 자연세계는 정확해서 위에서 내린 비가 땅을 적시고 다시 위로 올라가고, 이 지상의 모든 식물들에게 그 개체에 따라서 열매를 맺게 합니다. 하나님께서 자연 세계에만 그런 것이 아니고, 인간들에게 주신 모든 것을 다시 더 큰 축복으로 주시기 위해서 하나님께 드리라고 명하였습니다.

아브라함에게는 심지어 100세에 낳은 아들도 바치라고 하셨는데, 그 이후 더욱 큰 축복으로 약속 받게 되었습니다(창 22장). 모리아 산의 이삭을 바친 이후에 아브라함과 이삭에게 약속하신 축복이 계산 할 수 없도록 많게 되었습니다.

하나님께서는 그의 백성들에게 하나님께 나올 때에 빈손으로 보이지 않게 하라고 하셨습니다. 십일조를 비롯해서 온갖 감사한 일에 대하여 감사하며 드리게 하셨고, 축복도 약속하셨습니다(출 27:15, 34:20, 말 3:8). 지금은 경제시대입니다. 경제시대에 주시는 하나님 말씀은 성막을 지을 때에도 빈손이 아니라 자원해서 하나님께 드리라고 하셨듯이 지금도 주의 복음을 위해서 자원하는 마음으로 드리라고 하십니다.

1. 하나님께 드릴 때에는 즐거운 마음으로 드려야 합니다.

본문에서 "즐거운 마음으로 가져오라"고 하셨습니다. "즐거운 마음으로 내는 자에게서"(2절)라고 하셨습니다.

1) 하나님께서 받으시는 제물(제사)은 자원해서 기쁜 마음으로 드리는 것이었습니다.

① 왜 가져오라고 하시는지를 알아야 합니다.

축복하시기 위해서요, 더 큰 것으로 주시기 위한 축복의 씨앗과 같습니다. 마치 창 27장에서 이삭이 자식에게 축복하기 위해서 별미를 가져오라고 한 것과 비교가 됩니다. 아브라함이 기쁜 마음으로 이삭까지 제물로 드리는 현장이 소개되었고 교훈해 주셨습니다(창 22장). 성도의 드리는 재물은 축복의 씨앗이요 축복이 됩니다.

② 성경은 어디에서나 주님께 드릴 때에 기쁘고 즐거운 마음으로 드리라고 하십니다.

물질 뿐 아니라 예배나 헌신 생활 역시 기쁘고 즐거운 마음으로 드리라고 하셨습니다. 여기에는 믿음이 반드시 동반되어야 합니다. 가인과 아벨의 예배 차이는 바로 여기에 있습니다(창 4:2-3, 히 11:4). 이렇게 즐거운 마음에서 드릴 때에 하나님이 기뻐하셨습니다(대상 29:6-17).

2) 즐거워하는 마음으로 드릴 때에 축복하십니다.

세상에 어떤 일이든지 자원해서 하는 것과 억지로 하는 일은 다릅니다. 하나님께 드려지는 일도 역시 그러합니다.

① 신약 시대에 와서도 원리는 같기 때문에 기쁘고 즐거운 마음으로 해야 한다고 분명하게 가르치고 있습니다.

고후 8-9장은 고린도 교회에 대한 헌금에 관한 기록인데 하나님께서는 기쁘고 즐거운 마음으로 내는 자를 사랑하신다고 하셨습니다. 비단 헌금에 관한 문제 뿐 아니라 몸으로 헌신하는 일까지 바울은 기쁘고 즐겁게 헌신했습니다(빌 3:8).

② 기쁘고 즐거운 마음으로 드릴 때에 하나님께서 받으십니다.

신앙생활의 전체가 그러하듯이 하나님께서 받으시지 않는 것이라면 매사가 헛것이 될 수밖에 없습니다. 주님 복음 위해서 십자가 지고 헌신하는 것 역시 자원하는 마음이 중요합니다. 그래서 C. H. Gabriel은 "즐거운 마음으로 십자가 지고 가라"고 찬송하였습니다.

2. 하나님께 드릴 때에 제일 좋은 것으로 드려야 합니다.

사람에게 드림이 아니라 하나님께 드리는 일입니다. 본문에서 3-7절에 하나님께 드리는 목록이 있는데 모두가 세상에서 제일 귀한 물품들이었습니다(대상 29:1-4).

1) 이것들이 성막을 지을 때나 솔로몬의 성전을 지을 때에 사용되었던 물품들이었습니다.

① 하나님께 드릴 때에는 제일 좋은 것을 바치라고 하셨습니다.

이것은 정성이요, 마음이요, 하나님께 대한 사랑입니다. 그런데 이스라엘 백성들은 타락해서 변질되었고 아무렇게나 제물을 가져 오게 되었을 때에 책망을 받았습니다(사 1:11, 말 1:7).

② 사람이 보기에 좋은 것은 하나님 보실 때에도 좋으신 것이나, 사람이 보기에 병든 것이라면 하나님께서 보실 때에도 병든 것입니다.
병든 제물은 하나님께서 기뻐하시지 않습니다. 그릇된 생각이나 사고방식에 속지 말아야 하겠습니다.

2) 축복받는 성도는 하나님께 드릴 때에 좋은 것을 드리려고 힘씁니다.
못 쓰는 것, 버리는 것 드리지 마세요. 제일 좋은 것을 드리세요.

① 하나님께 드리는 모든 것은 구별되어야 합니다.
예컨대 지폐를 드릴 때에 같은 지폐라도 새것으로 드리시기 바랍니다. 이것은 정신이요 마음 자세입니다. 그래서 성경에서 첫 것, 첫 아들을 바치라고 하셨습니다. 첫 것은 귀하기 때문입니다.

② 이와 같은 신앙은 하나님께서 기뻐하십니다.
첫 것의 귀한 개념이 중요합니다. 어떤 젊은이는 대학을 졸업하고 선교지에서 1년을 봉사하면서 헌신하는 귀한 모습도 있습니다. 첫 해는 하나님께 드린다는 정신입니다.

3. 하나님께 드릴 때에 감사한 마음으로 드리는 것이 중요합니다.

감사하는 마음이 제외되었다면 문제입니다. 감사로 드릴 때에 하나님께서 기뻐하십니다(시 50:14).

1) 매사에 감사한 마음으로 드리세요.
그것이 무엇이 되었든지 간에 감사하는 마음이 중요합니다.

① 감사가 없는 자리는 억지요, 원망이 그 자리에 있기 쉽습니다.
우리는 항상 헬렌 켈러의 감사의 예를 듭니다. 이런 감사가 필요하고 요구되는 부분입니다.

② 우리는 감사한 조건이 얼마나 많이 있습니까?
감사해야 하는 일들이 수 없이 많아도 감사가 아니라 매사에 억지로 드

리지는 않는지 생각해야 하겠습니다. 지금도 중환자실에서 죽어 가는 사람들이 많이 있음을 생각해야 합니다.

2) 하나님께서 원하시는 일은 먼저 자신을 드리는 일입니다.

① 물질이나 눈에 뵈는 어떤 것이 아니라 자신을 먼저 드려야 합니다.
중심이 중요하기 때문입니다. 그래서 예수님은 작은 렙돈도 귀하게 칭찬하셨습니다(막 12:11-44, 눅 21:1-4).

② 구약의 성전은 신약에 와서는 우리 자신이 성전입니다(고전 3:16).
예수님을 모셨기 때문입니다.

우리 성전에 언제나 주님을 모시고 풍성한 드림이 있게 되시기를 주님의 이름으로 축원합니다.

결 론 - 세상적인 투자가 아니라 영적인 투자에 힘쓰시기 바랍니다.

성도의 삶

여호와의 말씀이기 때문에
(이사야 54:1-3)

모든 생물들은 그 개체마다 나름대로 의사소통을 하는데 언어(말)가 있고, 말이 없으면 특수한 신호를 통해서라도 의사가 전달됩니다. 새들은 새들대로 동물들은 동물대로 뜻을 전달하거니와 작은 미물들의 세계에도 마찬가지입니다.

하나님의 형상대로 지음 받은 인간은 언어가 있고, 글이 있습니다. 그런데 너무 말을 많이 해서 문제가 되든지, 함부로 해서 문제가 됩니다. 그래서 제각기 위치에 따라서 마땅히 해야 할 말이 있고 하지 말아야 할 말이 있습니다. 대통령은 한 나라의 국가의 대표성을 지니기 때문에 더욱 조심해야 합니다. 이는 성도 역시 마찬가지인데 그래서 성경에는 말에 대한 교훈을 많이 하였습니다 (약 1:19, 3:2, 잠 15:23, 16:24, 17:27, 25:11 등).

세상에는 인간이 해서 인간들에게 전달되는 말이 많이 있지만 성경은 사람의 말이 아니라 하나님의 말씀입니다. 이사야를 통해서 사람들에게 전달된 말씀이기 때문에 사람의 말이 아니라 하나님의 말씀입니다.

그래서 "여호와께서 가라사대" 또는 "예수께서 가라사대"라고 하셨는데 그곳에는 세상 사람들의 말과는 달리 생명력이 있습니다. 사람들이 한 말은 아무리 유명해도 그것은 향기가 없는 조화와 같다면 하나님 말씀은 향기가 있고 생명력이 넘치는 생화와 비교가 됩니다. 본문을 통해서 몇 가지 은혜를 나누어 봅니다.

1. 하나님 말씀은 죄로 말미암아 절망 중에 있는 인간들에게 생명의 소망을 주게 됩니다.

세상에 유명인들이 '미사여구'를 사용하여 문학과 철학으로 꾸며 놓은 말들이 많이 있지만 그곳에는 생명이 없습니다. 그러나 성경 말씀은 죄 값으로 절망에 빠진 인간에게 생명을 주고 영생의 소망을 얻게 합니다.

"잉태치 못하며 생산치 못한 너는 노래할지어다 구로치 못한 너는 외쳐 노래할지어다 홀로 된 여인의 자식이 남편 있는 자의 자식 보다 많으니라 여호와의 말이니라"(1절)고 하였습니다.

1) 절망 가운데 있는 백성들에게도 소망을 주십니다.
왜냐하면 하나님 말씀이기 때문입니다.

① 본문에서 이스라엘 백성과 하나님 사이를 남편과 아내의 관계로 비유하셨습니다.
유대인들이 하나님을 떠나서 우상숭배를 할 때는 소망이 없는 백성이 되었으나 하나님께 돌아올 때에 소망이 있게 하시겠다는 약속의 말씀입니다.

② 하나님 말씀은 절대적으로 소망을 주십니다.
생명의 말씀이기 때문입니다(요 1:1-3, 6:68). 하나님의 말씀은 생명의 말씀인바 여기에 소망이 있습니다.

2) 세상에는 많은 말들이 있지만 그곳에는 생명이 없고 죽은 자들의 말뿐입니다.

① 하나님의 살아 계신 말씀만이 죽은 자를 살리는 능력이 있기 때문에 여기에 소망이 있습니다(겔 37:1-11, 요 11:40, 43).
죽은 뼈들이 살아서 큰 군대가 되었고, 죽은 나사로가 살아나게 되었으며, 듣는 자가 살아나게 되는 말씀입니다(벧전 1:23).

② 생명의 말씀을 듣는 자가 영적으로 다시 사는 역사가 일어나게 됩니다.
이 말씀은 창조의 말씀이며(요 1:1), 죽은 자가 살아나는 능력의 말씀인데, 여기에 소망이 있습니다(요 5:25).

2. 하나님 말씀은 인간들에게 본연의 사명을 찾게 합니다.
구원받은 성도는 사명이 있는데 하나님 말씀을 통해서 찾게 됩니다.
"네 장막 터를 넓히며 네 처소의 휘장을 아끼지 말고 널리 펴되 너의 줄을 길게 하며 너의 말뚝을 견고히 할지어다"(2절) 하였습니다.

1) 성전을 짓게 하는 사명을 깨닫게 합니다.
포로에서 돌아온 자들이 무엇을 해야 할지 모를 때 주시는 말씀입니다.

① 미리 예고해 주시면서 성전을 짓되 크게 지으라고 하십니다.
    사명자는 입을 넓게 열어야 합니다(시 81:10).
② 우리의 믿음의 상태는 어떻습니까?
    학개 1장에서도 성전 짓는 문제로 말씀해 주셨습니다. 자기 일에만 빨랐고 하나님의 일에 뒷전일 때 주신 말씀입니다.
    은과 금이 모두 하나님의 것이라고 하셨습니다(학 2:8).

2) 장막을 크게 짓는 방법을 말씀해 주시고 깨우쳐 주셨습니다.
    네 가지로 말씀해주셨습니다.
① 장막 터를 넓히라고 하십니다.
② "네 처소의 휘장을 아끼지 말고 넓히라." 하십니다.
③ "너의 줄을 길게 하라." 하셨습니다.
④ "너의 말뚝을 견고히 하라."고 하셨습니다.
    사명자는 기초가 튼튼해야 합니다.

3. 하나님 말씀은 사람들에게 축복을 받게 합니다.

하나님 말씀을 따라가면 그곳에는 축복이요, 영생입니다(신 28:1-14).
"이는 네가 좌우로 퍼지며 네 자손은 열방을 얻으며 황폐한 성읍들로 사람 살 곳이 되게 할 것임이니라"(3절) 하였습니다.

1) 하나님 말씀이기에 순종하며 따라가면 축복이 약속되어 있습니다.
① "이는 네가 좌우로 퍼지며" 했는데 외로운 자가 아니라 사방으로 퍼지는 민족이 될 것을 약속하십니다.
② "네 자손이 열방을 얻으며" 하였는데 외로운 민족이 아니라 하나님이 함께 하시기 때문에 사람 살 곳이 되게 하신다고 약속합니다.
    요셉에게 함께 하시듯이 언제나 약속된 축복입니다.

2) 예수 그리스도 안에 있는 성도들에게 주시는 교훈이 큽니다.
    영적인 이스라엘이요 신약 시대의 성도들에게 주시는 말씀입니다.
① 하나님 말씀이기 때문에 따라가면 반드시 축복이요 영생입니다.

② 성도에게 주신 말씀의 특권입니다.
　　변치 않는 하나님 말씀이기 때문입니다.

말씀 따라가서 영원한 축복과 영생 얻기를 축원합니다.

결 론 - 말씀은 영원합니다.

지나간 시간을 돌아보는 신앙

성도의 삶

(누가복음 19:22-27)

　세상사의 모든 일들이 시간 속에 있다고 할 것입니다. 그래서 '시간은 곧 금이다'라고 하였고, 에베소서 5:16에는 '세월을 아끼라 때가 악하니라' 하였습니다. 얼음 위에나 바위에다가 조각해 나가는 조각가와 같이 주어진 시간 속에서 어떻게 조각해 나가느냐하는 것은 중요한 일입니다. 주어진 시간을 잘 사용한 사람은 성공적인 역사를 남기게 되지만 똑같은 24시간의 하루 속에서도 시간을 사용할 줄을 몰라서 문제가 되는 경우들이 많이 있습니다.
　마태복음 25장의 달란트 비유와 함께 본문에서의 므나 비유는 두 쌍벽을 이루는 말씀입니다. 반드시 주님 앞에서 계산 할 때가 온다는 사실을 생각하며 시간 속에서 승리해야 하겠습니다.

1. 귀인은 종들에게 각각 한 므나씩 나누어 주었습니다.
　마태복음 25장의 말씀과는 다른 관점에서 교훈해 주시고 있습니다.

1) 하나님은 공평하신 하나님이십니다.
　제각기 재능대로 달란트를 주셨으며, 본문에서는 재능에 관계없이 각각 한 므나를 나누어 주었습니다.

① 하나님은 공평하신 하나님이십니다.
　한 므나는 당시 장정의 하루 품삯이 1데나리온인데, 100일치의 품삯의 가치를 지니는 액수입니다. 하나님께서는 사람들에게 하나씩의 재주는 모두 주셨습니다. 모두 잘 할 수는 없습니다. 내가 할 수 있는 것이 있습니다. 만능인이 아니라 내가 할 수 있는 능력이 있습니다. 그것을 찾아서 일해야 하겠습니다.

② 주인이 주신 '므나'는 어떤 것이 되었든지 귀하게 여겨야 합니다.
　그리고 그 '므나'를 사용할 줄 알아야 합니다.
　'바로 가서 그것으로 장사하여 또 다섯 달란트를 남기고(마 25:16)' 하였습니다. 머뭇거리거나 주저하지 않고 즉시 행동하였습니다.

2) 공평하게 나누어 주신 이것을 귀하게 여기지 아니하면 있는 것도 빼앗기고 책망을 받게 됩니다.

결국 자기 자신에 대하여 유익이 없습니다.

① 먼저 온 사람이나 늦게 온 사람이나 동일하게 공평한 은혜였습니다(마 20:1).

포도원 비유에서 예수님은 비유로 말씀해 주셨습니다. 남의 것을 보지 말고 내 것을 주시하며 힘써야 하겠습니다. 남의 떡이 커 보이고 자기 것을 인정하지 아니하면 곤란하게 됩니다. 교회에서 작은 일에 충성을 다하게 될 때에 큰 것에도 충성됩니다.

② 귀한 것을 귀하게 여기지 아니하면 낭패가 생기게 됩니다(마 25:18).

그 사람이 수건으로 싸서 감추어 두었다가 주인에게 다시 가져오게 되었는데, 크게 책망을 받았습니다. 차라리 그것으로 장사를 하다가 없앴다 해도 책망은 받지 아니하였을 것입니다. 그런데 아무 노력이나 헌신을 하지 아니하였습니다(창 25:34). 에서와 같이 경홀히 여겼고 책망을 받습니다(히 12:16). 그리고 미움을 받게 되었습니다(말 1:2).

2. 받을 때도 중요하지만 계산할 때가 더 중요합니다.

주신 분이 왕이신 예수 그리스도이십니다. "각양 좋은 은사와 온전한 선물이 다 위로부터 빛들의 아버지께로서 내려오나니 그는 변함도 없으시고 회전하는 그림자도 없으시니라"(약 1:17) 하였습니다.

1) 본래 주인이 계산하자고 하십니다.

내가 가진 그것이 모두 내 것이 아니라 주인이 계십니다.

① 하나님께서 그 주인이시기 때문에 그분의 것입니다.

소위 백보좌 심판이 있을 것이고 책에 기록된 대로 심판이 있게 됩니다(계 20:12, 마 16:27, 계 22:12).

② 우리 모두는 하나님께 받은바 청지기들입니다(벧전 4:10).

악한 청지기가 아니라 선하고 좋은 청지기가 되어야 합니다. 계산대가 보이지 않습니까?

2) 계산대 앞에서 웃는 사람이 인생의 성공자입니다.
잠시 웃는 것이 아니라 영원히 웃는 자가 되어야 하겠습니다.
① 한 므나로 열 므나를 만들었습니다.
대단한 성공자입니다. 주인의 칭찬이 반드시 있습니다.
② 수건으로 싸놓고 다시 가져온 어리석은 사람은 없어야 합니다.
주인의 대단한 책망이 있을 것입니다.

3. 지나간 과거를 뒤돌아보면서 미래를 교정해 나가야 합니다.

1) 예수 그리스도가 만왕의 왕으로 믿는 사람은 충성을 다하게 됩니다.
"귀인이 왕위를 가지고 돌아와서…"(15절) 하였고, "나의 왕 됨을 원치 아니하던 저 원수들을 이리로 끌어다가 내 앞에서 죽이라 하였느니라"(27절) 하였습니다.
① 므나 사용은 왕 되신 예수 그리스도 복음을 위한 모든 충성입니다.
이름 없이 빛도 없이 하든지 아니면 유명인으로 하든지 간에 우리의 목표는 천국입니다.
② 므나를 사용하는 것은 주님을 왕으로 모시고 사는 사람들의 헌신입니다.
충성을 다하시기 바랍니다(계 2:10, 잠 25:17, 시 101:6).

2) 과거를 뒤돌아보면서 더욱 미래에 충성을 다해야 합니다.
주님이 오실 것이기 때문입니다.
① 주님은 똑같이 기회를 주셨습니다.
그 기회들을 사용해서 남기는 신앙생활이 중요합니다.
② 청지기로써 멋지게 살아갈 기회를 잃지 말아야 합니다.
주님은 우리에게 청지기로 살기를 원하십니다. 선한 청지기로써 남은 시간 속에 더욱 승리케 되시기를 축원합니다.

결론 - 과거보다 미래가 더욱 중요합니다.

[성도의 삶] 부정적 요소를 생활에서 제거하라!
(고린도전서 10:1-12)

하나님께서 창조해 주신 우리 몸의 신체 중에 중요하지 않은 부분이 없습니다. 모두 중요하기 때문에 필요하지 않은 부분이 없습니다. 옛날에는 맹장이 쓸데없다고 하였으나 우주선시대에 맹장이 없다면 우주에 올라갈 수 없다고 증명되었습니다. 문제는 하나님께서 창조해 주신 몸의 신체기능을 어떻게 사용하느냐가 중요합니다.

중앙인 머리에서 지시하는 대로 따르기 때문에 머리가 어떤 생각 속에서 각 지체가 움직여지느냐가 중요한 일입니다. 머리가 육신적인가 아니면 영적인가에 따라서 생활이 달라지게 됩니다(롬 8:5). 마귀는 우리의 머리에 생각을 넣어서 죄를 짓게 하고 넘어지게도 합니다(눅 22:3, 요 13:2, 창 3:1). 그래서 예수님은 범죄 하거든 찍어버리라고 까지 하셨습니다(마 18:7).

본문은 과거 이스라엘 백성들이 애굽에서 나오게 되었지만 가나안 땅에 들어가지 못했던 사례를 들면서 신약교회 성도들에게 교훈해 주시고 있습니다. 히브리서 3-4장과 함께 신약시대의 성도들에게 크게 교훈해 주시는데 여기에서 우리의 영적 생활을 점검해 봅니다.

1. 신체기능을 사용할 때에 영적인 거울인 말씀을 보고 조심하라 하십니다.

우리가 우리 자신을 보기 위해서는 거울(Mirror)을 통해서만 볼 수 있습니다. 운전자가 거울이 없다면 운전을 할 수가 없을 것입니다.

1) 성경은 우리 영적 생활에서 거울과 같다고 하였습니다.
광야생활에서 그들의 생활을 보여주면서 신약교회 성도들에게는 이것이 영적인 거울이라고 하였습니다.

① 저희 중에 어떤 이들이 우상 숭배하다가 멸망키는 자에게 멸망하였다고 경고해 주십니다(7절).
우상 숭배하다가 망하였고 아합왕을 비롯해서 우상주의자들이 망하였습니다(왕상 14-18장). 우상 숭배자들은 천국에 들어갈 수 없는 목록이 있

습니다(계 22:15, 21:8).

② 저희 중에 어떤 이들이 간음하다가 하루에 23,000명이 죽었다고 경고했습니다(8절).

이 사건은 민 25장에 나타난 사건으로써 무서운 심판입니다. 소돔과 고모라가 노아의 때에 물 심판을 받은 이유가 이 죄 때문입니다. 예수님 재림 때에도 소돔과 고모라의 때와 같다고 하셨습니다(마 24:37). 고대 바벨론이나 로마가 망한 이유가 이 죄 때문입니다. 지금 세상이 소위 문화라는 미명하에 온 세상이 음란으로 팽배해 가는 시대입니다. "간음하는 여자들이여 세상과 짝한 것이 하나님과 원수가 된다" 고 교회의 성도들에게 경고해 주셨습니다(약 4:4).

③ 저희 중에 어떤 이들이 주를 시험하다가 멸망시키는 자에게 멸망하였다고 했습니다(9절).

민 21:6절의 사건입니다. 하나님을 믿고 경외하며 경배해야 도리인 것이지 하나님을 시험하면 망합니다. 모세가 뱀을 든 것같이 예수님은 십자가 위에 달리시고 믿으라고 하십니다(요 3:14). 살 길은 믿음의 길뿐입니다. 왜냐하면 성경은 반드시 이루어지기 때문입니다(계 10:7).

④ 저희 중에 어떤 이들이 원망하다가 멸망시키는 자에게 멸망당하였다고 하였습니다(10절).

민수기 11-16장 사건을 우리에게 조명해 주셨습니다. 하나님은 지금도 그 손으로 일하십니다(민 11:23, 사 49:15).

2) 이스라엘 백성들에게 광야에서 일어났던 사건들입니다.

① 신약교회 역시 광야교회(행 7:38)와 같이 조심해야 함을 일깨워 주시고 있습니다.

천국에 들어가지 못하는 이유가 되면 곤란하기 때문입니다.

② 광야는 본향이 아니라 지나가는 과정입니다.

우리의 최종적인 목표는 천국입니다(빌 3:20). 파선된 믿음이라면 곤란합니다(딤전 1:19-20).

2. 이스라엘 백성들의 모든 범죄는 입으로 범했습니다.

하나님께서 지어주신 신체의 기능 가운데 머리가 지시하고 손발이 움직이며 입으로 죄를 짓게 됩니다.

1) 입에서 나오는 모든 죄를 차단해야 합니다.
재갈 먹여서라도(약 3:3) 죄를 멀리해야 합니다.

① 모든 범죄가 입에서 출발을 합니다.
우상 숭배, 음행, 원망, 주를 시험하는 언행 등 모두 입에서 나오게 됩니다. 그래서 로버트 슐러 목사님은 부정적인 사람과는 5분을 대화하지 말라고 했습니다.

② 입에서 나오는 것이 더럽습니다(마 15:11).
예수님께서 전파하신 말씀입니다. 뱀과 말하지 말아야 합니다(창 3:1).

2) 하나님께서 주신 신체가 찬양과 영광의 도구가 되게 해야 합니다.

① 모든 신체가 하나님의 영광의 도구입니다.
손과 발을 비롯해서 듣는 귀와 보는 눈과 입까지 영광의 도구가 되게 해야 합니다.

② 우리를 지으신 목적은 하나님의 영광에 있습니다(사 43:21).
모두가 의로운 도구가 되게 해야 합니다(롬 6:13). 의의 병기로 드리는 일입니다. 먹는 일까지 하나님의 영광이 목적입니다(고전 10:31).

3. 모든 축복과 상급도, 저주와 멸망도 입에서 나오게 됩니다.

이스라엘 백성들이 광야에서 그랬습니다.

1) 입은 쓴 물이 나오기도 하고 단물이 나오기도 합니다(약 3:1-11).

① 거듭난 성도의 입이 되어서 단물이 나오게 해야 합니다(약3:12).
머리의 생각까지 새롭게 되어야 합니다(골 3:10).

② 말씀과 성령의 인도를 따라가는 생활이 되어야 합니다.
말씀과 성령만이 우리를 의로 인도해 주십니다(출 40:36-38).

2) 신앙생활은 축복과 상급과 영생의 연장선에 두어야 합니다.
① 반드시 하나님 앞에 설 때가 있습니다.
　　입으로 모든 축복을 쏟아버리는 일을 하지 말아야 합니다.
② 이사야의 입술은 화저로 지져서 깨끗케 되었으며 복음을 위해서 쓰임 받았듯이 성령과 말씀으로 입술을 깨끗케 하여 하나님 백성으로 쓰임 받아야 하겠습니다(사 6:1-7).

거울을 보고 영적인 모습이 고쳐지게 되기를 축원합니다.

결 론 - 나의 영적인 모습은 어떠합니까?

> 성도의 삶

네 발에서 신을 벗으라!
(출애굽기 3:1-5, 여호수아 5:13-15)

본문에서 하나님께서는 모세를 부르실 때에 '네 발에서 신을 벗으라.' 고 하시더니, 후계자 여호수아가 진행할 때에도 발에서 신을 벗으라고 명하시게 됩니다. 죄와 사망에서 벗어나 복음 안에 살아가는 신약시대의 사람들에게는 '복음의 예비한 신을 신으라' (엡 6:15)고도 하셨습니다.

본문을 통해서 몇 가지 뜻을 되새겨 보며 은혜를 나누시기 바랍니다.

1. 네 발에서 신을 벗으라고 하셨습니다.

이스라엘 백성들을 이끌고 나가야 되는 모세와 여호수아에게 하신 이 말씀은 사명자로 써 주시는 큰 뜻이 있다고 봅니다.

1) 이는 모세나 여호수아로 부르시는 뜻과 의미가 있습니다.
부르심의 광장에서의 일이기 때문에 중요합니다.

① 불순종의 신발을 벗고 순종의 신을 신어야 하기 때문에 신발을 벗으라고 하십니다.

모세나 여호수아에게만 아니라 순종은 신앙의 제일의 덕목이 됩니다. 아담(창 2:17), 아간(수 7:1), 사울(삼상 15:21) 등이 불순종의 대표주자들로써 결과는 망하였습니다. 순종이 제사보다 낫기 때문입니다(삼상 15:20). 순종할 때에 복이 되고(신 28:1-14), 노아나 아브라함은 모두 순종의 사람들이었습니다(창 7:1-). 예수님은 순종을 배우셨고 순종하셨습니다(히 5:8, 눅 5:1-4, 롬 5:19).

② 교만의 신을 벗고 겸손의 신을 신어야 합니다.
교만은 멸망의 선봉이요, 겸손은 은혜를 더하게 해주십니다(약 4:6). 겸손히 선한 청지기가 되어야 할 필요가 있습니다(벧전 4:10-11).

③ 죄의 신을 벗고 회개의 신을 신어야 합니다.
이스라엘 백성들에게 대대적으로 회개를 촉구하셨습니다(사 20:2-3). 예수님은 회개를 그의 생애 사역에서 첫 음성으로 던지시고 회개를 촉구하

셨습니다(마 4:17). 이것은 지도자가 되는 여호수아에게도, 그 전에 모세에게도 적용되는 말씀이었습니다.

④ 인간적인 보증이 아니라 하나님의 보증의 신을 신어야 합니다.
인간적인 보증이 문제가 아니라 하나님이 보증하시는 신이 중요합니다. 그래서 룻기에서도 이 사실을 강조해 주시며 교훈하셨습니다(룻 4:7-9).

⑤ 내 재주나 재간의 신을 벗고 하나님께서 함께 하시는 신을 신어야 하기 때문입니다.
모세가 여기까지 왔고 여호수아가 이스라엘을 이끌고 가는 것은 그들의 재주가 아닙니다. 하나님의 특별하신 은혜요 능력이었습니다. 이것은 예수님의 제자들에게도 같이 적용되었습니다(마 10:10). 사명자들은 전적으로 하나님을 의지해야 하기 때문입니다.

2) 신을 벗지 아니하면 하나님께서 사용하실 수가 없기 때문입니다.
하나님은 인격적인 신이시기 때문입니다.

① 밖에서 권면하십니다(계 3:18).
문 밖에서 두드리십니다. 라오디게아 교회는 순종치 아니하고 망했습니다. 그러나 신약시대에 모든 교회 성도들은 순종해야 합니다.

② 신을 벗지 아니하면 사용하실 수가 없습니다.
모세와 여호수아는 신을 벗게 되었고 위대하게 쓰임 받았습니다. 우리 교회 성도들이 신을 벗고 복음을 위해서 쓰임 받아야 하겠습니다.

2. 신발을 벗는 것은 옛사람을 벗고 새 사람으로 깨끗하게 되는 표입니다.

옛 사람을 벗고 새사람이 된 그릇이 필요합니다(딤후 2:20-21).

1) 깨끗하게 하기 위해서는 옛 신을 벗어야 합니다.
죄악의 신을 벗어버리되 미련 없이 벗어야 합니다.

① 모세도, 여호수아도 벗어버리고 귀하게 쓰임 받았습니다.
② 새 사람이 되기 위해서는 모두가 거쳐야 되는 길입니다.
새롭게 쓰이기 위해서입니다. 그래서 옛 것이고 땅에 있는 지체를 죽이는 작업입니다(골 3:5-10).

2) 하나님께서 지금도 신을 벗으라고 하십니다.

① 직분자도, 평신도 역시 모두가 벗어야 합니다.
하나님의 교회는 이 일에 힘써야 할 사명이 있습니다. 더욱이 사명 자로 쓰는 신을 벗어야 합니다.

② 옛 신발을 그대로 신고 있다면 하나님 앞에서 쓰임 받을 수 없습니다.
교회 안에는 불행히도 아직 신발을 벗지 못하고 옛 구습대로 사는 사람들이 있습니다. 벗어야 합니다(골 3:1-10).

3. 옛 신발을 벗을 때에 새롭고 산길이 열리게 됩니다.

모세가 새 신을 신었고, 여호수아가 새 신을 신고 쓰임 받았습니다.

1) 모세의 경우를 보시기 바랍니다.

애굽에서의 40년과 광야 미디안에서의 40년의 신을 벗었습니다.

① 이제는 이드로 개인의 목동이 아니라 하나님 백성을 이끌어 내는 지도자요 영적인 목동이 되었습니다.
하나님의 영원하신 계획이 이루어지게 되었습니다.

② 모세가 가는 곳에는 기적과 능력의 길이 되었습니다.
신을 벗을 때에 새롭게 주시는 축복의 길입니다.

2) 여호수아를 보시기 바랍니다.

여기까지는 모세의 그늘 밑에 있었지만 이제는 당당한 지도자로써 이스라엘을 이끌어가는 가나안의 정복자가 되었습니다.

① 여호수아 역시 신을 벗게 되었습니다.
여호와의 군대 장관을 붙여 주시며 가나안을 정복해 나갔습니다.

② 신약시대에 교회와 성도들에게 주시는 교훈이 매우 큽니다.
우리 모두는 언제나 옛 신을 벗고 새 신을 신어야 쓰임을 받게 됩니다. 위대하게 쓰이는 교회와 성도들이 되시기를 축원합니다.

결론 - 모세나 여호수아와 같이 신을 벗어야 합니다. 하나님은 그들을 쓰셨습니다.

> 성도의 삶

어두움을 비추는 등불
(베드로후서 1:19-21)

우주 질서 가운데 태양은 아침이면 동녘에서 떴다가 저녁이면 서쪽으로 지는 질서가 창조 때부터 지금까지 계속 진행되어 왔습니다. 자연적인 태양은 세상을 밝히지만 영적이고 신령한 면에서의 죄악의 어두움은 세상에 가득해서 캄캄한 세상입니다.

옛날 희랍의 철인 '디오게네스'는 대낮에 등불을 켜 들고 다녔다고 하는데, 지금 세상이야말로 그리스도의 빛이 필요한 때입니다. 예수님은 생명의 빛으로 이 세상에 오셨습니다. 사도 요한은 예수님은 생명의 빛이라고 소개하였습니다(요 1:4, 8:12, 9:1-7, 12:46). 예수님은 말씀하시기를 너희는 세상에 빛이라고 말씀하셨습니다. 그래서 하늘에 계신 아버지께 영광을 돌리라고 했습니다. 성도가 세상에 대하여 어떻게 무엇으로 빛이 될 수 있겠습니까? 말씀으로 돌아가서 생각하며 은혜를 나누어 봅니다.

1. 성도는 세상에 대하여 성경 말씀으로 빛이 되어야 합니다.

타락하여 죄 가운데 있는 인생들에게 성경 말씀으로 빛이 되고 환해지게 해야 할 사명이 있습니다.

1) 성경은 하나님 말씀으로 세상을 향해서 비추이는 등불입니다(19절).

'우리에게 더 확실한 예언이 있어 어두운데 비추이는 등불과 같으니' 하였습니다. 성경 말씀으로 살아갈 때에 불의 역할을 하게 됩니다.

① 왜 성경이 등불과 같다고 하였는지 성경을 몇 군데 보시기 바랍니다.

성경 자체가 그 증거가 되기 때문입니다. 성경은 구원을 주시는 하나님의 능력이라는 말씀을 비롯해서(롬 1:16), 생명의 말씀입니다(딤후 1:16, 벧전 1:16,23 히 4:12, 욥 20:23, 마 16:19, 요 8:31-32, 요 8:36, 눅 11:28, 계 1:3 시 119:25, 119:40 등) 이제 모두 기록하겠습니다.

② 따라서 성경은 사사로이 풀 것이 아니며 좌우로 치우치지 말아야 할 이유가 여기에 있습니다(20절).

"먼저 알 것은 성경의 모든 예언은 사사로이 풀 것이 아니니" 했는데 '사사로이'는 개인적인 풀이가 아니라 성경에 의한 해석과 깨달음을 말씀해 주시고 있습니다. 하물며 중세기 암흑기 때에는 성경을 읽지도 못하게 한 때가 있었기 때문에 그 때에는 세상이 더욱 어두운 세상이었습니다(수 1:9, 롬 12:3, 요 14:16-17, 요 14:17, 26, 신 12:3, 계 22:18, 고후 4:2, 막 7:9-13). 더욱이 유대인들은 하나님의 말씀보다 전통을 더 앞세우다가 책망을 받았습니다.

2) 어두운 세상을 비추이는 성경을 사수하다가 순교도 당하는 일이 교회사요, 성도의 일이었습니다.

① 말씀을 사수하다가 핍박받고 문제가 생기게 된 일들이 많이 있습니다.
중세 때에 '쿠텐베르그'는 성경을 출판하다가 카톨릭 사람들에 의해서 처형당했습니다. 이때에는 성경이 평신도들에게는 금독서였습니다.

② 하나님 말씀만이 진짜 빛이 됩니다.
"주의 말씀은 내 발에 등이요, 내 길에 빛이니이다"(시 11:105) 하였습니다(시 1:2, 약 1:21, 수 1:8, 요 14:16-17, 행 17:10). 생명의 말씀으로 세상에 대하여 빛이 되어야 하겠습니다.

2. 성도는 세상에 대하여 성령으로 빛이 되어야 합니다.

세상은 어둡고 캄캄한 세상입니다. 어떻게 살아야 하겠습니까?

1) 성령으로 살아야 하겠습니다.

① 보혜사 성령이라고 하였습니다(요 14:26-27).
보혜사는 우리의 신앙생활 전체를 도와주시고 이끌어 주시는 진리의 성령이십니다. 이렇게 성도가 살아갈 때에 빛이 나타나게 됩니다.

② 진리의 영이시기 때문에 진리로 이끌어 주십니다.
"진리의 영이 오시면 그가 너희를 진리 가운데로 인도하시리니(요 16:13)" 하셨습니다. 진리로 깨닫게 하시는 분이십니다.

③ 그래서 성령을 약속하셨고, 성령을 받으라고 강조하셨습니다.
성도는 성령 안에서만이 빛된 생활이 가능합니다(요 20:23, 행 1:4, 8).

2) 성령 받을 때만이 세상에 대하여 전도할 수 있게 되고, 빛을 발할 수 있기 때문입니다.
① 성령 받을 때만이 빛이 되는 성도가 됩니다(행 1:8).
② 성령 받지 못하면 나중에는 결국 교회를 떠나게 되고, 열매를 거둘 수가 없습니다.
성령께서만 내 인생과 타인의 인생을 안내하시게 됩니다.

3. 성도는 세상에 대하여 거듭난 양심으로 빛이 되어야 합니다.

독일의 유명한 관념론 철학자인 임마누엘 칸트(Immanuel Kant)는 밤하늘에는 반짝이는 빛이 있고, 내 마음에는 양심의 빛이 있다고 하였습니다.

1) 일반적인 양심은 죽은 양심이요, 타락한 양심입니다.
죄가 지배하고 있기 때문입니다.
① 그래서 죽은 양심이기 때문에 믿을 수 없습니다.
② 죽은 양심으로는 하나님의 뜻을 따라서 살 수가 없습니다.
죽은 양심을 따라서 살게 되면 영원히 소망이 없습니다. 거듭난 양심이라야 소망이 있습니다. 성경 말씀과 성령으로 거듭난 양심으로만이 빛이 되고 소망이 있습니다.

2) 거듭나셨습니까?(요 3:1-8)
① 양심은 표현상으로 여럿이 있는데, 선한 양심(딤전 1:5), 착한 양심(딤전 1:19), 청결한 양심(딤후 1:3)으로 어두운 세상에 대해서 나침반이 될 때가 있습니다.
② 양심 중에는 파선된 양심(딤전 1:2 후메네오와 알렉산더), 화인 맞은 양심(딤전 4:2)도 있는데, 자기 뿐 아니라 타인까지 모두 어두운데 빠지게 만드는 사람들입니다.

세상을 환하게 비추는 우리 성도들이 모두 되시기를 축원합니다.

결론 - 우리는 세상에 빛이 되어야 합니다.

> 성도의 삶

거듭났으면 성장하라
(베드로전서 2:1-10)

모든 생명체는 이 세상에 태어날 때부터 성장하도록 되어 있습니다. 이것을 생물학적 성장이라고 말한다면, 생물이 아닌 고정적 관념으로서의 국가 기관, 단체 등을 말할 때에는 유기체적 성장이라고 합니다. 생물학적 성장이든 유기체적 성장이든 간에 성장할 때에 성장하지 못하면 개체의 사명을 다할 수가 없습니다.

생물학적 성장(Biological growth)이든 유기체적 성장(Organical growth)이든 성장하지 못한다면 개체로서 불행이 될 수밖에 없을 것입니다. 따라서 개인이든, 교회 성장도 여기에 속하기 때문에 성장해야 합니다.

국가적 측면에서도 국력이 성장될 때에 세계사적으로 할 일을 하게 됩니다. 초대 교회는 예수님이 승천하시고 오순절 성령강림 이후에 급속도로 질적 양적으로 부흥해 갔고 성장하였습니다(행 2:41, 16:5). 그런데 국가적 기본이 국민이듯이 교회 성장의 기본은 개인 신앙이 거듭나게 되고, 성장할 때에 교회가 바람직하게 성장하게 됩니다. 개인성장이나 교회 성장의 모습을 본문을 중심으로 다시 한 번 생각하며 은혜를 나누어 봅니다.

1. 성령으로 거듭났으면 첫 번째 할 일은 성장하는 일입니다.

어린아이가 태어났으면 성장하듯이 영적이고 신령한 면에서도 성도는 계속 성숙해 나가야 합니다.

1) 거듭났습니까?

교회에 나와서 말씀을 듣고 첫 번째 할 일은 물과 성령으로 거듭나고 예수 그리스도의 피 공로를 의지하여 죄 사함과 함께 예수님을 만나는 일입니다.

① 거듭나는 일이 제일 우선적인 일입니다(요 3:1-7).

산헤드린 의원이요 고위층에 있었던 니고데모에게 예수님이 하신 말씀은 거듭나는 일에 관한 진리 선포이셨습니다. 거듭나지 아니하면 참 그리스도인이 아니며 천국에 들어갈 수도 없기 때문에 중요한 일입니다.

② 거듭나는 것이 무엇입니까?

현대에 와서도 예배당 안에는 제 2의 현대판 니고데모가 많이 있습니다. 거듭나는 것은 옛사람이 죽게 되고 새롭게 영적으로 태어나는 일인데, 중생(重生)이라고 합니다. 또는 위로부터 난 생명이란 뜻을 가지고 있습니다(마 27:51, 막 15:38, 요 19:23, 요 3:31, 19:11, 약 1:17, 눅 3:1, 행 26:5). 위에서부터 또는 위로부터 난다는 뜻이 강합니다. 사도 바울은 이 말을 두 번째 새롭게 난다(갈 4:9)고 했습니다.

③ 물과 성령이란 무슨 뜻입니까?

물은 성경 말씀을 상징하기도 하고(엡5 :26), 성령은 하나님의 영, 또는 그리스도의 영이기도 합니다(롬 8:9). 보혜사 성령이 되십니다(요 14:16, 22, 요 20:22, 마 3:11, 행 2:1-). 옛사람으로서는 천국에 들어갈 수 없습니다.

2) 이제 거듭난 사람의 다음 단계는 영적 성장입니다.

어린아이가 성장해서 성숙한 어른이 되듯이 예수 이름으로 거듭났으면 성장해 나가야 합니다.

① 출생 다음에는 성숙입니다.

성숙하지 못하면 사람으로서 생활이 불가능하듯이 영적인 면에서도 성숙하지 못하고 어린아이로 있다면 매우 곤란한 일입니다. 천국 백성으로서의 자기 위치를 지키거나 일군이 될 수가 없기 때문입니다.

② 성령으로 거듭났으면 성장해 나가는 원리가 있습니다.

갓난아이와 같이 신령한 젖을 사모해야 합니다(2절). 구원에 이르도록 자라기 위해서입니다. 생명체가 호흡하듯이 영적으로 기도 생활해야 합니다. 하나님과 동행하기 위해서입니다. 교통이 여기에서 이루어집니다. 생명체는 움직이듯이 영적인 운동이 필요합니다. 봉사와 헌신 생활을 통해서 영적 운동이 이룩됩니다. 말씀과 기도와 운동은 영적 성장의 3요소가 됩니다.

2. 성장하기 위해서는 세상적인 옛 구습을 끊어버려야 합니다.

'모든 악독과 모든 궤휼과 외식과 시기와 비방하는 말을 버리고' 라고 하였습니다.

1) 믿음 안에서 영적으로 다시 태어난 사람은 버릴 것이 있습니다.
세상 것을 그대로 가지고 있으면 영적 생명이 위태롭습니다.

① 예수 믿는 사람은 옛 세상에서 즐기던 모든 것을 버려야 합니다.
옛것을 그냥 가지고 있다면 신앙성장은 없습니다. 옛것을 버리지 못하고 있기 때문에 영적인 성장이 없는 사람이 꽤 많이 있음을 알아야 하겠습니다.

② 구원에 이르도록 성장하기 위해서 신령한 역사를 사모해야 하겠습니다.
옛날에는 세상적인 습관과 세상 것이 취미였으나 이제는 예수 안에서 사는 일이 인생이 되어야 합니다.

2) 예수 그리스도 안에서 계속 성장해야 합니다.
엡 4:13-16에서 성장에 관해서 명령하였습니다.

① 우리가 다 하나님의 아들을 믿는 것과 아는 일에 성장해야 합니다.
이것이 믿음 성장입니다.

② 성장 과정에서 막히지 않아야 합니다(마 13:27).
가시 떨기가 기운을 막았다고 하였습니다. 결실치 못합니다.

3. 영적 성장을 위해서는 반석 위에 세운 신앙이 되어야 합니다.

'산 돌이신 예수 그리스도' (5절) 위에 세워야 합니다.

1) 반석은 예수 그리스도이십니다(시 18:1).

① 여호와께서 반석이 되신다고 하였습니다(마 16:18).
반석 위에 세워진 교회입니다. 이 신앙은 누구도 무너뜨릴 수 없게 성장합니다. 견고하게 성숙해 가는 교회요, 신앙입니다.

② 이 신앙은 예수님만 바라보는 신앙입니다(히 12:2).
예수님만 바라보는 신앙입니다.

2) 하나님의 사람은 성장해서 열매를 거두는데 구원에 이르도록 성장하기 때문입니다.
① 낙심되고 중간에 도태되는 멈추는 신앙입니까?
성장하는 신앙입니까?(히 10:37-38) 끝까지 성장하는 신앙이 되어야 하겠습니다.
② 성도들이여, 성장해서 믿음 안에서 열매가 풍성한 참된 성도가 되어야 하겠습니다.
열매가 풍성한 성숙한 교회요, 성도들이 되시길 축원합니다.

결 론 - 성숙한 그리스도인이 천국과 상급의 주인공이 됩니다.

| 성도의 삶 | # 생명의 길과 사망의 길
(아모스 5:4-15)

인간은 누구나가 이 땅에 태어나기 전에서부터 이 세상에는 길이 있었고, 그 길에서 다니게 되고 생활하게 되었습니다. 그래서 사람이 지나가게 되면 반드시 발자욱을 남기게 되는데 이것이 역사(History)라고 명명되었습니다. 따라서 사람은 태어나서 살아가는 동안에 어떤 역사를 남기느냐가 중요하다고 봅니다.

요세퍼스(Josephus)는 '바울을 싣고 가는 배는 구라파를 싣고 가게 되었다'고 하였는데, 복음을 남긴 바울 사도의 발자취를 말해주는 대목이기도 합니다. 바울은 "내 몸에 예수의 흔적을 남겼다"고(갈 6:17) 하였습니다. 그런가 하면 역사에 나쁜 발자취를 남겼거나, 지금도 그 길로 계속 치닫는 사람들이 있습니다. 1차 대전의 원흉인 무쏠린, 2차 대전의 원흉인 히틀러나 북한의 김일성, 김정일 집단을 비롯해서 세상에는 악한 집단이 많이 있습니다. 살인자 김대두가 가는 곳에는 살인이 되었습니다.

6·25 남침의 민족적 상처가 아직도 아물지 않고 있는데, 이 땅에는 또 다시 좌경적 색채가 물들이는 상황을 보면서 정신이 다시 드는 현실입니다. 세상에는 생명 길이 있고 사망의 길이 있으며(신 30:15-20), 본문에서 보듯이 북 왕조 아합 때의 고난과 멸망을 자초했던 아합과 같은 길이 있기에 본문에서 아모스 선지자는 외치게 되었습니다. 뽕나무 농사꾼이었던(암 7:14-) 아모스를 통해서 외치듯이 오늘도 순수한 주의 종을 통해서 외치고 있는데 몇 가지 은혜를 나누어 봅니다.

1. 세상에는 두 길이 있습니다.

사는 길과 죽는 길이요, 생명의 길과 사망의 길이요. 흥하는 길과 망하는 길입니다.

1) 죽는 길을 택하지 않고 사는 길을 택해야 합니다.

① 우상의 길로 갔던 아합과 그 후대의 추종자들은 망했습니다.

모세 시대에도(출 32장) 사사시대에도 왕정시대에도 우상주의는 망했습니다. 개인도, 사회나 국가도 우상으로 치닫게 되면 망합니다. 이것이 하나님 말씀인 성경에서 주시는 경고입니다.

② 제단이 무너지게 되거나 하나님께 예배 행위가 그릇 되면 망합니다.
제물이나 형식이 문제가 아니라 중심과 내용이 문제였습니다. 이사야를 통해서도(사 1:11-), 말라기 선지자를 통해서도(말 1:10, 3:6) 가인과 아벨의 사건에서도 교훈해 주셨습니다(창 4:4, 히 11:4). 형식이 문제가 아니라 그 내용과 영적 상태가 중요했습니다.

③ 열매가 있으면 살고 열매가 없으면 죽게 됩니다.
이사야를 통해서(사 5:1-8) 마태와 누가를 통해서도 보여주셨고, 경고하셨습니다(마 3:10, 눅 13:1-9). 이것은 회개하는 열매입니다.

2) 생명의 길과 발자욱은 좁고 힘들지만 망하는 길은 없습니다.
세상은 지금 다문화 시대라고 하지만 올바르게 선택해야 합니다. 예수 외에는 구원이 없기 때문입니다(요 14:6, 행 4:12).

① 영생의 길은 길이 좁습니다.
그래서 가는 자가 많지 않고 선택의 폭이 좁습니다(마 7:13).

② 사망의 길은 넓고 편하기 때문에 가는 자가 많습니다.
말세 때의 성도들과 교회들이 귀담아 들어야 할 부분입니다. 신앙 생활 한다고 하면서도 넓은 길로 가면 쉽게 할 수 있으나 망하는 길임을 명심해야 합니다. 그래서 지금 세상의 추세가 모두가 가기 쉬운 넓은 길로만 치닫고 있습니다.

2. 마귀 사상 따라가면 죽게 되고 예수님 말씀 따라 가면 삽니다.

타락 이후에 세상은 악으로 가득 차 있습니다.

1) 예수 안에 있을 때에 생명이 보장됩니다.
"여호와를 찾으라 그리하면 살리라"(6절) 했습니다.

① 하나님 백성이 하나님을 떠나면 슬픔 밖에 없습니다.
이스라엘에게 말씀하셨듯이 북한 땅이 살길은 이제라도 회개하고 돌아

오게 되고, 평양에 사라진 교회가 세워지는 일입니다. 하나님 백성이 하나님을 떠난 결과는 슬픔뿐이었습니다(애 1:1).
② 오직 예수 그리스도만이 생명이 되십니다(요 14:6).
이미 실패로 끝난 공산주의도 아니고 김일성, 김정일 세습 국가도 아니라 예수 믿는 길입니다.

2) 개인적으로도 예수가 없다면 지옥이 영원히 기다리게 됩니다.
하나님을 떠난 자들이 영원히 가게 되는 곳입니다.
① 예수님도 강조하셨습니다(마 25:41).
"영원한 불에 들어가라" 했습니다. 영원한 불심판 속으로 들어가느냐 영생이냐는 영원한 생명에 관한 문제이기에 개인적으로 중요합니다.
② 세상적인 부유함이나 지위고하가 문제가 아닙니다.
예수 없이는 영원한 사망입니다. 부자와 나사로의 사건에서 자세히 보시기 바랍니다(눅 16:19, 27). 따라서 또한 부지런히 전도해야 하는 지상 교회의 사명이 여기에 있습니다.

3. 하나님께서는 그의 백성들이 생명의 길로 가기를 원하십니다.
생명의 길은 악을 미워하고 선을 행하는 길입니다.
"너희는 악을 미워하고 선을 사랑하며 성문에서 공의를 세울지어다"(15절) 하였습니다.

1) 타락된 이 세상은 선한 길과 악한 것이 있습니다.
하나님을 떠난 것이 악입니다.
① 부활 때에도 두 가지 부활이 있습니다.
생명의 부활과 심판의 부활입니다(요 5:29).
② 내가 가는 길, 이 나라가 가는 길이 어디로 가는지 살펴야 합니다.
하나님을 떠난 개인이나 국가 역시 망하게 되어 있기 때문입니다.

2) 변질된 허구에 속지 말아야 합니다.
아모스 선지자는 오직 하나님만 찾으라고 하였습니다. 혹자는 '북한이 동족이기 때문에 그렇게 생각 밖으로 악하지 않을 것이요' 하면서 동정

하는 것을 보게 되는데 사람이 문제가 아니라 공산주의 사상이 문제이기 때문에 그 허구에 속지 말아야 합니다.

① 벧엘은 하나님의 집이었으나(창 28장), 우상의 집으로 변질된 곳(왕상 12:32, 13:1)이기에 찾지 말라고 하셨습니다.

② 길갈은 애굽의 수치가 모두 굴러간 곳이었으나(수 5:9), 타락되고 변질된 곳이기에 찾지 말라고 하셨습니다(호 4:15).

③ 브엘세바는 위급한 때에 응답한 곳이었으나(창 21:14), 타락되고 변질된 곳이기에 찾지 말라고 하셨습니다(왕하 23:8).

오직 살 길은 하나님께 돌아오는 길이었듯이 6 · 25 기점을 맞이해서 대한민국이 살길은 하나님을 바르게 찾는 길입니다. 북한이 살길은 하나님께 돌아오고 공산주의를 버리는 일입니다.

이 나라에 소망이 있게 되기를 주의 이름으로 축원합니다.

결론 - 생명의 길로 가야 합니다.

| 성도의 삶 | 오벧에돔과 미갈, 나는 누구인가?
(사무엘하 6:11-23)

옛날 농경시대에는 세상이 나름대로 단순한 사회구조 속에 살았습니다. 그러나 현대의 산업화와 기계화된 시대에는 기계의 복잡한 부속만큼이나 세상이 복잡한 사회구조들로 가득 차 있는 세상입니다. 그러나 이렇게 복잡하고 다양성을 띠는 다문화 시대라 할지라도 성경시대나 현대에 와서도 변치 않고 주시는 말씀은 간단한 논리에 속해 있습니다. 하나님께 속한 사람인가? 아니면 마귀를 따라가다가 지옥에 갈 사람인가? 하는 것이 성경 66권이 질문하고 제시하시는 말씀입니다(롬 8:5-8, 갈 6:7-9).

본문의 사건은 다윗이 법궤를 예루살렘으로 옮기는 과정에서 벌어진 사건으로써 아효와 웃사가 즉사하는 모습을 보고 다윗이 법궤를 예루살렘으로 옮기는 일에 주춤해 있을 때에 오벧에돔이 자기 집에 3개월간 모시게 되는데 하나님께서 오벧에돔과 그 집에 복을 주시게 됩니다. 이를 보고 다윗이 이제는 새 수레가 아닌 레위인들로 하여금 법궤를 메게 하고 예루살렘으로 올라가게 되는데, 이때에 너무 기쁘고 좋아서 다윗이 춤을 추다가 바지가 내려가게 됩니다. 이 장면을 미갈이 창문으로 내다보다가 다윗을 업신여기게 되므로 다윗이 사울의 딸이며 다윗의 처인 미갈을 저주하여 평생 생과부로 지내게 되는 말씀입니다.

똑같은 한 사건으로 오벧에돔은 축복의 대명사로, 미갈은 저주의 대명사로 남게 되었습니다. 구약에는 복이라는 말이 400여회 나오게 되고 신약은 예수 그리스도 안에 있는 자체가 복이 됩니다.

본문을 통해서 나는 누구인가를 살피게 됩니다.

1. 나는 누구이며 어떤 사람입니까?

나는 본질적으로 누구이며 어떤 사람인가를 살펴야 되겠습니다.

1) 성경은 어디에서나 두 가지 종류의 사람을 소개하며 교훈하였습니다.

두 가지 종류의 사람을 비교하여 나 자신을 볼 수 있어야 하겠습니다.

① 가인과 아벨을 비교해 보시기 바랍니다(창 4:4,5, 히 11:4-).
　아벨은 하나님께서 제물과 함께 열납하시게 되었지만, 가인은 제물과 함께 열납지 않으셨습니다. 예배는 신령과 진정으로 드리며 믿음이 중요합니다(요 4:24, 히 11:4).

② 에서와 야곱을 비교해 보시기 바랍니다.
　에서는 장남이었고 야곱의 형이었지만 하나님께서는 에서를 미워하였고 야곱은 사랑하셨습니다(말 1:2, 롬 9:13). 에서는 장자를 경홀히 하여 팥죽에 팔았으며(창 25:31), 야곱이 샀습니다. 후에 다시 회복이 불가능하게 되었습니다(히 12:16). 에서는 세상 물질주의의 대표라면 야곱은 신령한 천국 사람의 대표입니다.

③ 이스라엘 초대 왕 사울과 다윗을 비교해 보시기 바랍니다.
　초창기의 사울은 왕위를 얻을 만한 자였습니다. 열두 번째 지파인 베냐민 지파 소속입니다. 초창기에는 효자였고(삼상 9:1-), 선지자를 섬길 줄을 알았고(삼상 9:7), 겸손하였으며(삼상 9:21, 10:22-28), 성령충만 하였고(삼상 10:10), 포용력이 있었습니다(삼상 11:12). 그러나 후에 왕위에서 재임기간에 하나님이 싫어하신 바 되었는데 선자자의 일을 월권하였고(삼상 13:10-13), 불순종하는 자가 되었고(삼상 15:10-23), 더욱이 책망을 받고도 회개가 없었습니다. 그러나 다윗은 왕위에 올라서 밧세바 우리아의 문제 등(삼하 11장-) 수많은 일이 많았지만, 철저하게 회개의 사람이었습니다(시 6:6, 39:12, 42:3, 56:8, 시 51).

④ 신약 시대에 와서 베드로와 가룟 유다를 비교해 보시기 바랍니다.
　똑같이 12제자요, 능력을 받았습니다(마 10:1-2). 베드로는 수제자요 가룟 유다는 신임 받아 재정을 맡은 자가 되었습니다. 베드로는 예수님을 3번씩이나 부인하였고, 가룟 유다는 예수님을 팔았습니다. 베드로는 복직되었고, 유다는 버림받았습니다. 회개의 차이입니다. 베드로는 회개하였으나, 가룟 유다는 회개가 없습니다.

2) 나는 누구인가를 살펴야 하겠습니다.

① 교회 안에는 육적인 사람들이 있습니다.
　육에 속한 자는 하나님을 기쁘시게 할 수 없습니다(롬 8:5).

② 교회 안에는 영적인 사람들이 있습니다.
물과 성령으로 거듭나서 배꼽이 둘이 있는 사람입니다(요 3:1-7). 성령의 사람입니다(롬 8:9).

2. 오벧에돔과 미갈을 통하여 영적 교훈을 얻어야 합니다.

오벧에돔과 미갈은 같은 시대에 살면서 하나는 축복의 상징으로 하나는 저주의 상징의 사람이 되었습니다.

1) 오벧에돔을 보시기 바랍니다.
이 사람은 레위 사람으로서 성전 문지기였지만 법궤가 어려울 때에 기회를 잃지 않은 사람입니다.

① 자기 집에 옮겨야 하겠다는 극진한 충성을 보였습니다.
그 마음이 하나님께 인정받게 되었습니다.

② 3개월간 길지 않은 시간이지만 법궤를 지켰습니다.
유대인 역사가 요셉퍼스(Josephus)는 말하기를 '법궤가 오벧에돔에 집에 들어갈 때에는 그가 제일 가난하였지만, 3개월 후에 그 집에서 나올 때에는 그가 가장 부요한 집이 되었다' 고 기술했습니다. 제사장 가문의 평범한 수위직이었으나, 복 받은 대명사가 되었습니다.

2) 미갈에 대해서 보시기 바랍니다.
사울의 딸로써 다윗이 블레셋 사람 양피 100개를 가지고 와서 결혼한 여인으로써 다윗의 첫째 부인입니다.

① 사울이 다윗을 죽이기로 결심한데서 얻어낸 부인입니다(삼상 18:21-30).
다윗으로써는 상징적인 아내였습니다.

② 다윗이 법궤 때문에 하나님을 찬미할 때에 바지가 내려간 일 때문에 염치없는 왕이라고 흉을 보다가 생과부로 지내게 되었습니다.
교회 안에서 남이 주의 일에 힘쓸 때에 흉보거나 입조심해야 합니다.

3. 오벧에돔은 하나님께 속한 축복 받은 대표적 인물입니다.

본문에서 잘 나타내 보여주셨습니다. 나는 하나님께 속한 사람인가? 아니면 세속적 신앙인인가를 보시기 바랍니다.

1) 지금 시대는 타락이 절정에 이른 시대입니다.

성도들마저 방황해 가는 시대입니다.

① 오벧에돔은 철저하게 하나님께 속한 축복 받은 대표자입니다.

오벧에돔은 천국 사람의 모형입니다.

② 아담 이후에 세상은 양분되었습니다.

하나님의 사람이냐? 아니면 지옥의 사람인가?(마 25:41)입니다.

2) 이 세대에 축복받고 영생 얻는 대표적인 성도가 되시기 바랍니다.

① 예수 안에 있는 자가 참 성도요 법궤를 모신 자입니다(요 15:4, 고전 3:16).

예수님이 법궤의 중심인 성전이 되시기 때문입니다.

② 우리 성도들은 축복 받고 상급 받는 이 세대의 오벧에돔이 되어야 하겠습니다.

축복 받고 상급 받는 천국의 사람인가 아니면 미갈은 아닌지 살펴 나가게 되시기를 주의 이름으로 축원합니다.

결론 - 이 세대에 오벧에돔과 미갈은 누구입니까?

> 성도의 삶

회개하는 자에게 약속하신 축복
(호세아 14:1-9)

하나님께서 그의 자녀들에게 약속한 말씀은 언제나 변하지 않습니다. 왜냐하면 하나님께서는 거짓말을 하실 수 없기 때문입니다(히 6:18). 따라서 성경에 약속하신 축복과 기도응답들이 반드시 이루어지게 되는데, 대신 여기에 따른 조건들이 충족되어야 합니다. 제일 우선되는 조건은 회개입니다. 하나님께 회개할 것을 그냥 두고서는 응답받을 수 없습니다.

탕자가 돌아오는 데 회개하고 돌아올 때만이 결과가 나타납니다(눅 15:11-32). 그래서 호세아 선지자는 여호와께로 돌아가자고 외쳤습니다(호 6:1).

본문에서 북쪽 이스라엘이 살길은 하나님께 회개하고 돌아오는 길이라고 선언해 주듯이 신약 시대에 택하신 하나님의 백성들의 살길은 회개하고 하나님께 돌아오는 길 밖에 없음을 분명히 해 주셨습니다. 따라서 지금은 개인이나 가정은 물론이고 전체 교회들이 하나님께 회개 운동을 벌이는 길만이 전체 국가가 사는 길임을 인식해야 합니다.

본문을 중심해서 몇 가지 은혜를 나누어 보겠습니다.

1. 중심을 다하여 회개해야 합니다.

중심을 다하여 회개하는 길만이 바른 회개임을 알아야 합니다.

1) 죄인이지만 회개하고 돌아올 때에는 용서해 주십니다.

그래서 죄인이 살길은 회개 밖에 없는 것입니다.

① 회개할 때에는 용서하시지만 회개치 않을 때에는 진노가 기다리고 있는 것입니다.

회개치 아니할 때에는 심판의 칼이 기다리고 있습니다(시 7:12, 신 32:40-41). 그러하기 때문에 회개하라고 선지자를 통해서 강하게 촉구하고 있습니다.

② 하나님께서는 언제나 유예기간을 주시고 회개하라고 하십니다.

하루아침에 갑자기 심판하시거나 징계하시는 것이 아니라 언제나 기회를 주시며 회개의 때를 기다리신다고 하셨습니다. 하루아침에 심판이 아니고 계속해서 선지자를 보내시되 부지런히 보내셨다고 하셨습니다(렘 25:4-11). 부지런히 보내셨지만 회개치 아니하였을 때에 징계가 왔습니다. 따라서 인생이 사는 길은 회개하는 길입니다.

2) 회개한 사람과 회개치 아니한 사람을 비교해 보시기 바랍니다.

범죄자였지만 회개할 때에는 살았고 더욱 크게 사용된 생애를 살았으나, 회개가 성립되지 아니할 때에는 망했습니다.

① 사울은 회개치 아니했기에 망했습니다.

삼상 9:1-9:7, 10:10-11, 10:27, 11:12-15 등에서 훌륭한 사람이었지만, 불순종의 범죄로(삼상 15:22-23) 망하게 되는데 전쟁에서 아들과 함께 망하게 되는데(삼상 31:1-6) 회개가 성립되지 아니하였기 때문입니다.

② 다윗은 회개의 사람이기에 다시 살게 되었습니다.

다윗의 생애를 보시기 바랍니다(삼상 16:11-13, 시 27:10, 시 78:10-71, 삼하 11:1-5, 11:23-27). 다윗의 소위가 여호와 보시기에 악하였습니다. 그러나 그는 회개의 사람이었기에 다시 살게 되었습니다.

3) 사울과 다윗의 차이는 분명히 다릅니다.

똑같이 왕이었지만 하나는 망하게 되었고, 하나는 흥하게 되었습니다.

① 사울은 회개가 없었습니다.

똑같이 범죄한 사람이었지만 회개가 없었습니다. 오히려 선지자 앞에서 핑계를 댔는데 예배한다는 핑계로 하나님께 불순종하였습니다. 순종이 제사보다 낫다고 하셨습니다.

② 다윗은 철저하게 회개의 사람이었습니다(삼하 12:1-).

선지자 나단에게서 지적 당하였을 때에 즉시로 회개하는데 이때의 기도가 시편 51편입니다. 당신이 그 사람이라고 선지자 나단이 책망했습니다. 금식하며(삼하 12:16) 회개하는데 애절하게 회개했습니다(시 51편). 결국 회개가 없는 사울은 버림을 받았지만 다윗은 대대로 축복을 받습니다. 회개하는 길만이 살길입니다.

2. 회개는 하나님께서 기뻐하시는 일입니다.

"여호와의 도는 정직하니 의인이라야 그 도에 행하리라 그러나 죄인은 그 도에 거쳐 넘어지리라" 했습니다.

1) 회개는 올바르게 해야 합니다.

요즈음 강단에서 회개설교가 빈약해져 가는데 큰일입니다. 도덕적, 윤리적, 사회 시사성 설교가 중요한 것이 아니라 회개 설교에 역점을 두어야 합니다.

① 회개가 없으면 영혼이 메마르고 살 수가 없습니다.
  회개가 없으면 하나님과의 관계가 끊어지고 단절됩니다.
② 올바른 회개가 필요합니다.
  회개란 히브리어로 '슈브'라 하고 헬라어로 '메타노이아'라 하는데, 180도 돌아서는 것입니다(삼상 7:3, 행 8:22, 15:3, 눅 15:17). 탕자가 돌아오는 것입니다.

2) 회개하고 돌아올 때에 아버지를 보시기 바랍니다(눅 15장).

① 최고로 기뻐하며 잔치가 벌어지게 되었습니다.
  이것이 회개의 결과입니다.
② 하나님께 최고의 기쁨이 됩니다.
  회개할 때에 소망이 있습니다.

3. 회개하고 돌아올 때에 축복을 약속하셨습니다.

회개만이 살 길입니다.

1) 회개하고 돌아올 때에 이스라엘에게 약속한 축복을 보시기 바랍니다.

① 이슬 같은 은혜를 약속하셨습니다.
  성경에서 이슬은 새벽에 내리는 은혜요 축복의 대명사입니다. 광야에서의 이슬은 생명수와 같습니다.
② 백합화 같이 피게 하겠다고 약속했습니다.
  백합화는 향기의 대명사입니다(고후 2:15). 회개하고 돌아올 때에 백합

화 같은 존재로 축복해 주십니다.

　③ 포도나무나 푸른 잣나무 같이 축복해주십니다.
　　포도나무나 푸른 잣나무는 성경에서 하나님 백성의 상징입니다.

2) 그래도 회개치 아니하겠습니까?

① 회개할 때만이 천국의 주인공입니다(마 4:17).
　　예수님이 외치신 첫 음성입니다.

② 회개치 아니한 때에는 지옥입니다(계 9:20-27).
　　회개가 없는 사람은 지옥 밖에 없습니다.

모두 회개의 주인공들이 되시기를 축원합니다.

결 론 - 회개는 사는 길입니다.

| 성도의 삶 | # 성도의 경건 생활
(야고보서 1:26-27)

하나님께서 인간을 창조하실 때에 최고로 아름답고 축복되게 창조하셨습니다. 만물을 창조하실 때마다 하나님 보시기에 좋으셨다고 하시고 인간을 창조하실 때에는 '하나님 보시기에 심히 좋았더라' (창 1:31) 하셨습니다. 그러나 인간이 타락되어서 하나님의 형상을 상실하게 되었고 죄가 지배하는 존재가 되었을 때에 하나님은 노아의 심판을 단행하셨습니다(창 6:5).

세월이 흘러감에 따라서 세상은 좋아지는 것이 아니라 계속해서 악이 만연하게 되어 말세를 재촉하고 있습니다. 세상을 본받지 말아야 합니다(롬 12:2). 그런데 말세의 징조 가운데 하나가 소돔과 고모라와 같고 노아의 때와 같다고 경고하셨다는 사실입니다(마 24:37-39, 눅 17:28-32). 세상의 종말 때가 되어서 어려워지는 세상이라도 참 성도의 모습은 경건 되게 살아야 한다는 진리를 말씀하셨습니다.

경건하게 살기 때문에 세상에 미운 오리가 되어 핍박이 있어도(딤후 3:12), 본문이 우리에게 주시는 말씀은 경건입니다. 말세를 만난 교회들에게, 모든 성도를 향해서 경건에 대해서 말씀했습니다. 이것이 복이 되기 때문입니다(시 1:1-2).

1. 성도의 경건은 언어에서부터 경건생활이 이루어져야 합니다.

1) 어린아이들까지도 언어생활에 성도다운 경건훈련이 필요한 세상입니다.
본문에서 '자기 혀를 재갈 먹이지 아니하고 자기 마음을 속이면 이 사람의 경건은 헛것이라' 하였습니다.

① 경건 생활의 첫째 조건은 말조심입니다.
입에서 나오는 것이 더럽기 때문입니다(마 15:17-20). 따라서 경건한 생활은 입에서부터 시작되어야 합니다(엡4:25-30).

② 이스라엘 백성들은 말 때문에 망했습니다.
애굽에서 나온 무리가 모두 가나안에 들어간 것이 아니라 광야에서 모두 엎드러지게 되었는데 부정적인 말 때문입니다(고전 10:1-11). 원망과 불

평과 불신앙의 언어로 말하게 했습니다. 이것은 우리의 거울이라고 했습니다(고전 10:6,11). 그 부정된 말을 하나님께서 모두 들으셨습니다(민 14:28).

2) 성도의 언어는 중요합니다.
그 말이 씨가 되어서 이루는 것이 되기 때문입니다.

① 말로써 시험을 이긴 사람도 있습니다.

욥은 말로써 신앙을 보여주었습니다(욥 1:21). 그래서 시험 중에 있었지만 어리석게 말로써 마귀의 편에 서지 아니하고 이기게 된 사람입니다. 현대에 와서 많은 사람들이 세속화되어 가는데 여기에 대한 경고를 성경은 분명하게 해줍니다(약 3:1-12).

② 입에서 나오는 부정적인 언어는 버려야 합니다.

입이 부정되면 성령께서 좋아하시지 않습니다(엡 4:30). 성령께서는 우리의 입의 움직임까지도 경건을 요구하시기 때문입니다. 우리 교회는 교회 안에서 언어 때문에 시험 들거나 믿음이 실족되는 일(마 18:6-9)이 없어야 하겠습니다.

2. 성도의 경건 생활은 물질을 사용하는 일에서도 보여야 합니다.

이 세상에서 돈은 반드시 필요한 것이지만 돈 때문에 망하는 경우들도 많이 있습니다. 배가 물 때문에 뜨지만 구멍 난 배는 물 때문에 침몰하게 되는 것과 같습니다. 로마가 망한 것은 타락 때문이었다고 역사가들은 평하고 있습니다. 고아와 과부를 돌아보는 데 물질이 필요합니다.

1) 내 수중에 있는 돈은 내 것이 아니라 하나님께서 잠시 동안 맡기신 것이요 우리는 물질에 관해서 청지기들입니다.

① 물질에 관해서 청지기 정신이 중요합니다.

하나님 영광을 위해서 사용해야 할 의무가 있습니다(고전 10:31). 어리석은 부자가 되면 곤란합니다(눅 12:21). 하나님 없는 부자는 물 한 방울 없는 불 못에서 고생합니다(눅 16:19-).

② 성도의 물질은 하나님의 뜻에 따라서 올바르게 사용되어야 합니다.

그릇 사용하게 되면 그것이 일만 악의 뿌리가 되고(딤전 6:10), 죄 짓고 경건 생활을 멀리 하다가 지옥가게 합니다(마 25:41-46).

2) 재물을 얻는 능력은 하나님께서 주셨기 때문에 돈의 주인이 하나님이심을 잊지 말아야 합니다.

미국의 돈인 달러(Dollar)에는 (In God We trust) 우리는 하나님 안에서 신뢰한다고 써있습니다. 우리는 하나님을 믿는다는 뜻입니다.

① 돈을 가지고 죄 짓고 불경건하게 사는 사람들이 많이 있습니다.

우리는 돈으로 어떤 곳에 사용하고 있습니까? 선교하고 복음전하고 생명을 살리는 일에는 인색하고, 쓸데없는 일에는 과감하게 사용하는 사람들이 많이 있습니다. 경건을 배워야 합니다.

② 우리는 우리의 경제생활을 다시 한 번 생각할 때입니다.

우리가 어려울 때에 서양 국가들이 많이 도왔기 때문에 우리가 이렇게 일어나게 되었듯이 우리를 향해서 손을 벌리는 곳이 많이 있음을 알아야 합니다. 재물에 대한 경건을 배워야합니다.

3. 성도의 경건은 일반적인 생활에서도 이루어져야 합니다.

이른바 빛과 소금의 생활이요(마 5:13-), 본문 27절에서 '또 자기를 세속에 물들이지 아니하는 이것이니라' 했습니다.

1) 세상은 아담 이후에 세속화 되었고, 세속도시가 되었습니다.

말로 표현하기 어려운 세속 안에서 우리가 살아가고 있습니다.

① 성도의 생활은 세속화 된 세상에서도 경건생활이 중요합니다.

세상 정욕도, 자랑도 모두 지나가게 되기 때문에 사랑치 말라 했습니다 (요일 2:15-).

② 오히려 그리스도의 향기요, 냄새가 되어야 합니다(고후 2:16-).

그리스도의 좋은 편지 역할이 성도의 생활입니다(고후 3:1). 이제는 주일 날 교회에서만 성도가 아니라 세상 속에서의 성도가 되어야 합니다.

2) 모든 경건은 말씀과 기도 속에서 성령의 도우심으로만 가능합니다.

내 힘으로는 베드로가 예수님을 부인하듯 보기 좋게 넘어집니다(마 26:34-35, 마 26:75).

① 내 자신이 타락된 존재요, 죄에서 생활하기 때문입니다.
말씀과 기도 훈련 속에서 역청으로 방주를 보호하듯 해야 합니다(창 6:14). 그래야 세속적인 것들을 이기며 승리하게 됩니다.

② 아담을 넘어뜨린 마귀는 예수님에게까지 왔습니다(창 3:1-, 마 4:1-).
그 마귀는 예수님의 사람들인 성도들에게 접근해서 죄를 짓게 합니다.

말씀과 성령으로 기도 가운데서 경건생활에서 승리하시기를 주님의 이름으로 축원합니다.

결 론 - 요셉은 경건으로 승리한 인물입니다(창 38:39).

| 성도의 삶 | 빛과 소금처럼 귀한 존재
(마태복음 5:13-16)

　세상에는 귀한 것이라고 일컫는 것들이 많이 있는데, 개인이나 가정이나 국가적 차원에서 볼 때에 귀중한 보배들이 많이 있습니다. 그래서 국가적 차원에서는 국보로 지정해 놓기도 하고, 세계적으로는 유네스코 지정 보물로 지정한 것들도 있습니다. 예수님은 세상에 계실 때에 하나님께서 창조하신 창조의 세계인 자연을 통해서 복음 전파하신 말씀들이 많이 있습니다.
　본문은 그 가운데 하나로써 빛과 소금을 소재로 하신 말씀입니다. 빛이 얼마나 중요한 것인가는 지금도 우리가 앉아 있는 이 공간에 빛이 있기 때문에 더욱 크게 인식되는 부분입니다. 그래서 하나님은 첫째 날에 빛을 창조하셨습니다(창 1:3).
　또 하나는 소금에 관한 진리선포입니다. 우리 인간 육체 속에 반드시 소금이 필요하며, 제아무리 일류요리사 일지라도 만일 소금이 없다면 맛을 낼 수 없을 것입니다. 금은 어디에 있든지 변하지 않고 금이듯이 빛과 소금은 시대가 변해도 그 귀중성이 변하지 않는 존재입니다. 하나님 백성으로서의 존재인 성도는 언제나 이렇게 귀한 하나님의 자녀인데 본문에서 몇 가지 은혜를 나누어 봅니다.

1. 예수님은 우리에게 빛과 소금이라고 하셨습니다.

　연약하고 부족해도 우리는 하나님 앞에 귀한 존재입니다.

1) 우리는 빛과 소금과 같이 귀한 존재요, 하나님 보실 때에 가치가 있는 존재입니다.
　"너희는 세상에 빛이니… 너희는 세상의 소금이니…" 하셨습니다.
　① 가치 있고 귀한 존재들이라는 사실성 있는 표현들입니다.
　　왜 그렇습니까? 우리는 하나님의 형상으로 지으심을 받았으며(창 1:26-27), 예수님의 피 값으로 구속받았습니다(요 1:12, 3:16) 남들이 볼 때에는 어떤 소리해도, 부모가 볼 때에는 자식이 귀한 존재이듯이 성도는 하나님의 귀한 존재들임을 잊지 말아야 합니다(행 20:28). 거머리도 두 딸이 있어 다고 다고 한다고 하였습니다(잠 30:15).

② 따라서 성도는 어디에서 무엇을 하든지 성도의 위치로서 긍지와 자부심을 가지고 살아야 합니다.

너무 교만해도 안 되겠지만, 너무 비하시키는 것도 하나님 앞에서 올바른 태도가 아닙니다. 세상적인 가치 기준에 따라서 비하시키는 경우들이 있습니다. 그러나 예수님은 약한 자를 들어서 제자 삼으셨고(마 4:18), 교회사에서도 약한 자를 통해서 귀하게 쓰임 받았습니다(고전 1:25). 사람이 우리를 인정치 아니해도 주님의 사람임을 잊지 말아야 하겠습니다(사 63:16).

2) 성도는 귀한 존재들입니다.

세상에서 그 부모에게 자식보다 귀한 존재가 어디에 있겠습니까?

① 왜 귀합니까?

성도는 피 값으로 사셨기 때문입니다(행 20:28). 우리의 범죄함 때문에 내어줌이 되고, 우리를 의롭다 하심을 얻게 하기 위해서 다시 살아나신 분이십니다(롬 4:24-25).

② 전에는 죄인이었습니다.

죄 가운데 빠져서 죽었던 자를 피 값으로 사셨고 구속해 주셨습니다(엡 2:1). 모두가 죄인 되었을 때의 일입니다(롬 3:10, 23 6:23, 5:8). 그래서 천하보다 귀한 생명들이 되었습니다.

2. 예수님은 우리에게 가치에 맞는 생활을 강조하셨습니다.

이렇게 가치 있는 신분이기 때문에 가치에 맞는 생활이 매우 중요합니다.

1) 가치에 맞지 않을 때에 맛 잃은 소금과 같이 버리운 자가 된다고 경고하셨습니다.

① 이스라엘 역사를 보시기 바랍니다.

하나님의 택한 백성이요, 아브라함의 자손들로서 마땅히 하나님 말씀 안에서 살아야 하는데 정반대로 나가서 우상주의와 불순종으로 일관할 때에 책망을 받고 결국 망하게 되었던 역사를 가지고 있습니다(사 4:7, 렘

2:13). 이 땅에 오신 예수님의 첫 음성이 "회개하라"였습니다(마 4:17). 회개하는 길이 살길이기 때문입니다.

② 만약에 소금이 그 역할을 할 수 없다면 밖에 버리게 된다고 하셨습니다.
소금이 짠맛을 낼 수가 없고, 소금의 본연의 자세를 잃어버리게 된다면 세상에서 제일 불쌍한 존재가 될 것입니다. 소금은 소금이어야 하듯이 성도는 성도다워야 합니다.

2) 빛이 어두움을 밝힐 수가 없다면 이 역시 존재가치를 상실한 것이기 때문에 경고해 주셨습니다.

① 빛의 속성을 보시기 바랍니다.
예수님이 강조한 말씀의 핵심입니다. 빛은 어두움을 몰아내는 속성입니다. 그래서 말 아래 두지 않고 등경 위에 두게 됩니다(마 5:15).

② 예수님은 이 세상에 빛으로 오셨습니다(요 1:4, 요일 2:7).
빛은 사랑이요, 빛은 밝음이요, 빛은 환하게 보게 합니다. 그래서 생명의 빛이라고 하셨습니다. 이것이 세상에서의 성도의 역할입니다.

3. 성도가 빛과 소금이 될 때에 하나님께서 영광을 받으십니다(16절).

"이같이 너희 빛을 사람 앞에 비춰게 하여 저희로 너희 착한 행실을 보고 하늘에 계신 너희 아버지께 영광을 돌리게 하라" 하셨습니다.

1) **성도의 지상명령은 자녀로서 아버지께 영광을 돌리는데 있습니다.**
아버지 하나님이 영광 받으시는 존재가 성도입니다.

① 하나님께서는 성도인 자녀들을 통해서 영광을 받으십니다.
소요리 문답 제 1문과 같은 요소입니다. 하나님의 영광입니다.

② 그래서 예수님도 십자가에 죽으시면서 아버지의 뜻대로 되기를 마무리 기도하셨습니다(마 26:39).
그리고 십자가로 승리하신 것입니다(골 2:15).

2) **빛과 소금으로서의 생활에는 분명한 노선이 있습니다.**
빛과 소금은 분명한 공통점이 있습니다.

① 희생입니다.
희생 없이 소금이 맛을 낼 수 없고, 빛을 발할 수가 없습니다. 주님이 이 땅에 오셔서 빛으로써 희생하셨습니다.

② 빛을 발하기 위해서 희생해야 하고 소금이 짠맛을 내기 위해서 녹아야 하듯이 성도의 생활은 십자가 지고 희생하는 일입니다(마 16:24).

가정이나 직장이나 학교 등 내가 있는 곳에서 가치 존재를 깨닫고 귀하게 승리하시기를 주의 이름으로 축원합니다.

결 론 - 우리는 세상에서 제일 귀한 가치가 있는 존재들입니다.

성도의 삶 주 안에서 기뻐해야 할 이유
(빌립보서 4:4-7)

사람이 세상을 살아가면서 매사에 좋고 아름다운 일들만 있다면 얼마나 좋겠습니까만, 인생사에서 결코 좋은 일만 있는 것이 아니고 어렵고 힘든 일들이 또한 많이 있습니다. 그래서 신앙생활에는 하나님의 전신갑주를 입고 있어야 비로서 세상을 이기고 극복하게 됩니다(엡 6:10-17). 그리고 선한 싸움을 잘 싸워야 합니다(딤후 4:6-7).

예수님은 이 땅에 때때로 화평이 아니라 검이라고 하셨습니다(눅 12:51). 그럼에도 불구하고 옥에 갇혀 있는 바울은 싸움 중에서 기뻐하였습니다. 심리학적으로 말할 때에 기쁨은 인간에게 나타나는 정서 중에 가장 좋은 감정(느낌)이라고 표현합니다.

정도에 따라서는 기쁨의 차원이 각기 다르게 나타나게 됩니다. 자연적 기쁨으로써 어떤 소유에서 오는 기쁨입니다. 소유한 자들이 일시동안 그것 때문에 오는 기쁨입니다. 또 하나는 도덕적 기쁨으로써 내적으로 정신적인 만족에서 오는 기쁨입니다. 좋은 일을 했을 때 오는 기쁨입니다. 마지막으로 종교적 신앙에서 얻어지는 기쁨으로써 영적 기쁨인데 하나님께서만 주시는 기쁨입니다.

기쁨이란 히브리어 단어는 '사마흐'라고 하고, 헬라어로는 '카라'라고 하는데 구약에서는 율법(시 119:14), 말씀(렘 15:16), 추수나 결혼(렘 25:10), 메시야 대망(시 14:7, 126:2, 사 9:2, 12:6) 등에서 찾게 되고 신약에서는(눅 15:5-7) 잃은 것을 찾았을 때와 생명의 책에 이름이 기록되었을 때(눅 10:20), 예수님의 탄생(눅 1:4), 예수님의 재림(살전 2:19), 성령강림(행 2:1) 등에서 찾을 수 있습니다.

즐거움은 양약과 같지만 근심은 심령을 상하게 합니다(잠 15:13). 스데반 집사님은 돌에 맞으면서도 천사의 얼굴이었습니다(행 6:15).

왜 그리스도인은 세상에서 기뻐해야 하겠습니까? 몇 가지 차원에서 생각하며 은혜 나누어 봅니다.

1. 성도는 죄악 세상에서 구원받았기 때문입니다.

구원받은 기쁨만큼 세상에서 큰 기쁨은 없습니다. 새장에서 나온 새가 날아가는 기쁨입니다.

1) 사도 바울은 비록 옥중에 갇혀 있었지만 그곳에서 기뻐했습니다.
우리에게 구원받은 기쁨을 보여주는 현장입니다.

① 죄의 사슬에서 구원을 얻게 된 기쁨입니다.
예수님은 우리에게 자유를 선포하셨습니다(요 8:31-32, 말 5:1). "진리를 알찌니 진리가 너희로 자유케 하리라" 하셨습니다. 본질상 진노의 자식에서부터의 구원입니다(엡 2:2).

② 바울은 옥에서도 절대적인 기쁨을 느꼈습니다.
그래서 언제나 환경에 관계없이 기뻐했습니다. 그리고 기뻐하라고 외치고 있습니다(빌 3:1,4:4). 잠시 동안 있다가 없어지는 가시적인 것에 의한 것이 아닙니다.

2) 기뻐하는 신앙이 건강한 신앙입니다.
건강한 교회, 건강한 신앙이 필요합니다.

① 기쁨이 있는 교회가 건강한 교회입니다.
은혜 받아 기뻐하는 교회가 되어야 합니다. 교회 시설이 좋아서 기뻐하는 것이 아니라 시설은 낙후되었어도 구원받은 기쁨으로 기뻐하는 교회가 초대교회적 신앙입니다(행 2:46).

② 개인도 기쁨이 있는 신앙이 건강한 신앙입니다.
현대교회 성도들에게는 대체적으로 이 점이 취약점입니다. 예수로 말미암아 구원받은 감격이 충만해야 합니다.

2. 성도는 언제나 예수님이 동행하기 때문입니다.

왜 기뻐합니까? 라고 질문하면, 예수님이 나와 동행하시기 때문이라고 대답하는 신앙이 되어야 합니다.

1) 예수님이 나와 동행하였습니다.

환경과 관계없이 예수님이 동행하십니다.
① 내가 어디에 있든지 예수님은 동행하시고 계십니다.
추운 데도 엄마 등에 업힌 아이의 평안과 비교됩니다. 요셉은 옥에서도 형통했습니다(창 39:23).
② 이 약속은 예수님이 우리에게 약속하신 약속입니다.
그래서 영원히 예수님 손에서 빼앗을 자가 없습니다(요 10:28). 바울이 이런 기쁨을 말씀한 것입니다.

2) 주님께서 동행하시기 때문에 찬송이 나옵니다.
이것이 성도의 이 세상에서의 생활입니다.
① 예수님이 성도의 편에서 동행하시기 때문입니다(행 16:25).
옥에서도 찬송을 하게 되었고, 옥사장이 구원받아 빌립보 교회가 세워지게 된 배경이 되었습니다.
② 예수님이 나와 동행하심을 믿어야 합니다.
부활하신 예수님이 곁에 계심에도 볼 수 없었던 엠마오의 두 제자가 되면 곤란합니다(눅24:16).

3. 성도에게는 영원한 생명이 있기 때문입니다.
환경이 옥중이라도 기뻐하는 것은 천국은 영원하기 때문입니다.

1) 구속받은 성도는 영생의 축복이 확실합니다.
미래가 영원히 보장된 것입니다.
① 영생이 미래입니다.
믿는 자에게는 확실합니다(요 5:24, 요일 5:13). 이 믿음이 있기 때문에 천국을 보며 기뻐하는 것입니다.
② 세상에서 부자라고 해서 천국의 소망이 있는 것이 아닙니다.
오히려 어리석은 부자는 지옥에 떨어지고 말았습니다(눅 16:24). 그에게는 예수가 없었기 때문입니다. 우리는 예수님이 계십니다.

2) 이 기쁨을 빼앗을 자가 없습니다.
누가 이 기쁨을 빼앗을 수가 있겠습니까? (요 16:22)

① **외부적인 악조건도 빼앗을 수가 없습니다.**
천국의 지점이 내 마음 속에 있기 때문입니다(길선주 목사님). 이 천국이 내 마음에서부터 작용되기 때문입니다.

② **이 기쁨은 영원합니다**(요 14:1-6).
세상에서 누리는 이 기쁨이 충만하게 됩니다. 우리 교회 성도들에게 이 기쁨이 세상에서 넘쳐나게 되시기를 축원합니다.

결론 - 예수 안에서 기쁨이 있습니다. 성도의 특권입니다.

성도의 삶 오직 의인이 세상을 살아가는 방식은
(로마서 1:13-17)

지구촌을 살아가는 사람의 종류가 많이 있듯이 세상을 살아가는 방식도 많이 있습니다. 나름대로 피부색이 다르고 취미나 성격이 다르듯이 생활방식도 다양하게 살아가게 됩니다. 잘난 사람은 교만에 빠져 있고 못난 사람은 자기비하와 열등의식 속에 빠져 있게 됩니다.

16세기의 종교개혁자 마틴 루터(Martin Luther)는 중세기 때의 그릇된 교회로부터 바른 교회를 만들려고 종교개혁을 단행하게 되었습니다. 그때 이후에 하나님의 교회는 바른 교회와 바른 신앙생활을 선포해왔고 추구해 왔습니다. 이때에 마틴 루터에게 종교개혁을 하게 만든 동기가 된 말씀이 바로 오늘 읽은 본문인 롬 1:16-17입니다. 이 말씀은 합 1:13의 하박국이 하나님께 드린 질문형 기도와 함께 1-4장까지의 기다림과 하나님께서 하박국에게 응답해 주신 말씀인데, 바울은 그 말씀을 로마서에서 인용하게 되었고 루터는 종교개혁의 원동력의 말씀으로 채택하게 되었습니다. "복음에는 하나님의 의가 나타나서 믿음으로 믿음에 이르게 하나니 기록된바 오직 의인은 믿음으로 말미암아 살리라 함과 같으니라" 하였습니다.

본문을 통해서 구원받은 성도가 세상을 살아가는 방식을 배우게 됩니다.

1. 구원받은 성도는 복음으로 살아야 한다는 진리의 말씀입니다.

피부색이 다르고 관습의 옷이나 음식 문화가 다르고 언어가 다르며 국적이 다르다고 해도 그리스도인은 복음으로 살게 됩니다.

1) 신약에는 반드시 복음으로 산다고 하였습니다.

복음이 아니면 살길이 없거니와 이방인 된 모든 민족에게는 더 더욱 살길이 없기 때문입니다.

① 구약은 율법입니다.

구약 시대는 전체가 율법시대이기 때문에 율법이 모든 생활을 지배하였습니다. 율법을 세부적으로 분리하면 613가지나 되지만 묶어서 말할 때에 10(십)계명이요. 10(십)계명이기 때문에 능히 지킬 수 있다고 하겠으나 누구든지 율법을 완벽하게 지키고 구원받을 사람은 한사람도 없습니다.

② 율법으로 의롭게 될 육체는 아무도 없다고 하였습니다.
"그러므로 율법의 행위로 그의 앞에 의롭게 하심을 얻을 육체가 없나니 율법으로는 죄를 깨달음이니라"(롬 3:20) 하였습니다. 다만 구약 시대 사람들은 오실 메시야를 바라보고 구원을 얻었습니다.

2) 그러나 신약은 복음시대 입니다.
율법은 죄악을 깨닫게 하고 복음은 영생과 기쁨을 약속했습니다. 이것이 복음입니다.

① 복음이 무엇입니까?
복음이란 말은 헬라어로 '유앙겔리온' 이라 하는데 그 뜻은 '기쁜 소식, 복된 소식, 좋은 소식' 이란 뜻입니다. 덴마크의 실존주의 철학자요, 신학자인 키엘케고르는 복음제시를 실존주의적으로 제시해서 설명하면서 죽음이 5분전에 와 있다면 5분전에 있는 사람에게 제일 복된 소식은 5분 후에 들어갈 천국에 대한 좋은 소식이라고 제시하였습니다. 죄로 말미암아 영원히 사형선고를 받은 인생들에게 기쁜 소식은 천국에 대한 복음입니다. "복음은 모든 믿는 자에게 구원을 주시는 하나님의 능력"(16절) 이라고 하였습니다.

② '이 능력' 은 세상핵폭탄보다도 더욱 능력이 있습니다.
지옥으로 향하던 인생을 천국으로 가도록 방향을 전환시키고 구원해 주시는 능력이 또한 복음의 능력입니다. 따라서 구원받은 성도는 언제나 복음을 따라서 살아야 합니다.

2. 구원받은 성도는 말씀과 믿음으로 살아야 합니다.
이제는 죄에서 구원받아 하나님의 백성이 되었기 때문입니다.

1) 이제는 말씀을 믿음으로 살아야 합니다.
이것이 성도의 본연의 자세요, 삶의 요건입니다. "오직 의인은 믿음으로 살리라"(17절) 하였습니다.

① 구원은 믿음으로만 얻게 됩니다.
　나는 죄인이지만 예수께서 십자가 위에서 이루시고 완성하신 이 구원의 사실에 대해서 믿고 영접하게 될 때에 구원을 얻습니다. "영접하는 자 곧 그 이름을 믿는 자에게 하나님의 자녀가 되는 권세를 주셨으니 이는 혈통으로나 육정으로 나 사람의 뜻으로 나지 아니하고 하나님께로 난 자들이니라"(요 1:12, 13) 하였습니다.

② 믿음이 없으면 구원도 없습니다.
　천국은 믿음으로 가기 때문입니다. 마치 인공위성이 발사될 때에 로케트(Rocket)에 의해서 상공으로 추진되어 올라가듯이 천국은 예수 믿는 믿음에 의해서 가기 때문입니다.

2) 성도는 언제나 말씀에 귀를 기울이고 말씀 따라 가야 합니다.

① 구원받은 성도이기 때문에 말씀 따라 가야 합니다.
　기차는 철도 위로 달리고, 비행기는 공중 위로 날아가고, 자동차는 도로 위로 질주하고, 배는 물 위로 떠가지만 성도는 언제나 하나님 말씀 안에서만 살길이 있습니다. 종교개혁자 마틴 루터(Martin Luther)는 에르푸르트 대학 도서관에서 라틴어 성경을 읽다가 당시의 천주교가 성경과 거리가 멀다고 깨닫고 월스 국회에 나가서 종교개혁을 역설하였습니다.

② 이 말씀에서 사람을 살리는 능력이 있기 때문입니다.
　사람이 떡으로만 사는 것이 아닙니다(마 4:4). 듣는 자가 살아나게 됩니다(요 5:25). 말씀을 들을 때에 해골들이 살아났습니다(겔 37:1). "믿음은 들음에서 나며 들음은 그리스도의 말씀으로 말미암았느니라" 하였습니다(롬 10:17).

3. 구원받은 성도는 하나님의 은혜로 살아야 합니다.

은혜는 영어로(Grace)라고 하는데 이 말은 덕으로도 해석됩니다.

1) 사람은 은혜와 덕으로 살아야 합니다.

　하나님의 은혜와 덕이 없다면 그 앞에 나갈 자가 없습니다.

① 어떤 덕들이 있습니까?
　하나님의 은혜요, 하나님께서 베풀어 주시는 덕입니다. 구약의 공의의

하나님 그 앞에서는 모두 죽게 됩니다(레 10:1, 출 35:2).

② 이 은혜와 덕은 예수 그리스도로 말미암아 주신 것입니다.
그래서 예수 그리스도의 이름이 존귀합니다. 예수 이름은 살리는 이름입니다.

2) 은혜와 덕을 받았으면 이제 또한 베풀어야 합니다.

① 은혜를 받았으면 이제는 베풀어야 합니다.
이것이 예수님이 가르치신 교훈이요 말씀입니다(마 18:21-35).

② 덕을 받았으면 이제 베풀어야 합니다.
이것이 '자비'입니다. 예수님의 교훈이요 말씀입니다(눅 10:27-37).
"이르시되 가서 너도 이와 같이 하라" 하셨습니다. 모두 이렇게 되시기를 축원합니다.

결론 - 우리는 구원받은 의인들입니다.

성도의 삶

영에 속한 사람과 육에 속한 사람
(야고보서 4:13-17)

세상일에는 매사에 진짜가 있고 가짜가 있기 마련입니다. 알곡과 쭉정이가 있는가 하면 공장에서 만들어진 제품에도 진품이 있고 가짜가 있기 때문에 진짜를 생산해내는 업주에게 큰 곤란을 겪게 하는 일들도 있습니다. 오히려 진품보다 모조품(imitation)이 더 화려하게 보일 때가 있습니다.

세상일에만 그런 것이 아니고 교회 안에서 영적이고 신령한 면에서의 세계에도 참 신자가 있고, 참 신자가 아닌 경우들이 있음을 성경은 우리에게 말씀해주십니다. 그래서 교회 안에는 참신자인 성도와 거듭나지 못한 자가 같이 공존해 있음을 보게 됩니다.

본문에서 야고보는 육에 속한 사람들에게 경고요, 권면으로써 '…들으라…자들아' 라고 전하면서 회개하고 거듭나서 영에 속한 그리스도인으로 살아야 함을 우리에게 분명히 해주었습니다. 어느 도시에 가서 장사를 해서 유익을 남기고자하는 것이 문제가 아니라 그 속에 하나님이 계시지 아니한 인본주의로 가는 사람들에 대한 경고요 권면입니다. 우리는 인본주의가 아니라 거듭나고 중생한 신본주의 입장에서 세상을 살아야 합니다. 이는 예수님께서 강조하신 말씀입니다.

1. 육에 속한 사람은 그 마음의 계획이 악해서 하나님과 관계가 없는 사람입니다.

세상에 살아가면서 하나님과 관계가 없이 살아가는 인생은 불쌍한 인생입니다.

1) 이 사람의 계획 속에 하나님이 부재 합니다(13절).

'오늘이나 내일이나 우리가 아무 도시에 가서 1년을 유하며 장사하여 이(利)를 보리라' 했습니다.

① 이 사람의 계획이 좋을지 모르나 그 계획과 인생 속에 하나님이 없습니다. 이 사람의 인생문제는 이것이 제일 큰 문제입니다. 하나님이 없는 인생

은 어리석으며 어리석은 인생에 대해서 성경은 강력히 경고 했습니다(시 14:1, 마 7:26, 갈 3:1). 세상에서 제일 어리석은 인생은 생애 가운데 하나님도 없고 말씀도 없는 인생들입니다. 여기에는 영적인 문제는 생각지도 않는 사람입니다.

② 육에 속한 사람은 육에 속한 일만 생각하고 영적인 일은 생각을 하지 않기 때문에 하나님을 기쁘시게 할 수가 없습니다.
하나님과 원수가 되기 때문에 어리석은 인생입니다(롬 8장, 요 8장, 갈 6:7-8).

2) 거듭나지 못하였기 때문에 자연인으로서 언제나 세속적인 인생에 불과합니다.

① 생각하는 것에서부터 말하는 것까지 모두 육신적인 일이요, 영적이고 신령한 면에 대해서는 불신자입니다.
본문에서 허탄한 자랑을 하는 것이 다 악한 것이라고 했는데 '허탄' 이라는 말은 세속적인 마음에서 나오는 세상적인 자랑을 뜻합니다. 겉치레는 화려하나 내용은 하나님과 거리가 먼 사람입니다. 이런 세상을 본받지 말고 하나님의 뜻을 따라야 합니다(롬 12:2).

② '주의 뜻이면' (15절)이란 말은 주님의 뜻은 모른 체 교만하며 오만한 자들이란 뜻입니다.
'주의 뜻이면 우리가 살기도 하고 이것저것을 하리라' 하였는데 대단히 신앙적인 것같이 보이나 실제는 불신앙적인 말입니다.
세속적인 욕망으로만 가득 차있습니다. '이런 자랑은 다 악한 것이라' 거듭나지 못한 사람들의 말입니다. 교회 안에도 이런 사람들이 있습니다.

2. 세속적이고 육신적인 사람은 천국을 준비치 못한 사람입니다.

성경에서 천국 백성의 특권은 성도들만이 누리는 행복이라고 했습니다. 거듭난 성도들만이 천국을 유업으로 얻기 때문입니다.

1) 세상에서의 인생은 길지 않습니다(14절).
'내일 일을 너희가 알지 못하는 도다 너희 생명이 무엇이냐 너희는 잠깐 보이다가 없어지는 안개니라' 했습니다. 인생은 짧게 살면 칠십이요. 강건하면 팔십인데 여기에서 지혜로운 인생을 살아야 합니다(시 90:2-12). '안개' 는 해가 뜨면 없어집니다.

① 어리석은 인생을 살지 말아야 하겠습니다.
예수님은 어리석은 인생에 대해서 교훈해 주셨습니다(눅 12:16-21, 16:19-). 인생의 결국은 하나님 앞에 서는 날이 있다는 것입니다(전 12:13).

② 영원히 세상에서 살 수 없다는 것입니다.
그러므로 거듭나서 영적인 생명을 소유해야 합니다.

2) 영원한 천국의 소유자들이 되어야 하겠습니다.
세상은 안개처럼 지나가지만 천국과 지옥은 영원합니다.

① 영원한 천국을 준비해야 합니다.
이것이 인생이 달려가는 목적이 되게 해야 하겠습니다. 불란서의 무신론자였던 볼테르는 죽을 때에 '아! 나를 6개월만 더 살게 해준다면 재산의 절반을 줄 텐데…' 하면서 죽었습니다.

② 그러므로 참 성도는 천국의 사람으로 살아야 합니다.
많은 사람들이 십자가의 원수로 살아가지만 우리의 시민권은 하늘에 있기 때문입니다(빌 3:20).

3. 세속적이고 육신적인 사람은 선을 알고도 행치 않는 사람입니다.
'선을 행할 줄 알고도 행하지 아니하면 죄니라' (17절) 했습니다.

1) 참된 선은 언제나 하나님과 직결됩니다.
하나님을 떠난 인간은 참 선이 될 수 없습니다.

① 언제나 예수 그리스도의 속죄의 은혜 아래에서만 참 선이 통합니다.
세속적인 선은 천국과는 관계가 없습니다. 불신자 그 자체가 악이기 때문입니다. 깨달았으면 탕자가 돌아오듯이 돌아와야 합니다(눅 15:17).

② 선을 깨달았으면 행할 때에 열매가 맺게 됩니다.

2) 참 성도는 세상에서 열매가 풍족히 맺게 됩니다.

① 이제는 세속적인 것이 아니라 하나님 안에 있기 때문입니다(엡 5:8-9). 열매가 없다면 행함이 없는 것입니다.

② 우리 모두 가짜 신앙 갖지 말고 진짜 신앙에 서야 합니다. 알곡이 되어야 하겠습니다. 세속적인 사람이 아니라 영에 속한 거듭난 열매가 풍성하게 되기를 주의 이름으로 축원합니다.

결론 : 가짜가 진짜보다 화려할 수 있음을 유의해야 합니다.

> 성도의 삶

어리석은 현대인들의 실상
(누가복음 12:13-21)

태초에 하나님이 천지를 지으실 때에는 하나님 보시기에 좋으셨고 인간을 창조하실 때에는 심히 좋으셨다고 했습니다(창 1:31). 그러나 인간이 타락해서 죄에 빠지게 될 때에 인간은 물론이고 인간이 살아가는 모든 자연까지도 파괴되고 고장 나게 된 것이 현재 눈에 보이게 되었습니다. 그래서 칼빈주의 장로교회의 인간론은 5대 교리를 말하게 되는데 첫째가 전적 무능력(Total Inability), 둘째가 무조건적 선택(Unconditional Election), 셋째가 한정적 속죄(Limited Atonement), 넷째가 효력 있는 은혜(Irresistible Efficacious Grace), 다섯째가 성도의 궁극적인 구원(Perseverance of the saints)인데 인간들은 어리석어서 하나님의 은혜도 모른 채 죄를 짓다가 망하게 됩니다(롬 6:23, 히 9:27).

본문은 소위 어리석은 부자에 대한 이야기입니다. 어리석은 인생이 성경에 나오는 이 부자뿐이겠습니까? 지금도 어리석은 인생을 우리 주변에서 수없이 보게 됩니다.

1. 성경에서 어리석은 사람들을 교훈해 주었습니다.

세상에는 지혜로운 인생보다는 어리석은 인생이 더욱 많이 있습니다.

1) 어리석은 인생의 특징은 하나님이 없다고 합니다(시 14:1, 53:1-2).

어리석은 인생이 세상에는 의외로 많이 있습니다.

① 본문에서 어리석은 사람은 탐심으로 가득합니다.

삼가 탐심을 물리치라(15절) 했습니다. 바울도 탐심은 곧 우상숭배라고 전했습니다(골 3:5). 이것 때문에 하나님의 진노가 임합니다. 아간(7:21), 게하시(왕하 5:27), 가룟유다(마 26:14, 행 1:18-19) 같은 사람입니다. 물리치라라는 헬라어(푼라스세스데)는 "죽인다"는 뜻으로 전쟁에서 적을 죽이듯이 탐심을 죽여야 한다는 뜻입니다.

② 본문에서 어리석은 사람은 향락으로 가득 차 있습니다.

"영혼아 여러 해 쓸 물건을 많이 쌓아 두었으니 평안히 쉬고 먹고 마시고 즐거워하자"(19절) 한다고 했습니다. 분명히 육체적 연락과 향락의 극치의 현장입니다. 현대인들의 많은 부류가 여기에 속합니다. 결국 망하게 된다고 했습니다(딤후 3:1-5). 누가복음 16장의 어리석은 부자를 보십시오(계 18:7).

2) 성도는 망하는 자리에서 빠져 나와야 합니다.
① 하나님 백성은 죄에서부터 나와야 삽니다(계 18:4).
그래서 그곳에서 나오라고 부르시게 됩니다.
② 사치와 방탕은 결국 무너지게 되고 망합니다.
우리 역사에 부끄러운 일이지만 역대 왕들이 그래서 일찍 요절한 왕들이 많이 있었고, 경제 건설의 주역 대통령이 총탄에 맞아 죽었습니다. 느브갓네살 왕이나 벨사살 왕도 사치와 방탕 때문에 죽게 되었습니다(단 5:24-28).

2. 어리석은 사람은 현재만 집착하고 미래가 없습니다.
이들은 모든 것이 육적으로 가득 합니다. 그래서 현실만 보게 됩니다.

1) 세상이라는 곳은 영원하지 않습니다.
잠시 지나가는 경점과 같고 꿈과도 같은 세상입니다.
① 본문에서 어리석은 이 사람은 현실에만 급급했고 영혼에 관해서는 관심이 없습니다.
그래서 현대인은 욕심이 가득하게 되고 그 욕심은 사망을 낳게 됩니다(약 1:15). 극심한 사치와 탐욕이 가득합니다.
② 성도는 이와 같은 세상 풍조에서 애굽에서 나오듯이 탈출해야 합니다.
그렇지 않으면 심판 받게 될 때에 같이 망합니다.

2) 어리석은 인생들의 특징이 있습니다.
어리석은 인생이 보여주는 특징은 성경과 현실에서 동일합니다.
① 자기만 죽는 것이 아니라 타인까지 죽게 만듭니다.
온갖 정욕과 죄로 가득 차있기 때문입니다. 마치 소돔성이 심판 받을 때

에 인접 도시였던 아드마와 스보임도 같이 망했던 것과 같습니다(창 10:19, 호 11:8, 신 29:23).
② 어리석은 자는 자기 영혼만 죽게 하는 것이 아니라 남의 영혼까지 죄를 짓게 하고 같이 심판으로 향합니다.

3. 어리석은 인생 편에 속하지 말고 하나님께 부유한 사람이 되어야 합니다.

예수님이 이 말씀을 하시게 된 동기가 어디에 있으시겠습니까?

1) 하나님 안에서 지혜로운 인생이 되어야 합니다.
① 어리석은 사람은 결국 무너지게 됩니다.
바벨탑이 무너지듯이 무너지게 되고(창 11:1-9), 탕자 문명이 무너지듯이 무너지게 됩니다.
② 성경은 재물보다도 지혜를 강조했습니다(잠 24:1, 24:20, 22:1, 시 90:9-12).
지혜로운 인생은 하나님 안에서 영원히 살게 됩니다.

2) 성도는 세상에 대해서 부요치 말고 하나님 안에서 부유해야 합니다.
Moffatt는 "모든 형태와 형식의 탐심"이라 했습니다.
① 하나님께 대해서 부유한 자가 되시기 바랍니다.
결국 공수래 공수거가 되기 때문입니다(딤전 6:7). 돈을 사랑함이 일만 악의 뿌리가 됩니다.
② 예수님은 천국에 쌓으라고 했습니다(마 6:19).

우리 모두 하나님께 대하여 부유한 사람들이 되시기를 주의 이름으로 축원합니다.

결 론 : 현대인들은 어리석음을 계속 연습 중에 있습니다.

성도가 가져야 할 최우선적인 관심
성도의 삶
(마태복음 6:31-34)

　사람이 세상을 살아가는 동안 이 세상에서 필요한 일에 대해서 관심을 가지게 됩니다. 어린 아이 때의 관심사는 장난감에 쏠리게 되고 그 놀이 문화도 성장하면서 변화하게 됩니다.
　10세기경에 성 브루노(St. Bruno)라는 수도사가 있었는데 그는 대주교로써 수도원의 원장이었습니다. 한번은 심산유곡에서 기도하는데 시끄럽게 울어대는 개구리떼 때문에 기도가 방해되어 시끄럽다고 소리를 치는 일이 몇 번씩이나 되풀이 되었습니다. 이때 그에게 마음의 소리가 들리기를 '개구리는 하나님께 찬송하고 기도할 권한이 없느냐' 고 들려왔습니다. 그래서 그는 개구리들과 같이 기도하기 시작하였고 드디어 마음이 평온해지게 되었다는 얘기가 있습니다. 변한 것은 다른 것이 아니라 그의 마음이 변한 것입니다. 생각이 바뀌었다는 말입니다. 환경이 변한 것이 아니라 마음과 관심사가 바뀌게 된 것입니다.
　우리는 내 생각과 내 관심사에 따라서 모든 것을 생각하게 됩니다. 예수님은 본문에서 사람들이 먹고, 마시고, 입는 문제에 관해서 말씀하셨습니다. 신앙이 어릴 때에는 세상의 것이 최고인줄 알지만 믿음이 성장해 가면서 관심이 바뀌어야 합니다. 어린아이 때에는 매사가 어린아이 같지만 성장하게 되면 바뀌게 됩니다(고전 13:11). 이제는 생각과 관점이 성숙한 단계에 이르러야 합니다. 본문에서 몇 가지 은혜를 나누어 봅니다.

1. 예수님은 세상 사람들의 생각과 최대의 관심사에 대해서 교훈해 주셨습니다(31-32절).

1) 이방인들의 최대 관심사는 이 세상의 썩어지고 없어질 것입니다. 하나님의 생각은 다릅니다(사 55:8).
① 여기에서 이방 사람이란 하나님을 믿지 않는 불신자들을 의미합니다. 그들은 예수를 믿지 아니하고 하나님도 없고 미래의 천국에 대한 소망도

없는 사람들입니다. 그래서 먹는 일, 마시는 일, 입는 일에 최고의 관심을 두고 살게 됩니다. 그런데 육에 속한 것은 천국을 유업으로 받을 수 없습니다. 고전 10:50을 보면 팥죽 때문에 장자권을 상실하고 훗날에 애통해 하지만 소용이 없었습니다(창 25:33-34, 히 12:16-17).

② 그것들은 결국 모두 썩어지게 됩니다.

이 세상에 썩지 않는 것이 없습니다. 이제는 과학의 발달로 말미암아 플라스틱(P.V.C)도 썩는 것이 등장했습니다. 전도서의 기록을 눈여겨보아야 합니다. 모두 헛됩니다(전 12:5-6). 결국 하나님을 경외해야 한다고 전도했습니다(전 12:13-14).

2) 성도는 불신자와 같이 썩을 것에 속하지 말아야 합니다.

그런데 분명한 것은 예수님이 본문에서 교훈하신 내용이 우리가 사는 세상을 부정한 것이 아니라는 사실입니다. 농사, 직장, 사업, 자녀양육, 공부, 모두 중요한 일입니다.

① 우리가 세상에서 필요한 것이 무엇인지 먼저 아십니다.

성경에는 육을 가진 우리들에게 필요한 것이 무엇인지 모두 말씀하셨습니다. 더욱이 성경에는 수없이 축복을 강조해 주셨고 마태복음 14장에서는 소위 오병이어의 기적으로 주께서 먹이셨습니다. 이것이 세상 살면서 중요한 일임을 보이셨습니다.

그러나 사람의 생명이 그 소유의 넉넉한데 있지 아니함을 깨우쳐 주셨습니다(눅 12:13-21). 사람들은 먹고, 마시고, 입는 것에는 관심이 크게 작용하지만 영적이고 신령한 면에는 큰 관심이 없습니다.

② 영적이고 신령한 면, 즉 영적 생명이 더욱 중요합니다.

왜냐하면 이 세상은 잠깐 지나가기 때문입니다(고후 4:18). 보이는 것은 잠깐이지만 영생의 생애는 영원합니다. 마치 건축할 때에 거푸집이 필요하나 시멘트가 모두 굳게 되면 가차 없이 떼어버리듯이, 육신에 속한 것 또한 이 세상을 다하면 모두 사라지게 될 것들입니다. 육신은 흙으로 돌아가게 됩니다.

그러므로 성도는 이 세상 사람들과 차별된 생활이 필요하고 중요합니다.

2. 예수님은 구원받은 성도의 생각과 관심사에 대해서 말씀하셨습니다.

육에 속한 세상 사람들은 그렇다고 해도 믿음으로 구원 받은 성도의 생각과 관심사는 달라야 합니다.

1) 차별되고 구별된 삶이 중요합니다.
"너희는 먼저 그의 나라와 그의 의를 구하라"(33절).

① 믿는 성도의 최고 최대의 관심사는 천국이어야 합니다.
우리의 본적과 시민권은 하늘에 있기 때문입니다(빌 3:20). 바울은 삼층천까지 다녀오게 되었고(고후 12장), 그래서 그는 천국을 위해서 온 몸을 순교하면서 살았습니다(행 20:24). 생명도 귀하게 여기지 않고 천국을 사모했습니다.

② 성도는 매사에 믿음이 먼저요, 신앙이 먼저요, 주의 일이 먼저이어야 합니다.
최고 최대의 관심사는 천국으로 바뀌어야 하겠습니다. 이것이 구별된 성도의 생활입니다.

2) 먼저 구할 것은 구하는 사람에게 더 해주시겠다고 하셨습니다.
축복은 자동적으로 오게 됩니다.

① "그리하면 이 모든 것을 더하시리라" 했습니다.
요한 사도 역시 강하게 강조했습니다(요삼 1-4).

② 나중에는 영원한 생명의 천국이 결과로 임하게 됩니다.
이 세상은 잠시 지나가는 나그네에 불과합니다. 천국을 위해서 감춰진 밭의 보화를 사두시기 바랍니다(마 13:44). 이것이 성도입니다.

3. 예수님은 구원받은 성도가 어떻게 살아야 하는가를 보여주셨습니다.

"그러므로 내일 일을 위하여 염려하지 말라 내일 일은 내일 염려할 것이요 한 날의 괴로움은 그 날로 족하니라"(34절) 하셨습니다.

1) 모든 것을 주께 맡겨야 합니다.
모든 일은 하나님께 맡기고 살아야 합니다(시 37:5, 벧전 5:7).

① 매사를 주께 맡기고 살아야 합니다.
   왜냐하면 우리의 육은 매사에 주를 위한 것이기 때문입니다(고전 10:31, 롬 14:8). 내일을 주께 맡겨야 합니다.
② 하나님의 손길이 언제나 함께 하시며 천국에까지 이어집니다.
   하나님은 우리에게 에벤에셀 되십니다(삼상 7:12). 과거, 현재, 미래까지 영원히 함께 하십니다(사 49:15-16). 버리지 않으십니다.

2) 내가 주안에 살아가는가를 확인해야 합니다.
   엄마 등에 업혀있는 아이는 비바람이 불어도 평안하듯이 주님 안에 있으면 평안이 옵니다.
① 내가 예수 안에 있는가가 중요합니다.
   바울은 유라굴로 풍랑에서 이것을 보여주었습니다(행 27:21-22). 그리고 사람들에게 전하였습니다. "이제는 안심하라 내가 섬기는 하나님이…"
② 피조세계에서 인간보다 귀한 것은 없습니다.
   '…들풀도 하나님이 이렇게 입히시거든 하물며 너희일까 보냐' (마 6:30) 하였습니다(욥 38:41). 우리는 참새보다 귀합니다(마 10:29-31).

궁극적인 관심사를 바꾸어야 합니다.

결론 : 우리의 궁극적 관심이 어디에 있습니까?

| 성도의 삶 | 왜 성도는 인내해야 합니까?
(야고보서 1:1-4, 12, 5:7-11)

성도는 세상에서 반드시 인내해야 한다고 성경은 가르칩니다. 신앙생활 뿐 아니라 일반적인 생활에서도 인내가 요구되기 때문입니다. 농사짓는 일에도 인내가 필요하고 운동 연습이나 군대의 훈련에도 인내가 필요하며 사람이 성장하는 과정에 인내가 요구됩니다.

본문에서 성도들에게 "인내를 온전히 이루라"고 말씀했습니다. 인내 (Endurance)라는 헬라어는 "휘포모네"로서 온갖 고통스러운 상황에서도 견디고 버티는 것을 뜻합니다. 집을 지을 때에 하중을 견디도록 기둥을 만드는 것과 같습니다. 예수님도 십자가로써 견디시게 되었습니다(히 12:2). 믿음의 사람들은 세상이 감당치 못하도록 견디어 냈습니다(히 11:38). 더욱이 말세 때의 성도는 인내해야 한다고 말씀하셨습니다(마 24:13, 계 14:12). 성도가 인내해야 하는 영적 이유를 본문에서 발견하게 됩니다.

1. 인내할 때만이 하나님의 뜻을 이루어 드릴 수 있기 때문입니다.

"인내를 온전히 이루라"(4절)했습니다. 이는(목적) 너희로 온전하고 구비하여 조금도 부족함이 없게 하려 함이라" 했습니다.

1) 인내해야 하는 이유 중에 하나는 내가 참고 견딜 때에

① 내 자신이 온전해지기 때문입니다.
약 1:19-20에는 "듣기는 속히 하고 말하기는 더디 하며 성내기도 더디 하라 사람이 성내는 것이 하나님의 의를 이루지 못함이라" 하였는데 여기에서 필요한 요소가 인내입니다. 민 20장에서 모세는 므리바 샘에서 성내는 실수 때문에 책망을 받게 되었고 가나안에 들어갈 수 없게 되었습니다. 신 34:7에 보면 모세가 120세 때에 눈이 흐리지 아니하였고 기력이 쇠하지 아니했지만 죽게 됩니다.

② 우리가 성도로써 천국 백성답게 살기 위해서는 수없이 인내해야 합니다. 인내해야 하는 당위성은 성경에 수없이 많이 있습니다. 용사보다 낫고

성을 빼앗는 자보다 낫다고 했습니다(잠 16:32). 예수님도 인내하시고 참으셨습니다(눅 9:52-56). 오순절 때에도 끝까지 기다리며 기도했던 120문도만 성령을 받았습니다. 예수님은 이것까지 참으라고 베드로를 책망하셨습니다(마 26:51-54, 눅 22:51).

2) 성도에게 오는 모든 일에 참고 인내해야 합니다.
인내하게 될 때에 결국 신앙의 승리가 오기 때문입니다.

① 신앙생활에는 기다려야 되는 내용들이 많이 있습니다.
엘리야 역시 인내로써 기도하였고(왕상 18:42-46), 나아만 장군도 인내로써 문둥병이 낫게 되었습니다(왕하 5:14). 여호수아의 여리고성 정복도 인내가 필요했습니다(수 6:8-15).

② 우리 역시 인내해야 합니다.
기도나 선한 일에 인내로써 열매를 맺게 됩니다. 그래서 낙심치 말라고 했습니다(갈 6:9). 인내하지 못하면 종단에 열매를 거둘 수가 없습니다.

2. 성도가 인내하게 될 때에 영적 성장을 가져옵니다.

"인내를 이루라"(4절) 했습니다. 왜냐하면 조금도 부족함이 없게 하기 위해서입니다.

1) 인내하지 않고 자기 신앙이 성장 할 수 없습니다.
우리의 신앙 성장에 단연코 필요한 요소가 인내입니다.

① 동물은 난지 얼마 안 되어서 걷고 뛰지만 우리의 신앙은 그렇게 되지 않습니다.
또한 교회 직분 역시 그렇게 빨리 모두에게 주어지지 않습니다. 오랜 세월을 필요로 합니다. 성장과 신앙과는 함수관계에 있습니다.

② 사람도 태어나서 금방 뛰고 걷는 것이 아니라 때가 된 후에 걸음마부터 배우고 나중에 걷고 그리고 한참 훗날에 뛰듯이 신앙생활과 영적 생활이 그러합니다.
어떤 이는 금방 교회 직분 운운하며 실망합니다. 기다려야 합니다. 이것이 영적으로 필요한 요소입니다.

2) 그래서 성도의 인내는 신앙생활의 기본입니다.
매사에 기본이 되어야 하듯이 신앙생활의 기초는 또한 인내가 자리 잡아야 합니다.
① 초대교회 성도들은 핍박 중에도 인내로써 이겨나가게 되었습니다.
그래서 인내가 강조 되었습니다(히 12:1-12).
② 성공자들의 배후에는 인내가 있었습니다.
정치인, 사업가, 운동선수 등 수많은 성공자들이 육체적 목표를 이루기 위하여 인내했다면 영적인 경주자인 성도들도 인내해야 합니다.

3. 성도가 인내해야 함은 주실 축복과 응답이 있기 때문입니다.

1) "왜 인내해야 합니까?"라고 질문한다면 이유가 반드시 있습니다.
① 하나님께서 인내하는 성도에게 주실 응답과 축복이 예비 되었고 결과적으로 구원의 영광이 있습니다.
② 예수님이 우리에게 인내로써 찬란한 영광을 얻는 길을 제시하였고 보여주셨습니다.
우리는 예수님만 따라가면 됩니다.

2) 왜 인내해야 하느냐고 질문한다면 그것은 반드시 축복과 상급이 있기 때문입니다.
① 축복은 약속되어 있습니다.
욥은 시험 중에서 인내로써 승리했습니다(욥 23:10). 본문에서 약 5:10-11절에서 밝혀주셨습니다.
② 상급이 약속되어 있습니다.
생명의 면류관(약 1:12, 히 10:36), 바울도 참고 견디면서 경주를 완주했습니다(딤후 4:7).

우리 교회 가족들이 인내로써 승리의 주인공들이 모두 다 되시기를 축원합니다.

결 론 : 신앙과 인내는 반드시 함수관계입니다.

| 성도의 삶 | **옛사람 사울과 새사람 바울**
(사도행전 9:15-22)

    자연 생태계의 미물들은 알, 애벌레, 나방 등 몇 단계로 변화하면서 살아갑니다. 이 사실을 바울 사도는 부활에 빗대어서 설명하였습니다(고전 15:38). 옛날에 고등학교에 입학하게 되었는데 국어 선생님이 첫 시간에 들어오셔서 사람 인(人)자 4자를 써놓고 하시는 설명이 "사람이면 모두 사람이냐 사람이라야 사람이라"고 하시며 "먼저 인간이 되라"고 교육한 적이 있습니다. 현세에 와서 지식이 하늘을 찌를 정도로 가득 차있지만 지금보다 무식하고 덜 발달된 옛날에 비해서 오히려 인간으로서의 위치가 도덕이나 생활의 퇴보해 있는 모습을 보게 됩니다.
    슈바이쳐 박사는 말하기를 "나도 지식은 조금 있습니다. 나도 학교는 좀 다녔소이다. 그러나 하나님은 우리의 손과 발과 땀을 필요로 하실 때가 있소"라고 하였다고 전합니다.
    본문에서 유명한 사울과 바울은 같은 사람이나 분명히 사울의 때와 바울의 때가 다릅니다. 몇 가지 우리에게 큰 교훈을 줍니다.

1. 사울에 대해서 생각해 보았습니다.

바울이 되기 전에 사울은 옛사람으로써 이러한 사람이었습니다.

1) 사울의 이름은 "크다"라는 이름의 뜻입니다.

이름대로 육신적이고 옛사람으로서의 사울은 실로 큰 사람입니다.

① 학문적으로 대단히 큰 사람으로 기록되었습니다.
    세상적이고 학문적인 옛사람 사울에 대한 기록들을 보십시오. 빌 3:4-6절에서 유대인으로써의 큰 사람 사울이 기록되었습니다. 요즘 용어로 소위 K.S 마크가 분명한 사람입니다.

② 더욱이 사울은 로마 시민권자였습니다.
    요즘도 미국 시민권자가 되게 하려고 원정 출산을 한다고 하는데 당시에 로마 시민권자는 더욱 큰 위력이 있었습니다. 천부장은 돈을 주고 매입

했으나 사울은 나면서 부터였습니다(행 22:28). 가히 자랑할 만하고 인간적인 위세를 부릴만하다고 봅니다.

2) 그러나 사울은 그 큰 위세를 가지고 육적이고 세상적으로 살았습니다.
화려한 세상적인 위치를 가지고 육신적으로 산 결과는 결국 멸망이기 때문에 불쌍한 존재입니다(눅 16:24).

① 구약의 율법만을 따르는 율법주의자였으니 복음과는 무관한 생활이었습니다.
결국 예수 없는 인생은 종말에 가서 썩을 무덤밖에 남지 않을 것입니다.

② 수단과 방법을 가리지 않고 사람을 죽이는데 앞장서게 되었습니다.
스데반 집사님이 순교할 때 앞에 있었고(행 7:58). 다메섹으로 성도들을 죽이러 가던 길이었습니다(행 9:1). '위협과 살기가 등등하여' 했습니다. 화려한 간판을 내세워서 사람을 죽이는데 힘썼습니다.

③ 교회를 핍박하였습니다.
생명의 교회를 핍박하는 어리석은 자의 길을 걷게 된 것입니다. 교회를 핍박하는 자는 어리석은 자가 됩니다. 세상에는 사울과 같은 존재들이 대단히 많이 있습니다.

2. 바울에 대해서 생각해 보겠습니다.

바울이라는 뜻은 사울과는 반대로 "작다"는 뜻인데 작다 못해 "제일", "가장"이라는 수식어가 붙은 작은 자입니다. 바울 자신이 고백한 사실입니다(엡 3:8).

1) 바울은 작은자로 변했지만 큰 사람으로 살았습니다.
사울은 큰 사람으로 가장 악하게 살았지만 바울은 작은 자로써 크게 성공했던 이름을 남기게 되었습니다.

① 예수를 만났기 때문입니다.
예수를 만나게 되면 쓸모없고 무익한 사람이 유익하고 사랑받는 사람으로 변화 받게 됩니다(몬 1:11, 골 4:9).

② 사울은 다메섹에서 예수를 만나서 변화를 받게 되었습니다.

그리고 그 뒤로 계속해서 옛 사울은 죽고 새 사람 바울이 살게 되었습니다. "나는 날마다 죽노라"(고전 15:31) 했습니다.

③ 옛날에 크던 것이 이제는 분토같이 보였습니다(빌 2:7-8).
예수를 만나게 되면 변화되고 이렇게 새롭게 되어 집니다. 교회는 변화시키는 용광로와 같은 곳입니다.

2) 크다는 옛사람 사울은 죽이는데 사용되었지만, 작은 바울이 가는 곳에는 생명을 살리는 일에 사용되었습니다.

① 예수를 만나게 되면 사람을 살리는데 쓰임을 받습니다.
이 땅에 교회가 존재하는 이유는 여기에 있습니다. 바울은 복음의 빚진 자로써 승리했습니다(롬 1:14).

② 그래서 바울이 가는 곳에는 교회가 세워지고 수많은 생명이 영원한 죽음에서 해방되어 살게되는 역사가 일어났습니다.
이것이 바울의 모습이었고, 그리스도의 심장을 가진 자였습니다(빌 1:8)(the affection of Christ Jesus).

3. 예수를 만나기 전의 자아와 예수를 만난 이후의 나를 비교해 보아야 합니다.

변화 받은 흔적들이 나타난다면 성공적인 신앙입니다.

1) 예수 믿은 후의 자신이 변화되어 있어야 합니다.

① 예수를 만난 사람은 예수님의 마음을 가진 사람입니다.
먼저 확인 해보시기 바랍니다(빌 2:5-11, 고후 13:5).

② 변화된 사람은 생명을 살리는 일에 뒷짐 지고 서 있는 구경꾼이 아니라, 땀과 봉사가 있는 사람입니다.
우리 주변에 땀 흘릴 일이 많이 있습니다.

2) 우리는 예수 안에서 변화 받은 그리스도인이 되어야 합니다.

이 세대에 교회가 해야 하는 일입니다.

① 생명을 살리는데 사용되어야 합니다.
프랜시스 베이컨(Francis Bacon)은 인생을 거미, 개미, 꿀벌로 비유했습

니다.

② 변화 받은 그리스도인이 가는 곳에 생명과 사랑, 봉사가 가득해야 합니다. 약방의 감초요, 음식의 소금과 조미료와 같은 존재입니다. 우리 교회 성도들이 모두 다 변화 받아 바울이 되시기를 축원합니다.

결 론 : 이 세대 사람들은 사울이 되기를 원하지만 그리스도인은 바울이 되어야 합니다.

만나 요약설교 5

초판 1쇄 발행	2007. 8. 25.
초판 4쇄 발행	2014. 7. 22.
지은이	김명규
펴낸이	박성숙
펴낸곳	도서출판 예루살렘
주소	(130-812) 서울시 동대문구 천호대로2길 23-3 진흥빌딩 501호
전화 | 팩스	02)545-0040, 546-8332 | 02)545-8493
이메일	jerusalem80@naver.com
출판등록	1980년 5월 24일(제 16-75호)
ISBN	978-89-7210-458-2 03230
책값	뒤표지에 있습니다.

© 이 출판물은 저작권법에 의해 보호를 받는 저작물이므로 무단 전재와 복제를 할 수 없습니다.

도서출판 예루살렘은
하나님을 사랑하며 하나님 말씀대로 순종하며 살기를 원하는
청소년, 성도, 목회자들을 문서로 섬기며
이를 위하여 기도하며 정성을 다하여
모든 사역과 책을 기획, 편집, 출판하고 있습니다.

오직 성령이 너희에게 임하시면 너희가 권능을 받고
예루살렘과 온 유대와 사마리아와 땅끝까지 이르러 내 증인이 되리라 (행 1:8)